Tauben züchten

Heinrich Mackrott

Tauben züchten

76 Farbfotos
62 Zeichnungen
Zahlreiche Tabellen

E.U.
VERLAG
EUGEN
ULMER

Foto auf Seite 2:
Lockentauben beim Baden.

Die Deutsche Bibliothek –
CIP-Einheitsaufnahme

Ein Titeldatensatz für diese
Publikation ist bei
Der Deutschen Bibliothek
erhältlich.

Wollgrasweg 41, 70599 Stuttgart
Printed in Germany
Lektorat: Dr. Eva-Maria Götz
Herstellung DTP: Edith Schromm,
Otmar Schwerdt
Umschlagentwurf mit Fotos von Hans
Reinhard, Heiligenkreuzsteinach
Satz: Hahn, Kornwestheim
Druck: Gulde-Druck, Tübingen
Bindung: Koch, Tübingen

ISBN 3-8001-7484-7

Vorwort

Die Erkenntnisse in der Vererbungsforschung haben in den letzten Jahrzehnten große Fortschritte gemacht. Sie gehen heute weit über die allgemein bekannten Mendelschen Gesetze hinaus. Hierdurch wird es möglich, in der Tierzucht bei vielen Anpaarungen sichere Aussagen über bestimmt eintretende, niemals eintretende und wahrscheinlich eintretende Zuchtresultate zu machen und Wege zu bestimmten Zuchtzielen zu zeigen. Dieses Wissen soll vor allem auch dazu dienen, unsere alten, wertvollen Kulturrassen vor Inzuchtschäden zu bewahren.

Es war mir ein Bedürfnis, vorhandenes Wissen zusammenzutragen, das einem großen Züchterkreis bei der gezielten Zucht ihrer Tauben nützen soll. Arbeiten und Ratschläge von Professor A. Sell in Achim, Professor E. Haase in Kiel und Dr. K.-J. Poweleit in Neumünster haben mir sehr geholfen. Eine Beschreibung der Rassen soll dem Einsteiger die Auswahl einer Rasse erleichtern und dem passionierten Züchter einen Überblick verschaffen. So möge dieses Buch in mehrfacher Hinsicht hilfreich sein: es soll die Rassetaubenzucht als Freizeitbeschäftigung fördern und zu mehr Wettbewerb auf unseren Taubenausstellungen beitragen.

Molfsee, im Frühjahr 2000
Dr. Heinrich Mackrott

Inhaltsverzeichnis

Einleitung

Ruhige Behandlung macht zutraulich.

Viele Menschen, denen sich die Gelegenheit bietet, Tauben zu halten, betreiben die Taubenzucht als Freizeitbeschäftigung. Sie möchten sich ein Stück Natur ins Haus holen und alle speziellen Eigenschaften der Rasse ergründen, für die sie sich entschieden haben. Taubenzüchter kommen aus allen Bevölkerungsschichten und aus allen Berufen. Viele halten die Tauben aus Freude an ihrem Wesen, ohne sich auf eine ganz bestimmte Rasse festzulegen. Andere züchten eine spezielle Rasse, um mit den besten Tieren auf Ausstellungen mit ihren Zuchtfreunden in Konkurrenz zu treten. Brieftaubenzüchter lassen ihre Tauben an Wettflügen teilnehmen und bemühen sich, durch richtige Vorbereitung der Tiere, mit ihnen die vordersten Plätze in der Preisliste zu belegen. Kunstflugtaubenzüchter trainieren ihre Tauben von transportablen Flugkästen aus und fahren zu gemeinsamen Kunstflugveranstaltungen. Andere Züchter lassen ihre Tauben den Kunstflug oder Stilflug von ihrem Schlag aus vollführen und freuen sich an besonderen Flugakrobaten. Dauerflugtaubenzüchter veranstalten Flugtage, deren Termine für ganz Westeuropa einheitlich abgesprochen werden.

Wer Ausstellungstiere züchtet, muss sich mit dem Aussehen seiner Rasse besonders genau auseinandersetzen und muss wissen, wie das Idealtier im Ausstellungskäfig aussehen soll. Danach richtet sich die Auswahl der Austellungstiere und die Zusammenstellung der Zuchtpaare. Alle Maßnahmen zur richtigen Haltung, einschließlich der Gesunderhaltung des Bestandes, erfordern in jeder Beziehung die Beherrschung eines speziellen Fachwissens. Die Aneignung dieses Fachwissens erfolgt über die Literatur und – wie bei jedem Hobby – durch Gedankenaustausch mit Gleichgesinnten in Vereinszusammenkünften, bei gegenseitigen Besuchen und auf den Ausstellungen. Dort können anhand der ausgestellten Tiere einer Rasse die Unterschiede am besten erkannt werden.

Die besonderen Eigenschaften der Haustauben haben sie in vielen Ländern der Welt zu Begleitern der Menschen gemacht. Sie sind die einzige Haustierart, die freifliegend gehalten werden kann und immer in den Taubenschlag als Schutzraum sowie als Brut- und Futterplatz zurückkehrt. Ihre Vermehrungsrate ist sehr hoch, so dass die Bestandserhaltung nicht gefährdet ist. In der Zucht wird hierdurch eine strenge Auslese erforderlich. An ihre Unterkunft stellen die Tauben bescheidene Ansprüche. Ihre Körpergröße ist so gering, dass die Beschaffung von Futter in mengenmäßiger wie in finanzieller Hinsicht kaum ein Problem darstellt, zumal die Tauben auch unter ungünstigen Bedingungen an die Art der Nahrung keine großen Ansprüche stellen. Die vielen Stadttauben beweisen dies. Wissenschaftliche Erkenntnisse auf dem Gebiet der Tierzucht sind mit sehr großem Erfolg in der Erwerbstierhaltung (Rinder, Schweine, Wirtschaftsgeflügel, Wirtschaftskaninchen) zur praktischen Anwendung gelangt. Bei Tauben ist bisher vornehmlich über die Vererbungsverhältnisse bei den qualitativen Eigenschaften (Farbe, Zeichnung, Federformen) berichtet worden, die man äußerlich erkennen kann – weniger dagegen über die Vererbung quantitativer Eigenschaften (Körpermasse, Länge und Ausmaß der einzelnen Körperteile, Figur), die nicht nur durch ein Gen, sondern durch viele Gene verursacht werden. Aber auch die nicht-dinglichen Eigenschaften, wie Temperament, Brutlust, Zutraulichkeit, Fluglust, Flugstil oder Heimkehrvermögen sind bei den einzelnen Rassen sehr unterschiedlich ausgebildet und genetisch beeinflussbar. Alle diese Eigenschaften lassen eine große genetische Variationsbreite erkennen, die bei ständiger Erneuerung der Generationen auftreten kann. Die vielen Möglichkeiten, die sich daraus ergeben, fordern eine erfolgreiche Rassetaubenzucht in der Zukunft geradezu heraus.

Viele Rassetaubenzüchter haben darüber hinaus das Bestreben, sich soviel Fachwissen wie möglich anzueignen, nicht nur über die eigene Rasse, sondern über alles, was mit den Tauben zusammenhängt. Hierzu gehören Kenntnisse über die Haltung und Gesundheit, über den Körperbau der Tauben und das physiologische Zusammenwirken der einzelnen Körperteile und Organe untereinander. Darauf wird im ersten Teil dieses Buches eingegangen. Die meisten Verhaltensweisen der Tauben entstehen nicht mit Hilfe ihres Verstandes, sondern unbewusst durch zahlreiche Reflexreaktionen im Tier und verschiedene körperliche Steuerungsmechanismen. Das Beobachten dieser Verhaltensweisen versetzt uns deshalb in die Lage, die Reaktionen der Tauben auf die sie umgebenden Verhältnisse besser zu verstehen, zu beurteilen und die Tauben ihren Veranlagungen entsprechend artgerecht zu halten.

Eigenschaften der Haustauben

Die sogenannte Lebendmasse der Haustauben schwankt je nach Rasse etwa zwischen 200 g und 1200 g. Ihre Körperlänge beträgt, mit Ausnahmen, etwa 20 bis 35 cm und ihre Körperbreite 7 bis 12 cm. Die meisten Tauben sind mittelgroß und wiegen etwa 350 g bis 450 g. Im Laufe der Jahrtausende haben sich die Farbvarianten des Federkleides, die äußere Form der Tauben und ihre speziellen, rassespezifischen Eigenschaften bis zum heutigen Tage ständig erweitert. So gibt es Rassen, wie zum Beispiel die Kingtauben, die so gut wie gar nicht mehr fliegen; viele Rassen, die gerade noch ihre Kreise ums Haus drehen; Hochflieger, die bis in Flimmerhöhe aufsteigen; Dauerflieger, die bis zu über 20 Stunden in der Luft verweilen; verschiedene Kunstflieger, die unterschiedliche Flugfiguren zeigen; Kröpfer die imponierend ihren Kropf aufblasen und Wettflugtauben, die, Hunderte Kilometer vom Heimatschlag entfernt aufgelassen, mit einer Geschwindigkeit von 70 bis 120 Stundenkilometern so schnell wie möglich zurückkehren.

Die meisten Rassetauben werden heute in Volieren gehalten, da die Gefahr eines Verlustes, beispielsweise durch Greifvögel, zu groß ist. Organisierte Rassetaubenzüchter schicken ihre besten Tauben im Winterhalbjahr auf Ausstellungen, um sie von Preisrichtern bewerten zu lassen. Die Besten von ihnen werden prämiert. Flugveranstaltungen aller Art finden in den Sommermonaten statt. Auf ihnen werden die Zahl der Überschläge, die Flughöhe, die Flugdauer und der Flugstil, je nach Veranlagung und Rasse bewertet. Bodenroller und Ringschläger führen ihre speziellen Fähigkeiten sowohl im Freien, wie auch in geschlossenen Räumen vor.

Allen unseren Haustauben der verschiedensten Rassen ist gemeinsam, dass man sie untereinander paaren kann, soweit nicht Größenunterschiede dies verhindern. Das Fortpflanzungszeremoniell der Tauben wird hormonell gesteuert und zwar durch die Lichtmenge und -dauer, die über die Augen eindringt. Alle Tauben legen pro Gelege zwei Eier und ziehen ihre Jungen als Nesthocker innerhalb von etwa vier Wochen auf. Die Brut erfolgt während der Sommermonate. Nach der ersten Brut beginnt die Mauser, dauert praktisch das ganze Jahr, setzt aber in den Herbstmonaten verstärkt ein. Dabei bleiben die Tauben immer flugfähig.

Bei der Nahrungsaufnahme fressen die Tauben zuerst das feste Futter. Ihre Trinkweise unterscheidet sich von der anderer Vögel. Sie stecken den Schnabel ins Wasser und nehmen es schluckweise saugend auf, ohne den Kopf dabei zu heben.

Das Temperament der einzelnen Taubenrassen ist sehr unterschiedlich. Zutraulich sind sie jedoch fast alle. Der Grad der Zutraulichkeit ist je nach Rasse verschieden und wird von der Behandlung durch die betreuende Person beeinflusst.

Körperbau und Physiologie der Tauben

Wenn man sich mit der Züchtung von Tauben beschäftigt, ist es unerlässlich, sich auch mit dem Organismus und seinen besonderen Eigenschaften auseinanderzusetzen. Dadurch werden die Kenntnisse über die Möglichkeiten und Grenzen züchterischer Entwicklungen vergrößert und auch verbessert.

Skelett und Bewegungsapparat

Bei einer Taube mit 400 g Körpermasse wiegt das Skelett etwa 21 g.

Es bildet das Gerüst für den Körper. An ihm sind die Muskeln mit Sehnen und Or-

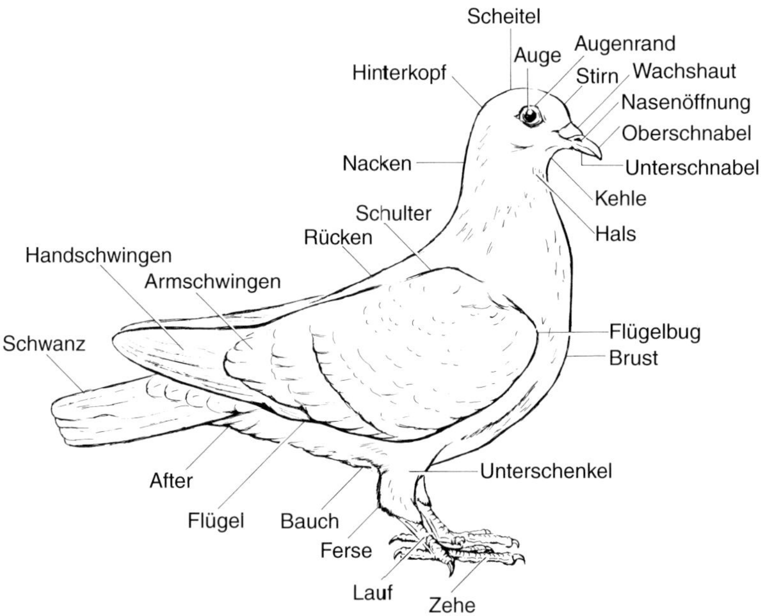

Zeichnung oben: Körperteile der Tauben.
Foto linke Seite: Brieftaube.

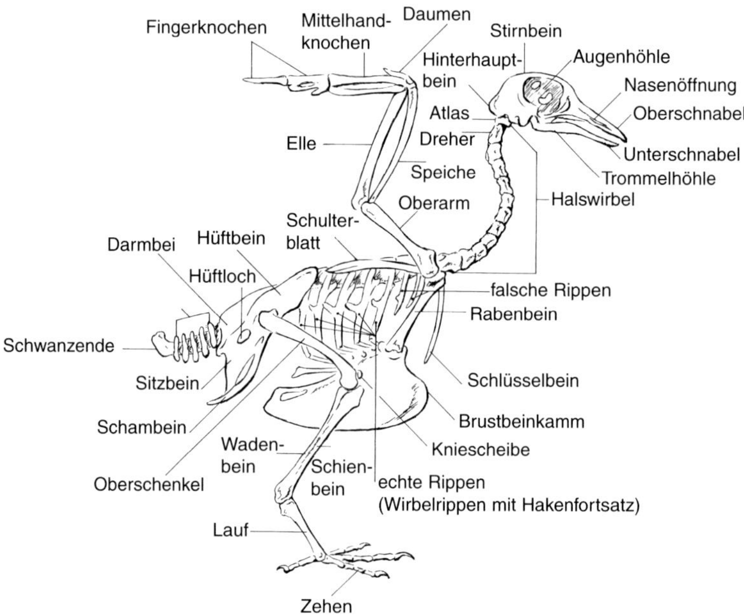

Skelett einer Taube.

ganbeuteln befestigt. Diese Beutel halten wiederum die Organe in ihrer Lage. Viele Knochen sind mit Luft gefüllt. Hierdurch vermindert sich ihr spezifisches Gewicht und macht die Tauben flugfähiger. Während der Aufzucht bestehen die Knochen des Kükens zunächst aus Knorpel, in den kontinuierlich Mineralstoffe eingelagert werden, bis der feste Knochen ausgebildet ist.

Im Folgenden werden das Skelett und der Bewegungsapparat in ihren Einzelgliederungen betrachtet.

Kopf

Der Schädel ist der größte Kopfknochen. An ihm sitzt der nach oben bewegliche Oberschnabel. Der Unterschnabel ist mit Bändern mit dem Schädel verbunden. Im Schädel liegen die Augen- und Nasenhöhlen. Unten am Schädel befindet sich das Hinterhauptloch. Es ist die Durchgangsstelle für das Rückenmark. Hier liegt der Gelenkhöcker des Hinterhauptes, der mit dem ersten Halswirbel, dem Atlas, ein Kugelgelenk bildet.

Wirbel

Die Wirbelsäule besteht aus Hals-, Brust-, Lenden,- Kreuz- und Schwanzwirbeln. Der Hals hat 12 Wirbel und ist S-förmig gebogen. Dies ermöglicht die Drehung des Kopfes in alle Richtungen. Der Atlas ist ringförmig; ihm schließt sich der Dreher an. Dann folgen die übrigen Halswirbel, die beweglich ineinander verzahnt sind. Von sieben Brustwirbeln sind der 2. bis 5. Brustwirbel miteinander verwachsen. An ihnen befinden sich Dornfortsätze, die wir als Rückenkamm fühlen können. An den Brustwirbeln befinden sich Gelenkflächen, die mit den Rippen verbunden sind. 15 Hüftwirbel sind zu einem Hüftbein verschmolzen. Dies gibt dem Rumpf eine gute Festigkeit. Einige Hüftwirbel haben seitliche Löcher für den Austritt von Nerven. Den Hüftwirbeln folgen fünf bewegliche Schwanzwirbel, die die Steuerung beim Fliegen ermöglichen. Ihnen schließen sich weitere, miteinander verwachsene Schwanzwirbel an.

Rippen und Brustbein

Sieben Rippenpaare entsprechen der Zahl der Brustwirbel. Die beiden ersten Rippen sind unecht und reichen frei in den Brustraum. Dieser wird von den fünf echten Rippenpaaren umgeben. Bei ihnen ist ein Ende an der Wirbelsäule und das andere Ende am Brustbein befestigt. Die Brustbeinrippen sind der Teil, der das Erweitern und Verengen des Brustkorbes bei der Atmung ermöglicht.

Das Brustbein mit Brustbeinkamm ist eine große Knochenplatte, die den Brustkorb nach unten abschließt. An ihr setzen die Flugmuskeln an, die großen Abwärtszieher und die kleineren Aufwärtszieher.

Schultergürtel

Mit Hilfe des Schultergürtels ist der Flügel am Rumpf befestigt. Die Knochen des Schultergürtels sind die Rabenbeine, die schwertförmigen Schulterblätter und die miteinander verwachsenen Schlüsselbeine, die wir als Gabelknochen bezeichnen. Die von Muskeln umgebenen Schulterblätter erstrecken sich parallel zur Wirbelsäule. Die Rabenbeine stützen die Schultergelenke gegen das Brustbein ab, sie sind Widerlager für die Flugmuskeln und an das Brustbein angeheftet. Das Gabelbein ist mit der Spitze mit dem Brustbein und mit den Ästen mit den Rabenbeinen und den Schulterblättern verbunden.

Flügel

Die Flügel bestehen aus Oberarmknochen, Elle, Speiche, Handwurzel-, Mittelhand- und Fingerknochen. Der mächtige Oberarmknochen bildet mit dem Schulterblatt ein Gelenk. Mit starken Sehnen setzen hier an zwei Höckern die Flugmuskeln an. Am Ende des Oberarmknochens sind zwei Gelenkrollen für den Ansatz von Elle und der Speiche. Am Außenrand der Elle befinden sich Ansatzpunkte für Sehnenbänder, die der Zahl der hier ansetzenden Schwungfedern zweiter Ordnung entsprechen. An Elle und Speiche schließt sich die zweiknochige Handwurzel an. Ihr folgen zwei Mittelhandknochen. Davon abgespreizt liegt der Daumen, der aus einem Glied besteht. Dem Mittelhandknochen folgen die Finger. Hinter dem ersten Fingerglied liegt der Rest des eingliedrigen dritten Fingers. Der zweite Finger ist stark ausgebildet und hat ein breites und ein langes Glied. Die Finger tragen die vier äußeren Hauptschwingen. Die fünfte bis zehnte Hauptschwinge wird von den beiden miteinander verwachsenen Mittelhandknochen gehalten. Die Schwingen zweiter Ordnung setzen an der Außenkante der Elle an.

Becken

Das Becken wird von den Hüftbeinen gebildet, die sich aus Darmbein, Sitzbein und Schambein zusammensetzen. Einige Brust-, Lenden-, Becken- und Schwanzwirbel sind mit ihnen verschmolzen. Das Becken hat Stützfunktion für die Bewegung der Beine. In zwei Einbuchtungen des Beckens liegen die Nieren. Zusammen mit den Scham- und den Sitzbeinen bilden die Darmbeine Gelenkpfannen für die Hüftgelenke. Aus den Sitzbeinen ragen die beiden Schambeine (Legebeine) nach hinten hinaus.

Beinskelett

Am Beinskelett ist der Gelenkkopf des Oberschenkelknochens innig mit der Gelenkpfanne des Hüftgelenkes verbunden. Am anderen Ende besitzt der Oberschenkelknochen zwei Gelenkflächen für das Kniegelenk. Unter der Kniescheibe liegen zwei Vorsprünge des Schienbeines. Schienbein und Ständer sind durch ein Scharniergelenk miteinander verbunden. Jeder Ständer hat drei Fortsätze, an denen die drei Vorderzehen mit Krallen ansetzen.

Luftsäcke

Neun Luftsäcke werden von den Lungenflügeln aus mit Luft gefüllt. Jede Lungenhälfte versorgt vier Luftsäcke und beide zusammen den Schlüsselbeinluftsack. Von der Nasenhöhle aus werden die Kopfknochen mit Luft versorgt. Die Luftsäcke liegen zwischen der Leibeshöhlenwand, den Därmen und den Flugmuskeln. Sie umhüllen die Nieren und haben Ausläufer unter Schulterblatt und Schlüsselbein. Feinste Fortsätze ragen bis in die Gelenke und dringen in das Innere der meisten Knochen ein; sogar die Halswirbelknochen sind mit Luft gefüllt.

Zusammen sind das etwa 70 ml Luftrauminhalt. Hinzu kommt die Luft in Kopf-

Rauminhalt der Luftsäcke

Halsluftsäcke	2 ml
Schlüsselbeinluftsack	15 ml
vordere Brustluftsäcke	10 ml
hintere Brustluftsäcke	4 ml
Bauchluftsäcke	38 ml

knochen, Luftröhre und Lungenflügeln, so dass die gesamte Luftmenge etwa 85 ml beträgt – ein Viertel des Volumens des Taubenkörpers. Die Luftsäcke wirken mit bei der Atmung, dienen als Wärmeregulatoren, als Puffer gegen Reibung und unterstützen durch Druck die Darmentleerung und den Legevorgang.

Muskeln

Die Hauptmuskelmenge der Tauben liegt in der Nähe des Schwerpunktes. Die größten Muskeln sind die Flugmuskeln. Außen liegen die Aufwärts- und innen die Abwärtszieher. Kleinere Muskeln tragen den Flügel in der Ruhelage. Die Ober- und Unterschenkelmuskeln ermöglichen die Beinbewegungen. Die Rumpf- und Zwischenrippenmuskeln dienen der Atmung. Sie erweitern den Brustkorb beim Einatmen und ziehen ihn beim Ausatmen zusammen. Während des Fluges wird der Brustkorb als Widerlager für die Flugmuskeln festgestellt, so dass sich die Bauchmuskeln an der Ausatmung beteiligen. Muskeln in der Haut können das Federkleid bewegen.

Haut

Die Haut ist dünn; sie weist nur wenige Zellschichten auf. Stärker verhornt sind die nicht mit Federn bedeckten Teile des Taubenkörpers, wie beispielsweise die Beine. Die Unterhaut kann sich mit Hilfe der Hautmuskeln aktiv verschieben. So lässt sich das Gefieder schütteln, sträuben und zur zusätzlichen Wärmeisolation aufplustern. Von der Haut werden Schuppen abgestoßen. In Verbindung mit dem Fett aus der Bürzeldrüse dient dieser Federstaub als Schutz der Federn gegen Feuchtigkeit.

Federn

Das Federkleid dient zum Fliegen, zum Schutz gegen Nässe, zur Erhaltung der Körpertemperatur, aber auch zum Imponieren gegenüber anderen Artgenossen und gegenüber dem Geschlechtspartner. Abgestoßene Federn dienen dem Nestbau. Jedes Jahr werden die Federn vollständig gewechselt. Durch die glatte Oberfläche des Federkleides, seine Stabilität, Elastizität und durch sein geringes spezifisches Gewicht wird bei den Flugtauben eine hervorragende Windschlüpfrigkeit mit hohem Tempo erreicht.

Alle Federn bestehen aus Kiel, Schaft und Fahne. Die Federkiele sitzen in Federbälgen (Follikel) in der Haut. Man unterscheidet Deck- oder Konturfedern, Flaumfedern und Faden- oder Haarfedern. Die Deckfedern sind so übereinandergelagert, dass sie den Körper nach außen hin abschließen. Zu den Deckfedern gehören beiseitig je 10 Handschwingen, 10 Armschwingen zweiter Ordnung und die Schwanzfedern. Die meisten Tauben haben 12 Schwanzfedern. Bei einigen Rassen ist die Zahl höher. Bei den Pfautauben sind es sogar bis zu 36 Federn. Eine Hautfläche beiderseits des Brustbeinkammes ist federfrei. Während der Brut dient diese der Erwärmung der Eier.

Flugstudie einer weißen Brieftaube, Hand- und Armschwingen sind gut zu erkennen.

Daunenfedern wachsen zwischen den Deckfedern und auf bestimmten Daunenfederflächen. Wir unterscheiden zwischen Daunen und Halbdaunen. Die echten Daunen haben den kürzesten Federschaft, sie sitzen beispielsweise rund um die Kloake. Daunen sind flauschig und besonders gute Wärmeisolatoren. In der Nähe der Federbälge von Konturfedern befinden sich Fadenfedern. In ihren mit Nervenenden versehenen Federbälgen stecken kurze Federschäfte, aus denen haarartige Fahnen herausragen. Sie dienen als Sensoren für äußere Einflüsse auf das Federkleid.

Bürzeldrüse

An der Schwanzbasis sitzt die Bürzeldrüse. Bei Pfautauben, Orientalischen Rollern und Maltesern fehlt sie. In eine Bürzelzitze münden zwei Ausgänge, die talgiges Sekret ausscheiden. Dieses wird bei der Federpflege mit dem Schnabel auf die Federn aufgetragen und hat zusammen mit dem Federstaub eine wasserabstoßende Wirkung. Bei Rassen ohne Bürzeldrüse entfällt die Möglichkeit des Einfettens. Regelmäßiges Baden der Tauben mit Badesalzzusatz ist bei ihnen zur Federpflege besonders wichtig.

Nervensystem

Alle durchbluteten Körperteile der Taube sind mit Nerven durchzogen. Wir unterscheiden das zentrale, das vegetative oder autonome und das periphere Nervensystem.

Das Zentralnervensystem der Vögel besteht aus Gehirn und Rückenmark. Die Gehirnmasse ist sehr gering. Das Rückenmarksgewicht beträgt bei Vögeln etwa 50 % und bei den Menschen nur 2 % des Gehirngewichtes. Da viele vom Rückenmark gesteuerte Funktionen unbewusst ablaufen, deuten die Zahlen darauf hin, dass bei Vögeln automatisch ablaufende oder instinktgebundene Verhaltensmuster überwiegen.

Gehirn und Rückenmark sind von einer harten, grauen Gehirn- und Rückenmarkshaut umhüllt. Diese Hüllen enthalten Adern, die Gehirn und Rückenmark mit Blut versorgen.

Im Gehirn erfolgt die Steuerung über Ganglienzellen. Einige Ansammlungen von Ganglienzellen dienen dazu, Verhaltensweisen einzuleiten wie Flucht, Abwehr oder Nahrungsaufnahme. Der Pickreflex kommt jedoch aus dem Rückenmark. Große Teile des Gehirns dienen der Koordinierung von Bewegungen, sie sind mit dem Seh-, Gehör- und Gleichgewichtszentrum verbunden. Das Nachhirn steht mit dem Rückenmark in Verbindung. Im Rückenmark liegen die Steuerungszentren für Atmung, Kreislauf und für weitere elementare Lebensfunktionen. Das Rückenmark liegt in einem Wirbelkanal und erstreckt sich vom Hinterhaupt bis in die Schwanzwirbel. Zwischen je zwei Wirbeln gehen Nerven in den Körper. Über sie werden Meldungen in alle Körperteile weitergeleitet.

Das umfangreiche vegetative oder autonome Nervensystem unterliegt der Beeinflussung durch den Willen. Es besteht aus zwei antagonistisch arbeitenden Systemen, die auch stark durch Hormone gesteuert werden. Einer dieser Hauptnerven ist der Sympathikus; bei erhöhter körperlicher Aktivität wird er durch Adrenalinausschüttung aktiviert. Dadurch erhöht sich wiederum der Pulsschlag, die Bronchien und die Kapillaren werden erweitert und die Hautgefäße verengt. Der Parasympathikus läuft zu den Harn- und Geschlechtsorganen. Er ist in der körperlichen Ruhe aktiv. Durch seinen Einfluss wird der Puls verlangsamt und die Sekretion der Magen- und Darmdrüsen vermehrt. Beide Systeme unterliegen einer ständigen, wechselseitigen Einwirkung.

Als peripheres Nervensystem bezeichnet man alle Nerven, die vom Zentralnervensystem bis in die äußeren Körperteile reichen. Sie enthalten Anteile des vegetativen Nervensystems und haben sowohl mit den Gehirn-, wie mit dem Rückenmarksnerven Verbindung. Das macht eine klare Abgrenzung unmöglich.

Kreislauf von Blut und Lymphe

Das **Blut** dient zum Transport der Nährstoffe, des Sauerstoffes, der Hormone, der Blutbestandteile zur Immunabwehr, zur Erhaltung der Körpertemperatur und dem Abtransport von Abbauprodukten. Der Blutanteil beträgt bei den Tauben in der ersten Lebenswoche etwa 12 % und nimmt bei ausgewachsenen Tauben auf ca. 9,2 % ab. Eine Taube besitzt bei einer Körpermasse von 400 g etwa 37 g Blut. Es setzt sich aus der Blutflüssigkeit (Blutplasma) und den Blutkörperchen zusammen. Im Blutplasma sind Eiweiße, Fette, Glucose, Mineralstoffe, Spurenelemente, Vitamine und Fibrin gelöst.

Bei den Blutkörperchen unterscheiden wir rote (Erythrozyten), weiße (Leukozyten) und deren Unterarten Lymphozyten und Thrombozyten. Sie werden in den markhaltigen Unterarm-, Bein- und Fingerknochen gebildet.

Die Lebensdauer der Erythrozyten beträgt 20 bis 35 Tage, die der Leukozyten nur wenige Tage. Die Blutkörperchen werden in der Leber abgebaut. In einem Kubikmillimeter Blut sind 2,4 bis 4 Millionen Erythrozyten und 10- bis 22 000 Leukozyten enthalten. Erythrozyten binden den Sauerstoff in der Lunge und bringen ihn in alle Körperteile. Auf dem Rückweg schaffen sie Kohlendioxid in die Lunge, von wo es ausgeschieden wird. Leukozyten sind an der Bekämpfung von Krankheiten und Infektionen beteiligt; sie können Antikörper bilden, Krankheitserreger vernichten und eine körpereigene Immunabwehr aufbauen.

Der Motor für den Blutkreislauf ist das **Herz**. Seine Masse beträgt 1,4 % der Körpermasse der Taube; es sitzt im Herzbeutel. Dieser ist mit dem Halsluftsack und mit den vorderen Brustluftsäcken verbunden. Das Herz hat zwei Vorkammern und zwei Herz-

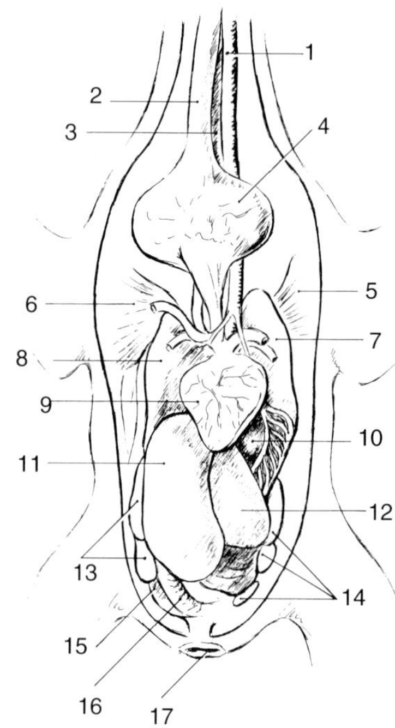

Innere Organe:

1 Luftröhre
2 Speiseröhre
3 Thymusdrüse
4 Kropf
5 Brustmuskel
6 Brustmuskel
7 Lunge rechts
8 Lunge links
9 Herz
10 Magen
11 Rechter Leberlappen
12 Linker Leberlappen
13 Rechter hinterer Luftsack
14 Linker hinterer Luftsack
15 Bauchspeicheldrüse
16 Zwölffingerdarm
17 Kloakenöffnung

kammern. Der Muskel der linken Herzkammer ist doppelt so stark wie der der rechten. Die Blutgefäße verbinden das Herz mit allen durchbluteten Körperteilen.

In die rechte Vorkammer münden drei aus dem Körper kommende Hohlvenen. Ihr Blut wird durch Kontraktion in die rechte Herzkammer gedrückt, diese pumpt dann das Blut über die Lungenarterie in die Lunge. Hier wird das Blut mit Sauerstoff angereichert. Anschließend gelangt es über zwei Lungenvenen in die linke Vorkammer und von dort in die linke Herzkammer. Über die Aorta wird es in den Körper gepumpt. Das Herz der Taube schlägt 150 bis 250 mal pro Minute.

Die Blutgefäße verzweigen sich im gesamten Körper und enden in feinsten Kapillaren, die das Gewebe mit Sauerstoff und Nährstoffen versorgen. Diese Kapillaren berühren nur einen Teil der Körperzellen, denn zwischen ihnen und den Zellen befindet sich Gewebsflüssigkeit **(Lymphe)**. Sie ist ähnlich wie das Blutplasma zusammengesetzt. Die Blut- und die Lymphkapillaren stehen in lebhaftem Stoffaustausch. Die Lymphgefäße schließen sich zu größeren Bahnen zusammen und münden in Herznähe in die großen Venen.

Leibeshöhle

In der einteiligen Leibeshöhle der Taube befinden sich Lunge, Herz und Geschlechtsorgane, fünf Bauchfellsäcke und die Luftsäcke sowie Magen, Milz und Nieren, die nicht von Bauchfellsäcken eingeschlossen sind. Ein rechter und ein linker Bauchfellsack umschließen die Leberlappen. Der obere Teil der Leber wird von zwei weiteren Bauchfellsäcken umhüllt. Sie halten die Leber in ihrer Lage. Ein weiterer Bauchfellsack umschließt die Eingeweide. Die Bauchfellsäcke berühren kaum die Brust- und Bauchwand, weil sie durch Luftsäcke von ihnen getrennt sind.

Atmungssystem

Durch den Nasenspalt am Schnabel der Taube dringt die Atemluft in die Nasenhöhlen ein und aus. Ein Sekret der Nasendrüse feuchtet während des Fluges die Nasenschleimhaut an. Auch die Luftröhre ist mit einer Schleimhaut ausgekleidet.

Die beiden Hauptbronchien führen die Atemluft zur Lunge und verzweigen sich. Die Lungenflügel sind mit der Brustwand verwachsen. Sie haben mit allen neun Luftsäcken Verbindung. Der Gasaustausch erfolgt in Luftkapillaren, die von der Atemluft durchströmt werden. Durch das große Luftvolumen in Lunge und Luftsäcken und die ausgezeichnete Durchströmung, erfolgt eine höhere Ausnutzung des Luftsauerstoffes als bei anderen Tieren. Während Säugetiere etwa 4 % vom Sauerstoff der Atemluft aufnehmen, sind es bei den Tauben 6 %. Durch eine günstige Anordnung der Blutgefäße in der Lunge ist die vergleichbare Fläche für den Gasaustausch bei der Taube etwa zehnmal so groß wie bei Säugetieren. So können die Vögel selbst in sauerstoffarmer Luft noch normal atmen.

In der Ruhe machen Tauben 40 bis 60 Atemzüge pro Minute. Während des Fluges ist der Sauerstoffverbrauch 8 bis 15 mal höher als in Ruhestellung.

Verdauung und Ausscheidung

Verdauungsapparat

Das Futter der Taube gelangt während des Fressens von der Mundhöhle über den Rachen in die Speiseröhre und rutscht weiter in den Kropf. Dieser besteht aus einer linken und einer rechten Hälfte. Hier beginnt die Verdauung, indem die Nahrung eingeweicht und Verdauungssekrete zugesetzt werden. An den Kropf schließt sich der Drüsenmagen an, in dem weitere Verdauungsenzyme beigemischt werden. Dann gelangt die Nahrung in den Muskelmagen. Er ist mit einer Reibeplatte aus erhärtetem Sekret ausgekleidet. Mit Hilfe von Magensteinen wird das Futter zermahlen und mit den Verdaungssäften vermischt. Vom Magen aus gelangt das Futter in den 12 bis 22 cm langen Zwölffingerdarm. In ihn münden drei Gänge der Bauchspeicheldrüse und die Lebergänge, durch die Verdauungssäfte abgesondert werden. Der Nahrungsbrei wird weitergeschoben und gelangt in den 45 bis 72 cm langen Leerdarm. Diesem schließt sich der 8 bis 13 cm lange Hüftdarm an. An ihm sind die rudimentär angelegten, nur einige Millimeter langen Blinddärme zu erkennen. Der Hüftdarm geht in den 3 bis 4 cm langen Dickdarm (Grimmdarm, Colon) über, der in die Kloake mündet. Der erste Teil der Kloake dient der Ansammlung des Kotes. In den nächsten Teil münden die Harnleiter und bei den Täubern die Samenleiter; bei den Weibchen mündet hier der Schlitz des Eileiters. Ein starker Schließmuskel verschließt die Kloake nach außen.

Bauchspeicheldrüse

In der Bauchspeicheldrüse werden Verdauungsenzyme erzeugt. Hier befinden sich auch die Langerhansschen Inseln, in denen das Hormon Glukagon entsteht, welches in der Leber den Umbau der tierischen Kohlenhydratspeicherform Glykogen in Glukose bewirkt. Weiterhin wird hier das Hormon Insulin erzeugt, das umgekehrt die Synthese von Glykogen aus Glukose zur Speicherung in der Leber möglich macht. Insulin hemmt den körpereigenen Fettabbau und fördert den Eiweißansatz.

Leber

Die Leber ist die größte Drüse des Taubenorganismus. Sie besteht aus einem rechten und linken Leberlappen. Von beiden Lappen geht je ein Gallengang zum Zwölffingerdarm, in den die Gallenflüssigkeit direkt entleert wird. Die Leber erfüllt viele Aufgaben und wird damit zu einem zentralen Organ. In der Leber wird Glykogen gespeichert, bei Energiebedarf wieder in Glucose verwandelt und in die Blutbahn abgegeben. In ihr erfolgt der Aufbau körpereigenen Eiweißes aus den Aminosäuren. Sie kann Fett speichern und Fett abbauen.

Harnorgane

Die stark durchbluteten Nieren und die Harnleiter bilden die Harnorgane des Taubenkörpers. Nierenbecken, Harnblase und Harnröhre fehlen. Jede Niere hat drei Lappen, die sich wiederum aus vielen Läppchen zusammensetzen. Die Harnbildung erfolgt in den Nierenkörperchen durch Filtration des Primärharns aus dem Blut. Primärharn entspricht in der Zusammensetzung dem Blutserum, enthält aber kein Eiweiß, jedoch Eiweißabbauprodukte. Die Menge des Primärharns beträgt 10 bis 20 ml pro Stunde. Nach starker Eindickung in der Niere beträgt die tägliche Menge an Endharn 10 bis 20 ml. Dieser besteht zu 85 % aus Harnsäure und aus Harnstoff, Ammoniak und Aminosäuren. Er ist fest und hat durch Harnsäurekristalle eine weiße Farbe, die auf den Kotballen gut zu erkennen ist. Der Endharn gelangt über Nierenkanälchen in Sammelrohre, die sich über Äste zum Harnleiter vereinigen, der zur Kloake führt; von dort wird er mit dem Kot ausgeschieden.

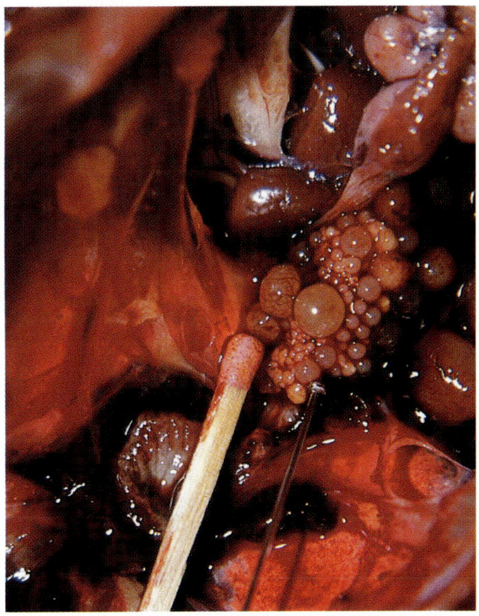

Oben: Vergrößerte Hoden in der Zuchtzeit.
Unten: Eierstock in der Zuchtzeit.

Geschlechtsorgane

Die **männlichen Geschlechtsorgane** bestehen aus den Hoden und den Samenleitern. Die gelbweißen, bohnenförmigen Hoden liegen innerhalb des Taubenkörpers unter dem Rücken, zwischen den Lungenflügeln und den Nieren. Ihr Volumen schwankt sehr und ist während der Paarungszeit am größten (ca. 1,5 bis 2 cm). Im Hodengewebe befinden sich Hodenkanäle, in denen in mehreren Entwicklungsstufen die Spermien gebildet werden. Die Spermien werden im Hoden gespeichert. Bei der Begattung werden sie über die Samenleiter zur Kloake befördert. Durch Vorstülpen der Kloake bei beiden Partnern erfolgt die Übertragung der Spermien vom Täuber zur Täubin. Die Anzahl der Spermien pro Begattung beträgt zwischen einigen Hunderttausend und einigen Millionen.

Weibliche Geschlechtsorgane sind nur auf der linken Körperseite ausgebildet. Es sind der Eierstock und der Eileiter. Der Eileiter besteht aus Trichter, Kanal, Eileiterenge, Schalenkammer und Scheide. Im Eierstock sind viele Eizellen angelegt, von denen nur wenige zur Entwicklung kommen. Außerdem werden im Eierstock mehrere Hormone produziert, die der Steuerung im Organismus dienen. Ausgelöst durch das Hormon FSH (Follikel-stimulierendes Hormon) aus der Hirnanhangdrüse erfolgt in einer Eizelle das Wachstum durch Dotteranreicherung. Wenn die Eizelle eine bestimmte Größe erreicht hat, findet der Eisprung statt. Das Ei fällt frei in den Eileitertrichter, wo es durch eines der hinaufwandernden Spermien befruchtet wird. Die Wanderung der Eizelle durch den Trichter dauert etwa 20 Minuten. Dann gelangt sie in den Hauptteil des Eileiters, in dem das Eiklar hinzugefügt, die zweiteilige Schalenhaut gebildet und die Eischale angelagert wird. Dieser Vorgang dauert über 20 Stunden. Beim Legevorgang gelangt das Ei in die Scheide. Diese sondert ein Sekret ab, das das Ei gleitfähig macht. Bei der Eiablage stülpt sich die Scheide nach außen und befördert das Ei aus dem Körper.

Innersekretorische Drüsen

Viele Vorgänge werden, ohne Einschaltung des Gehirns, unter Einfluss der Hormone durch das autonome Nervensystem gesteuert. Hormone sind organische Verbindungen, die in kleinsten Mengen in den innersekretorischen Drüsen produziert und über die Blutbahn in andere Organe transportiert werden.

Hypophyse

Die Hypophyse, oder Hirnanhangdrüse der Taube ist einen Millimeter groß und produziert mehrere Hormone. Eines ist das schilddrüsenstimulierende Hormon TSH (Thyreoidea-stimulierendes Hormon); es beeinflusst die Intensität der Ausschüttung von Schilddrüsenhormonen. Nach der Wintersonnenwende wird über die Netzhaut des Auges und über Verbindungen des Sehnerves mit dem Hypothalamus (unterer Abschnitt des Zwischenhirns) dieses System vom zunehmenden Tageslicht stimuliert. Steigende Mengen an TSH gelangen zur Schilddrüse, die nun bestimmte Hormone vermehrt in den Körper abgibt. Dadurch wird der Paarungs- und Bruttrieb angeregt.

Das Follikelstimulierende Hormon (FSH) und Luteinisierende Hormon (LH) bewirken Wachstum und Reife der Spermien bzw. Eier. LH fördert zusätzlich den Ausstoß von Testosteron. Das Hormon Oxytocin wirkt stimulierend auf den Eihälter im Eileiter, in welchem die Kalkschale angelagert wird. Danach bewirkt es die Kontraktionen, die zur Eiablage führen. Durch das Hormon Prolaktin wird der Bruttrieb ausgelöst. Dieser hält 18 Tage lang an. Ab dem 12. Bruttag beginnt in der Kropfschleimhaut die Bildung der Kropfmilch, mit der die am 18. Tag geschlüpften Jungen ernährt werden. Sind die Eier unbefruchtet, wird das Nest etwa drei Tage danach verlassen.

Schilddrüse

Die Schilddrüse der Taube liegt am unteren Teil der Luftröhre. Ihre Größe und Aktivität weist jahreszeitliche Schwankungen auf. Zu Zeiten geringer Geschlechtstätigkeit ist die Schilddrüse am größten. Sie produziert die jodhaltigen Hormone Thyroxin und Trijodthyronin. Diese können gespeichert werden und wirken steuernd auf den Stoffwechsel, auch setzt durch vermehrte Ausschüttung die Hauptmauser ein. Bei kälterer Umgebungstemperatur sorgt die Schilddrüse für erhöhte Stoffwechseltätigkeit, um eine gleichmäßige Körpertemperatur zu erhalten. Neben der Schilddrüse liegen zwei Epithelkörperchen, die das Parathormon produzieren. Dieses reguliert den Blutkalziumgehalt. Reicht dieser für die Eischalenbildung nicht aus, wird Kalzium aus den Knochen freigesetzt.

Nebennieren

Die Nebennieren liegen direkt bei den Nieren. Das in der Hirnanhangdrüse gebildete Hormon ACTH (Adrenocorticotropes Hormon) stimuliert die Nebennieren zur Bildung der Hormone Corticosteron, Aldosteron und Adrenalin. Corticosteron bewirkt den Abbau von Körpereiweiß und von Depotfett. Dies ist für die Elterntiere während der Fütterungsperiode und bei Dauerflügen wichtig. Aldosteron fördert die Natriumrückgewinnung in der Niere. Bei der Ausschüttung von Adrenalin erhöhen sich Herzschlagfrequenz, Blutdruck und Blutzuckerspiegel. Gleichzeitig werden alle Gefäße erweitert, so dass der Körper kurzfristig zu höherer Leistung fähig ist.

Hoden

In den Hoden erfolgt die Bildung des männlichen Geschlechtshormons Testosteron. Es steuert die Ausbildung aller männlichen Geschlechtsmerkmale und das gesamte maskuline Geschlechtsleben – im Zusammenspiel mit Hormonen der Hirnanhangdrüse und der Schilddrüse.

Ein trockener Schlag ist die Voraussetzung für gute Gesundheit der Tauben.

Ernährung

Futteraufnahme und Stoffwechsel

Beim Fressen gelangt das Futter über Mundhöhle, Rachen und Speiseröhre in den Kropf. Tauben saufen nach dem Fressen. Hierdurch wird das Futter eingeweicht. Diesem wird rückgestauter Magensaft und das in der Kropfwand gebildete Verdauungsenzym zugesetzt. Danach gelangt die Nahrung in den Drüsenmagen, wo sie mit Salzsäure und Pepsin versetzt wird. Pepsin leitet den Abbau des Eiweißes ein, das zuerst in Polypeptide und dann im Darm durch den Zusatz weiterer Enzyme zu Aminosäuren abgebaut wird. Vom Drüsenmagen gelangt die Nahrung in den Muskelmagen, wird dort zerkleinert und mit den Verdauungsenzymen vermischt. Danach rutscht die Nahrung in den Zwölffingerdarm. Dort werden dem Nahrungsbrei Enzyme für die weitere Verdauung von Eiweiß, den Abbau von Stärke, Zucker und Fett zugefügt, so dass die Verdauung sehr intensiv einsetzt. Durch die Darmperistaltik wird der Nahrungsbrei weitergeschoben und gelangt in den Leerdarm und in den Hüftdarm. Alle abgebauten Nährstoffe werden über die Darmwand resorbiert. Der Abbau erfolgt in Stufen, beim Eiweiß bis zu den Aminosäuren, bei Stärke und Zucker bis zur Glukose und beim Fett zu Glycerin und Fettsäuren. Sie dienen zur Energiegewinnung und Körperaufbau.

Die resorbierten Nährstoffe gelangen nun in den Stoffwechsel. Die Glukose kommt über die Venen zur Leber. Sie kann sogleich wieder in die arteriellen Blutbahnen zur Versorgung aller Körperteile mit Energie abgegeben werden. Oder sie wird in der Leber in Glykogen (tierische Speicherform der Kohlenhydrate) umgewandelt und dort gespeichert. Bei einem Überangebot kann die Leber aus der Glukose auch Körperfett aufbauen, das überall im Körper abgelagert werden kann. Die Aminosäuren gelangen über die Blutbahn in die Leber und werden zu körpereigenem Eiweiß aufgebaut.

Bei Energiemangel kann der Ab- und Umbau von Eiweiß zu Glukose erfolgen, wobei die stickstoffhaltigen Bestandteile aus dem Eiweiß über die Blutbahn zu den Nieren gelangen und dort ausgeschieden werden. Das körpereigene Eiweiß wird mit dem Blut in alle Körperteile transportiert, wo in allen Muskelzellen ein ständiger Auf- und Abbau von Eiweißsubstanzen stattfindet.

Die resorbierten Fettbestandteile aus der Nahrung werden in den Lymphbahnen als Chylus transportiert und in der Nähe der Leber in die venöse Blutbahn abgegeben, von wo sie dann in die Leber gelangen. Glycerin und Fettsäuren können zur Energieversorgung zu Glukose abgebaut werden oder sie werden bei Nichtbedarf zu körpereigenem Fett aufgebaut und in der Leber oder in anderen Körperteilen als Reserveenergie abgelagert.

Der nicht resorbierte Teil der Nahrung gelangt über den Dickdarm in die Kloake, von wo er ausgeschieden wird.

Nährstoffe

In jeder Nahrung werden folgende Stoffgruppen unterschieden, die in den Nahrungsmitteln in unterschiedlichen Mengen enthalten sind:

Nährstoffe: Eiweiß, Stärke, Zucker, Fett und unverdauliche Rohfaser

Mineralstoffe: Kalzium, Phosphor, Natrium, Kalium und Magnesium

Spurenelemente: Eisen, Kupfer, Mangan, Zink, Selen, Jod, Molybdän, Kobalt und Chrom.

Vitamine: A, D_3, C, E, K, B_1, B_2, B_6, B_{12}, Nicacin, Ca-Pantothenat, Biotin, Folsäure und Cholin.

Alle diese Nahrungsinhaltsstoffe sind lebensnotwendig für Tauben. Fehlt nur einer von ihnen, so tritt im Körper ein Mangel auf. Für jeden dieser Stoffe gibt es Angaben über benötigte Mindestmengen bei der Fütterung. Die Zufuhr kann bei den Tauben sehr unterschiedlich ausfallen.

Weiterhin werden bei der Fütterung von Tauben Zusatzstoffe verwendet, die Krankheiten verhindern oder Leistungen verbessern können. Ihr Einsatz ist bei richtiger Dosierung von Vorteil und durch staatliche Futtermittel- und Arzneimittelgesetze geregelt. So kann es sinnvoll sein, bestimmte Krankheiten, wie zum Beispiel Kokzidiose, Gelben Knopf (Trichomoniasis) oder Hexamitiasis durch ein gleichmäßig mit einem Pressfutter vermischten Medikament zu bekämpfen.

Der Gehalt an einzelnen Futterinhaltsstoffen wird in Futterwerttabellen aufgeführt. Mit ihrer Kenntnis kann man entsprechende Futtermischungen zusammenstellen oder bei einem gekauften Taubenmischfutter anhand der Tabellenwerte den Nährstoffgehalt nachrechnen und mit gewünschten Werten vergleichen. Fast alle Taubenmischfutter für Aufzucht, Wettflüge, Jungtiere und für die Mauser enthalten zwischen 12 und 15 % Roheiweiß. Auch im Energiegehalt unterscheiden sie sich nicht wesentlich. Der Energiegehalt wird in MJ/kg (Megajoule/kg) angegeben. Die Futterwerttabelle (siehe Seite 31) gibt Auskunft über die einzelnen Futterinhaltsstoffe der hauptsächlich verwendeten Futtermittel für Tauben.

Praktische Fütterung

Normalerweise füttert man Tauben mit Körnermischfutter. Da die Tauben bei Sattfütterung leicht zu fett werden, wiegt man die rationierte Menge in einem Hohlmaß ab und verfüttert täglich die so ermittelte Menge. Bleibt man während des Fressens bei den Tauben, so nimmt man das Futter weg, sobald die ersten Tiere zur Tränke laufen. So hält man die Tauben in guter Kondition. Manche Züchter geben ihren Tauben während der Aufzucht Standfutter, damit viel Nahrung an die Jungen übertragen wird und die Elterntiere gut bei Kräften bleiben. Dadurch erhält man schnellwachsende Jungtiere, die nach 25 bis 28 Tagen abgesetzt werden können. Jedoch hat man auch bei täglich zweimaliger Fütterung beste Aufzuchterfolge. Besondere Beachtung muss der Vitamin- und Mineralstoffversorgung geschenkt werden.

Als Beispiel für die Berechnung des Roheiweißgehaltes eines Taubenmischfutters möge Tabelle 2 auf Seite 33 dienen.

Möchte man einige Tage verreisen, kann Standfutter aus einem geeigneten Futterautomaten verabreicht werden. In solchem Falle muss aber sichergestellt sein, dass ausreichend Futter und Wasser zur Verfügung stehen und eine Kontrollperson nach dem Rechten sieht. Danach kann man zur rationierten Fütterung zurückkehren. Werden die Tauben zu schwer, sollte die Futterration gekürzt werden.

Der VDT (Verband Deutscher Rassetaubenzüchter e.V.) empfiehlt für die Fütterung während des ganzen Jahres zwei Futtermischungen: ein **Zucht-, Jungtauben- und Mauserfutter** mit 16 % Roheiweiß, 7,5 % Rohfett und 12,7 MJ/kg und ein **Ruhe-, Ausstellungs-**

Tabelle 1

Futterwerttabelle für Taubenkörnerfutter (Gehalt in %)

Komponente	Wasser	Roh-asche	Roh-eiweiß	Roh-fett	Roh-faser	NFE*	Stärke	Zucker	MJ/kg
Bohnen	13,2	3,6	26,9	1,2	7,7	47,4	45,2	3,4	12,6
Cardisaat	10,0	3,3	22,0	30,0	30,0	4,7	1,5	2,2	14,2
Dari, weiß	13,0	1,7	10,5	2,9	1,9	70,0	50,2	1,0	11,1
Erbsen	15,0	3,0	22,2	1,2	5,8	52,8	42,2	5,7	12,3
Erdnüsse	5,2	2,4	28,0	47,8	3,5	12,3	0,0	1,8	16,5
Gerste	13,0	2,5	10,2	1,9	4,7	67,7	52,7	2,4	11,3
Hafer	11,3	22,9	12,0	4,7	9,5	59,8	38,6	1,6	10,1
Hafer, gesch.	12,0	2,1	13,9	5,9	2,5	63,6	53,5	1,4	13,5
Hirse	12,0	2,9	11,4	4,0	4,5	65,2	51,9	0,7	13,4
Leinsaat	12,0	4,3	21,8	32,1	6,3	23,5	0,0	3,2	17,6
Mais	13,5	2,4	9,4	4,1	2,4	69,1	53,3	1,4	13,9
Milocorn	13,0	1,7	10,5	2,9	1,9	70,0	50,2	1,0	11,1
Rapssaat	10,0	4,7	22,3	40,8	7,7	14,5	0,2	7,8	12,1
Reis, poliert	12,0	1,7	8,0	4,1	3,8	70,4	62,0	4,1	14,6
Rohreis	11,7	5,3	8,6	2,2	8,7	63,5	56,5	5,3	15,8
Sojabohnen	12,0	4,6	35,5	17,6	5,2	25,1	4,7	6,7	13,6
Sonnen-blumensaat	12,0	2,9	6,8	31,5	21,4	15,4	0,0	0,0	14,3
Sonnen-bl. geschält	12,0	3,5	24,3	45,2	3,0	12,0	0,0	0,0	18,8
Speiseöl	1,0	0,0	0,0	99,0	0,0	0,0	0,0	0,0	36,3
Weizen	13,0	1,8	11,4	1,8	2,3	69,5	57,2	3,3	12,3
Wicken	12,0	3,2	29,1	1,6	5,7	48,4	28,4	3,7	10,3

* Stickstofffreie Extraktstoffe

Gitterrostboden aus Holz. Der Kot fällt nach unten.

und Winterfutter mit 12,6 % Roheiweiß, 3,5 % Rohfett und 12 MJ/kg. Bei anderen bewährten Fütterungsprogrammen schwanken die Roheiweißgehalte ebenfalls zwischen 12 % und 15 %. Bei kleinen Rassen, Kurzschnäblern und bei Jungtauben wählt man kleinkörnige Mischungen. Die Zugabe von Mineralstoffpicksteinen und Vitaminen ist unerlässlich.

Leichtes Futter ist energiearme, schweres Futter ist energiereiche Nahrung. Den Energiegehalt einer Mischung kann man um etwa 2 bis 4 % erhöhen, indem man ihr 1 bis 2 % Speiseöl zusetzt. Die Nährstoffzufuhr lässt sich durch Anhebung des unverdaulichen Rohfaseranteiles im Futter verringern. Praktisch wird dieses Prinzip bei reiner Gerstenfütterung angewendet, wodurch aber andere Defizite entstehen. Genauer lassen sich Futterinhaltsstoffe einstellen, wenn man Futterpellets herstellt. Alle Komponenten in mehlförmiger und flüssiger Form (Futteröl) sind hierfür geeignet. Fehlende Mineralstoffe, Vitamine und Spurenelemente werden ergänzt, so dass bei richtiger Rezepturgestaltung Pelletfutter vollwertig und preiswert zusammengesetzt werden kann. Pellets werden von den Tauben gern gefressen. Je heller ihre Farbe ist, desto eher werden sie akzeptiert.

Selbstverständlich kann man Körner und Pellets anteilig verfüttern. Bei der Herstel-

Tabelle 2

Taubenmischfutter für die Zucht (kleinkörnig)

	Roheiweißgehalt in der Komponente %	**Roheiweißgehalt Anteil in der Mischung %**
24 % Futterweizen	11,4	2,74
21 % Dari, weiß	10,5	2,21
12 % Futtererbsen, gelb	22,2	2,66
23 % Milocorn, rot	10,5	2,42
12 % Futtererbsen, grün	22,2	2,66
8 % Wicken	29,1	2,33
Gehalt der Futtermischung an Roheiweiß		15,02

lung von Pellets wird das Mehlfutter in Futtermittelpressen durch Düsen gedrückt und in geeigneter Länge abgeschnitten. Extrudierte Pellets werden unter Druck kurz erhitzt, keimfrei gemacht und über eine Düse taubengerecht geformt.

Futtermischungen in den einzelnen Jahresperioden:

Zuchtruhe	Ruhe- und Winterfutter
Zucht- und Flugzeit	Futter für Aufzucht und Flugleistungen
Mauser	Mauserfutter
Jungtauben	Jungtaubenfutter

Glastränke mit Gritfutterautomat.

Gritrinne mit Taubenpickstein.

Herkunft und Entwicklung der Haustauben

Alle unsere Haustiere waren ursprünglich Wildtiere. In den vergangenen Jahrtausenden wurden sie von den Menschen, zunächst halbwild, dann gezähmt gehalten. Man nutzte sie als Nahrung, zur Herstellung von Gebrauchsmaterialien und zur Arbeit. Diese Entwicklung ist noch nicht abgeschlossen, denn ständig werden irgendwo auf der Welt weitere Wildtiere halbwild oder als Haustiere gehalten und systematisch weitergezüchtet. Als Beispiele einer Entwicklung hin zum Haustier können aus jüngerer Zeit Nerze, Bisons, Puten, Perlhühner, Strauße, Frösche und Schildkröten genannt werden.

Alle Haustauben, bis auf die Lachtauben, stammen von den Felsentauben ab. Die Lachtauben gehören zur Gattung Streptopelia und sind mit den Turteltauben und den Türkentauben verwandt. Die heutigen Felsentaubenpopulationen leben im gesamten Mittelmeerraum und den angrenzenden Gebieten in Nordafrika bis nach Senegal und Ghana, in Vorderasien bis nach Turkestan, in Kasachstan, Indien, Sri Lanka und in ganz Nord- und Mittelchina bis nach Korea. Auch im nördlichen Europa gibt es einen Bestand in Schottland, auf den Färöer-Inseln und in Irland. Insgesamt unterscheidet man elf verschiedene Felsentauben-Populationen, die sich äußerlich in Farbe und Größe etwas voneinander unterscheiden. Die Farbe aller Felsentauben ist blaugrau mit zwei schwarzen Flügelbinden. Das Blau ist am dunkelsten an Kopf und Hals und am hellsten auf den Flügeldecken. Am Schwanzende befindet sich eine schwarze Subterminalbinde, wie wir sie auch von vielen Haustauben her kennen. Innerhalb der Felsentauben-Populationen in ihren verschiedenen Lebensräumen gibt es Nuancierungen in ihrer Färbung. Der Sattel der europäischen Tiere ist weiß, hellblau gefärbte Tauben mit dunklem Sattel leben im Niltal und in den Oasen der Sahara. Die dunkelste Färbung mit weißem Sattel haben die Felsentauben südlich der Wüste in Westafrika. Bei allen Felsentauben schimmern die Federn an der Hals- und Brustregion metallisch-grün bis purpurrot. Der Schnabel ist schwarz mit weißen Schnabelwarzen, der Orbitalring ist blaugrau. Nur bei den westafrikanischen Tauben ist der Orbitalring rötlich gefärbt. Die Iris ist bei allen Felsentauben orangerot. Recht helle Blaufärbung des Gefieders findet man in den östlichen Verbreitungsgebieten, bis nach Korea.

Wo sich zwei Populationen gebietlich überlappen, kommt es unter ihnen zu Paarungen. In Gehegen gehaltene Felsentauben brüten erfolgreich. Spätestens die dritte Generation ist zahm, wie unsere Haustauben. Alle Felsentauben lassen sich mit Haustauben kreuzen. Die Lebendmasse der Felsentauben beträgt durchschnittlich etwa 300 g.

Wir wissen nicht genau wo die ersten Domestizierungen der Tauben stattgefunden haben. Man nimmt an, dass das erste Domestizierungsgebiet in Indien lag und sich dann im Laufe der Zeit bis zum Mittelmeer ausbreitete, so dass wir es seit Jahrtausenden mit einem großen Verbreitungsgebiet zu tun haben. In Schriften über die Antike wird erwähnt, dass Tauben in Babylon bereits um 6000 v. Chr. Symboltiere der Liebes- und Fruchtbarkeitsgöttin Ischtar waren. Wie uns heutige Wildfänge beweisen, kann es nur ein sehr kurzer Weg gewesen sein, nachfolgende Generationen zu zähmen und in der Nähe menschlicher Behausungen mehr oder weniger kontrolliert zu halten.

In jedem dieser Lebensräume haben sich die gezähmten Tauben genetisch anders entwickelt. So kam es zu unterschiedlichen Lokalrassen mit rassespezifischen Eigenschaften. Diese Entwicklung hat das Herauszüchten der unterschiedlichen Formen, Farben und Eigenschaften der heutigen Rassen ermöglicht.

Wie überall bei unseren Haustieren gab es in der Nachzucht immer wieder genetische Abweichungen in der Färbung, der Körpergröße, der Größe einzelner Körperteile (zum Beispiel langer Hals), der Formen und in den Eigenschaften, die anschließend züchterisch bearbeitet und auf eine größere Tierzahl übertragen wurden. Wahrscheinlich sind genetische Veränderungen in manchen Jahrhunderten nur selten und dann wieder in kürzeren Zeitabständen häufiger vorgekommen; wir wissen es nicht genau. Einige Veränderungen können bei umfangreicher, gezielter Zucht mit großen Populationen in wenigen Jahrzehnten entstanden sein, wie dies die züchterische Entwicklung einiger unserer heutigen Rassen in den letzten zweihundert Jahren zeigt.

Normalerweise erreicht man Abweichungen von den ursprünglichen Eigenschaften durch systematische Zucht, indem man Paare, deren Eigenschaften in der gewünschten Richtung deutlicher als bei anderen Tieren vorhanden sind, miteinander verpaart und anschließend positive Abweichler, die diese Eigenschaften noch ausgeprägter als ihre Eltern aufweisen, verstärkt in der Zucht einsetzt. Der Zuchterfolg ist von der Qualität und von der Größe der Ausgangspopulation sowie vom Grad der Erblichkeit des Merkmals abhängig, das züchterisch verändert wird.

Von Menschenhand unbeeinflussbar sind die Mutationen oder Erbsprünge, die durch plötzliche Veränderung in der Erbmasse zufällig entstehen. So können neue Eigenschaften auftreten, wie sie bei den Vorfahren noch niemals vorhanden waren. Manchmal bringen sie uns Vorteile, manchmal sind die Veränderungen nachteilig. In vielen Fällen sind Tiere, die durch Mutationen entstanden sind, wegen ungünstiger Abweichungen nicht lebensfähig. Eigenschaften, die zu nicht lebensfähigen Individuen führen, bezeichnen wir als Letalfaktoren. Eine Veränderung im äußeren Erscheinungsbild durch weiße Färbung des Felles oder der Federn kam in den letzten Jahrzehnten bei vielen unserer Haus- oder Wildtiere vor. In den letzten Jahren wurde sie bei Hirschen, Amseln und bei Krähen festgestellt. Rein weiße Tiere gibt es bei praktisch allen Haustieren. Dies mag als Beispiel dafür dienen, dass manche genetischen Veränderungen bei vielen Tieren die gleichen Eigenschaften betreffen können und sich entsprechend

weitervererben. Die Weißfärbung, ist einmal als Erbsprung entstanden und wird heute mit dem genetischen Faktor „Farbausbildung“ gedeutet, bei der zum Beispiel die eigentlich genetisch vorhandene Färbung „schwarz“, „blau“ oder „rot“ nicht in Erscheinung tritt, weil der Farbausbildungsfaktor im Erbgang vollständig unterdrückt wird. Viele genetische Veränderungen hinsichtlich der Form und der Eigenschaften der Tiere kommen durch das Zusammenwirken vieler Erbanlagen in immer wieder anderen Kombinationen zustande, die wir züchterisch durch systematische Auslese in eine ganz bestimmte Richtung lenken. Dies zeigt, dass Züchtung und Auslese ganz eng miteinander verbunden sein müssen, wenn man Zuchtfortschritte erzielen will.

Entstehung der Taubenrassen

Allein in Europa gibt es weit mehr als vierhundert verschiedene Rassen, die sich alle in ihren speziellen Eigenschaften voneinander unterscheiden und von denen jede eine in sich geschlossene Zuchtpopulation darstellt.

Das war sicherlich nicht immer so. Irgendwann traten bei den gezähmten Wildtauben Formen- und Farbvarianten auf, wie sie auch heute noch bei fast allen Haustieren und wildlebenden Tieren entstehen. Da sich diese Abweichler unter den Tauben im Schutze der Menschen weiter vermehren konnten, erfolgte je nach geographischer Region eine immer größere Aufspaltung nach Größe, Formen, Farben und Eigenschaften.

Wann sich die ersten Haustauben, aus dem Orient kommend, vom Mittelmeerraum weiter in den Norden nach Mitteleuropa ausbreiteten, ist nicht genau bekannt. Es gibt Berichte, wonach die römischen Soldaten am Limes in den Wachtürmen ihrer Kastelle Tauben gehalten haben sollen. Überliefert ist, dass Kreuzfahrer und Seefahrer im 11. bis 14. Jahrhundert Tauben aus fremden Ländern in ihre Heimat mitge-

Foto linke Seite: Felsentaube.
Foto rechts: Süddeutsche Blassen, belatscht.

Tabelle 3

Rassen verschiedener Zuchtgebiete mit teilweise gleicher Bezeichnung

Sächsische:	Thüringer:	Süddeutsche:
Brüster	Brüster	
		Blassen
Feldfarbentauben		
	Einfarbige	
		Kohllerchen
Flügeltauben	Flügeltauben	
		Latztauben
	Goldkäfertauben	
Kröpfer	Kröpfer	
Mönchtauben	Mönchtauben	Mönchtauben
Mondtauben	Mondtauben	
	Mäusertauben	Mohrenköpfe
Pfaffentauben		
Schildtauben	Schildtauben	Schildtauben
Schnippen	Schnippen	Schnippen
Schwalben	Schwalben	
Storchtauben	Storchtauben	
		Tigermohren
Verkehrtflügeltauben		
Weißschwänze	Weißschwänze	Weißschwänze
	Weißköpfe	
	Weißlätze	

nommen haben. In der Stadt Nürnberg soll es im 15. Jahrhundert viele Tauben gegeben haben. Taubenliebhaber gab es überall, so dass sich die Tauben von dort, wo sie waren, stets ausbreiteten, wenn nur eine gewisse Ernährungsgrundlage für sie vorhanden war. Das gilt für alle Länder unserer Erde auch heute noch. So kann man zum Beispiel in China zur Zeit eine gewaltige Ausbreitungswelle für alle dort vorkommenden Haustaubenrassen feststellen.

Bis zum Ende des 18. Jahrhunderts war die Mobilität der Menschen allgemein gering. Daher war auch der Import von Zuchttieren aus anderen Regionen sehr selten. Man hielt die bodenständigen Haustiere und züchtete mit ihnen. Das galt sowohl für Rinder, Schweine, Schafe, Ziegen, wie auch für alle Geflügelarten. So nimmt es nicht wunder, dass viele unserer modernen Rassetauben geographisch abgeleitete Namen tragen. Diese können sich auf eine Stadt (Kölner Tümmler), eine Gegend (Münsterländer Feldtauben) eine Provinz oder ein Land (Thüringer Flügeltauben), einen Staat (Französische Bagdetten) oder auf ein Staatengebiet (Arabische Trommeltauben) beziehen. In mancher Gegend gab es überwiegend Tauben, die sich in ihren Eigenschaften nicht sehr stark unterschieden, so dass sie alle zu einer Rasse gehörten (beispielsweise Rostocker Tümmler, Danziger Hochflieger). In anderen Gegenden oder Ländern gab oder gibt es noch heute ganze Gruppen von Rassen, deren Erscheinungsbild sich in anderem Umfeld mit gewissen Abweichungen wiederholt. Beispiele dafür sind die Rassen aus Süddeutschland, Sachsen und aus Thüringen, wie es die Rassebezeichnungen in der Tabelle 3 (S. 38) zeigen.

Natürlich hat jede dieser Rassen ihre Eigenarten. Denn neben einer gemeinsamen Farbzeichnung weichen die Form, die Beinbefiederung, der Stand oder die Größe der Rassen teilweise deutlich voneinander ab.

Wenn man im Laufe der Jahrzehnte durch zu enge Inzucht bei den Zuchtpaaren Fortpflanzungsschwierigkeiten bekommt, dann sind wahrscheinlich solche Parallelrassen, die teilweise ganz ähnliche Eigenschaften besitzen, für eine Einkreuzung zur Verbesserung der Fruchtbarkeit geeignet. Jede Einkreuzung bedeutet aber ein Risiko und das Ergebnis im Hinblick auf die Qualität der Ausgangsrasse muss in jedem Falle sorgfältig geprüft werden.

Ausbreitung der Rassen seit dem 19. Jahrhundert

Durch die Verbesserung des gesamten Verkehrs, vor allem durch die Einführung der Eisenbahn und des Schiffsverkehrs (Dampfschiffe) wurde die Mobilität erheblich vergrößert, die Menschen reisten mehr und es ließen sich Tiere verschicken, die man schriftlich bestellte. Hierdurch fanden Lokalrassen weitere Verbreitung und oft bildeten sich neue Zuchtgebiete in Gegenden, in die diese Rassen eingeführt worden waren.

Die verstärkte Ausbreitung der Rassen führte aber auch dazu, dass man vielerorts versuchte, verschiedene Rassen miteinander zu kreuzen, um zu neuen Zuchterfolgen zu kommen. Auf diese Weise sind viele Rassen entstanden, deren neue Eigenschaften züchterisch gefestigt werden mussten, um zu einem hohen Zuchtstandard zu kommen. Als Beispiel mögen die Strasser dienen, die um die Mitte des vorigen Jahrhunderts in Mähren aus Kröpfern, Feldtauben und aus Florentinern herausgezüchtet wurden und schon bald nach Deutschland kamen. In neuerer Zeit entstanden die kennfarbigen Texaner aus französischen Mondain-Tauben und den kennfarbigen Wirtschaftsking-Tauben; sie wurden 1961 in den USA anerkannt. In Deutschland glückte die Herauszüchtung der Echterdinger Farbentauben, die Anfang der 80er Jahre anerkannt wurden. Es sind glattfüßige, kräftige, schnittige Tauben mit geganselter Zeichnung in Schwarz. Das heißt, bei weißer Grundfarbe sind Hinterhals, Haube, Brust, Schulter und Schwanz mit Decke und Keil farbig. Der Kopf trägt eine Rundhaube mit seitlichen Rosetten. Sicherlich wird man in Zukunft versuchen, bei dieser Rasse weitere Farbenschläge herauszuzüchten.

So stehen wir nun vor einer fast unüberschaubaren Zahl von Taubenrassen. Allein im europäischen Raum sind es etwa 350 bis 400 verschiedene und weltweit sicherlich doppelt so viele. Neue Kombinationen führen immer wieder zu neuen Zuchtergebnissen. Wenn dabei eine Eigenschaft besondere Vorzüge aufweist, wird man die Zucht fortsetzen und bei der schnellen Vermehrungsrate der Tauben durchweg auch gute Erfolge erzielen, wie dies die wachsende Anzahl der Rassen in den vergangenen Jahrzehnten zeigt.

Hessenkröpfer, blau, ohne Binden.

Grundlagen der Vererbung

Orientalische Möwchen, Satinetten links in Braun (Brünette), rechts in Schwarz.

Vom Aufbau der Körperzellen wissen wir, dass jede einzelne Zelle alle genetischen Anlagen in einem doppelten Chromosomensatz enthält. Alle Teile eines Taubenkörpers sind aus einzelnen Körperzellen und einer Zwischensubstanz aufgebaut. Das gilt sowohl für die durchbluteten, wie für die nicht durchbluteten Körperteile, wie Federn, das äußere Horn und die Hautschuppen. Alle Körperteile sind einmal aus durchblutetem Gewebe gebildet worden und ursprünglich aus einer einzigen befruchteten Eizelle entstanden.

Die Befruchtung erfolgt durch Verschmelzung des auf dem Eidotter sitzenden Eikeimes mit einer einzigen männlichen Spermienzelle, sobald diese den Eikeim berührt (Seite 43). Noch im Mutterleib, während Eiklar und Eischale um die befruchtete Zelle herum gebildet werden, beginnt die befruchtete Eizelle sich zu teilen. Zur Zeit der Eiablage besteht der Embryo bereits aus etwa 60 000 Zellen. Während der Brut wird die unentwegte Teilung der Zellen und damit das Wachstum des neuen Lebewesens fortgesetzt, bis im Ei das schlupffähige Küken herangewachsen ist. In den nächsten vier Wochen während der Aufzucht im Nest wird es bis zur fast erwachsenen Taube ausgebildet. Die ständige Erneuerung aller Körperzellen dauert während des gesamten Lebens einer Taube an. Die einzelnen Körperzellen sind etwa 4 bis 20 µm (1 µm = 1/1000stel mm) groß. Das gilt auch für den Spermienkopf, in dem sich die Erbanlagen vom Täuber befinden. Die Keimscheibe auf dem Dotter des Weibchens als Teil der großen Dotterzelle ist etwas größer ausgebildet.

In den Erbanlagen, die in den Körperzellen der Tauben liegen, sind alle ihre Eigenschaften bis ins Kleinste festgelegt. Das gilt genau so für die Ausbildung der letzten Fahnenspitze einer kleinen Feder, wie für die Länge jeder Zehe, den Klang der Stimme oder jede Eigenart, die man bei der Taube vorfindet. Während der Entwicklung und des Wachstums sind unendlich viele Steuerungsmechanismen eingeschaltet, die diese Ausbildung auslösen. Die Aufstellung in Tabelle 4 (siehe unten) vermittelt einen Überblick über die Größenordnung der einzelnen Bestandteile in den Zellen:

Die Erbanlagen der Tauben sitzen in den Chromosomen im Zellkern. Alle Tauben haben im Zellkern jeder Zelle 80 Chromosomen. Davon stammen 40 vom Vater und 40 von der Mutter.

Das Wachstum aller Körperteile erfolgt durch ständige Zellteilungen. Bei einer normalen Zellteilung (erbgleiche Teilung, **Mitose**) (siehe S. 43) verdoppelt sich zuerst jedes einzelne Chromosom und teilt sich dann in zwei identische Hälften, die sich in der Äquatorialebene der Zelle anordnen und zu den Polen der beiden neuen Zellen wandern.

Die Bildung der Geschlechtszellen erfolgt in den Chromosomen durch Reduktionsteilung **(Meiose)** (siehe S. 43). Jede Geschlechtszelle enthält nur den halben Chromosomen-

Tabelle 4

Eine Taube mittlerer Größe besitzt

- Etwa 10 Milliarden Körperzellen
- Pro Körperzelle genau 80 Chromosomen (40 Chromosomenpaare)
- Pro Chromosom etwa 100 000 Gene
- Pro Körperzelle etwa 8 Millionen Gene
- Pro Geschlechtszelle etwa 4 Millionen Gene
- Pro Gen etwa 10 Millionen (DNS-Moleküle) (Desoxyribonukleinsäurenmoleküle)
- Pro Geschlechtszelle etwa 40 Billionen DNS-Moleküle
- Pro DNS-Molekül etwa 300 000 Nucleotid- oder Basenpaare
- Pro Geschlechtszelle etwa 12 Trillionen Nucleotidpaare, die nach der Befruchtung zusammen mit einer gleichen Zahl von Nucleotidpaaren des Geschlechtspartners die Ausbildung der Erbanlagen bestimmen.

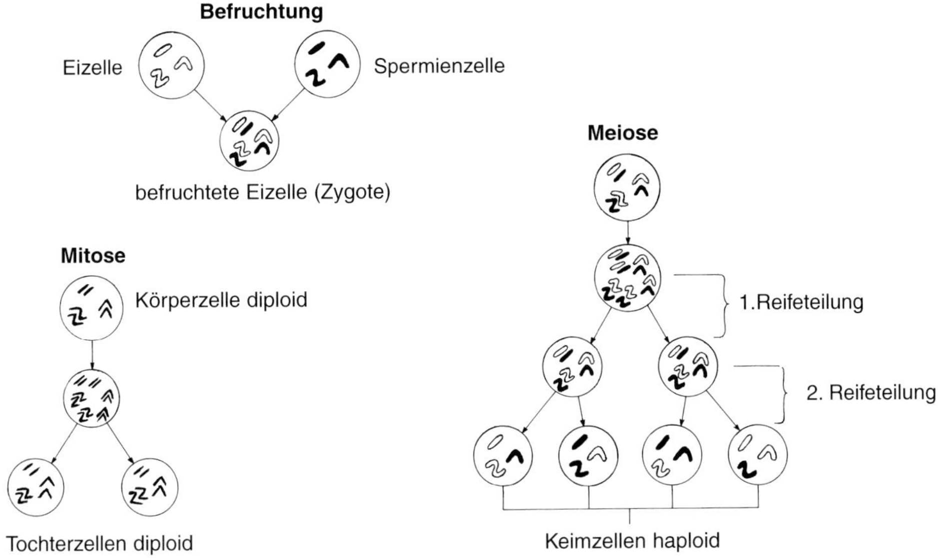

Oben: Bei der Befruchtung entsteht aus der Verschmelzung der Keimzellen die befruchtete Eizelle, die dipliod ist. Links: Zellteilung der Körperzellen (Mitose). Rechts: In der Reduktionsteilung (Meiose) entstehen Keimzellen mit den halben Chromosomensatz (haploid).

satz. Dabei teilen sich die Chromosomen nicht wieder so auf, wie sie einmal bei der Befruchtung zusammengekommen sind. Vielmehr können unterschiedliche Anteile an Chromosomen vom Vater oder von der Mutter des sich fortpflanzenden Tieres stammen. Im Durchschnitt werden es immer 50 % des genetischen Materials eines Elternteiles sein, aber im Einzelfall kommen deutliche Abweichungen vor. Dies erklärt auch, warum Geschwistertiere im Aussehen und im Wesen sehr unterschiedlich ausfallen können. Hierdurch werden alle sicheren Voraussagen über die Vererbung einzelner Eigenschaften, die zumeist noch durch das Zusammenwirken mehrerer Gene bedingt sind, praktisch unmöglich. Hierfür setzt die Vererbungswissenschaft die Vorhersage nach den Regeln der Wahrscheinlichkeitsrechnung ein. Solche Vorhersagen können aber nur gemacht werden, wenn die Zahl der Vererbungsvorgänge groß genug ist, was in der Taubenzucht nur zutrifft, wenn man die gesamte Population zum Beispiel einer Rasse betrachtet.

Viele Erbanlagen kommen über ein einziges Genpaar zur Ausbildung, bei anderen wirken mehrere Gene an der Ausbildung mit und bei sehr vielen Merkmalen sind viele oder sehr viele Gene (zum Beispiel bei der Körpergröße) an ihrer Realisierung beteiligt. Im letzten Fall sprechen wir dann von einer polygenen oder multigenen Vererbung. Die Untersuchungen von Gregor Mendel (Naturforscher 1822 bis 1884, entdeckte die Gesetzmäßigkeiten der Vererbung) bezogen sich seinerzeit auf einzelne Merkmale, wie den Erbgang bei roten und weißen Blüten, deren Ausbildung durch ein einziges Gen festgelegt wird. Wird eine Eigenschaft aber über das Zusammenwirken von vielen Genen vererbt, die auch noch ihren Sitz in verschiedenen Chromosomen haben, dann kann ein erwartetes Erscheinungsbild einer Taube nur nach den Regeln der Wahrscheinlichkeit auftreten. Schon oft hat ein Züchter einige Jahre umsonst auf das Auftreten einer erwünschten Farbe oder einer Merkmalskombination gewartet, die aufgrund der Erbanlagen eines Zuchtpaares hätte auftreten können, aber tatsächlich nicht aufgetreten ist. Paart man dagegen einen Zuchtbullen mit Hilfe der künstlichen Befruchtung in einem Jahr mit 40 000 Milchkühen, dann ist die Wahrscheinlichkeit sehr groß, dass die erwarteten erblichen Merkmale im erwarteten Verhältnis bei den Nachkommen festzustellen sind.

Tabelle 5

Qualitative Eigenschaften

Gefieder	**andere Körperteile**
Gefiederfarben	Formen
Gefiederfarben-intensitäten:	Hauben, Kuppen
Aufhellungsfaktoren	
Verdünnungsfaktoren	
Verblassungsfaktoren	
Intensivierungsfaktoren	
	Nelken, Rosetten
	Halskrause
	Augenschirme
Schimmelfaktor	Fußbefiederung
Panterscheckung	Pfauenschwanz
Ausbreitungsfaktor	
Schillerfarbe der Brust	Farben
	Augenfarbe
	Augenringfarbe
	Schnabelfarbe
	Zehenfarbe

Qualitative Eigenschaften

Eigenschaften, die durch ein einziges oder durch das Zusammenwirken von zwei bis drei Genen vererbt werden, lassen sich verhältnismäßig einfach in ihrer erblichen Auswirkung erklären. Auf diese Weise werden die meisten qualitativen Eigenschaften vererbt. Qualitative Eigenschaften sind solche, deren Vorhandensein oder Nichtvorhandensein mit ja oder mit nein beantwortet werden kann.

Alle diese Eigenschaften lassen sich durch konsequente Auslese in der vorhandenen Population herauszüchten, wenn die gewünschte Eigenschaft in der Erbmasse vorhanden ist. Es sei denn, eine der genannten Eigenschaften wird nur in Zusammenhang mit anderen Eigenschaften kombiniert vererbt. Ist dies nicht der Fall, dann kann durch Einkreuzen eines Tieres gleicher Rasse oder einer anderen Rasse, das die gewünschte Eigenschaft besitzt, diese in die vorhandene

Population eingeführt werden. Durch ständige Auslese wird man nach wenigen Generationen und mit etwas Züchterglück, den Zuchterfolg erreicht haben. Nimmt man beim Einkreuzen andere Nachteile in Kauf, wie zum Beispiel eine etwas andere Körperform, dann wird es bei dieser quantitativen Eigenschaft, trotz Verdrängungspaarungen, mehrere Generationen dauern, bis die gewünschte alte Körperform wieder voll erreicht ist.

Dominante, rezessive und intermediäre Vererbung

Einige Eigenschaften werden dominant, andere rezessiv und weitere intermediär vererbt, das heißt, das vom Vater und von der Mutter stammende Genpaar kann in seiner Auswirkung auf das Erscheinungsbild unterschiedlich sein. Das macht das Züchten besonders interessant. Bei vielen Merkmalen weiß man, wie sie vererbt werden und kann so in der Zucht entsprechende Voraussagen machen. Praktisch bedeutet dies, dass jedes dominante Merkmal, wenn es in der Erbmasse vorhanden ist, auch zur Auswirkung kommt. Ist ein Merkmal rezessiv veranlagt, so kommt es nur zur Auswirkung, wenn in der Erbmasse, die das Tier von seinen Eltern erhalten hat, kein ihm entsprechendes, dominantes Gen vorhanden ist. Für eine intermediäre Vererbung in der Taubenzucht, bei der sich beide Eigenschaften gleichstark gemischt vererben, fehlt ein absolut sicheres Beispiel. SELL (1994) erwähnt eine intermediäre Vererbung bei der Paarung von Kölner Tümmlern, blaufahlgehämmert, bindig, mit dunkelgehämmert erscheinenden Tieren. Die Nachkommen solcher Paarungen ergeben dazwischenliegende Farbnuancen. Statt mit „intermediär" könnte man solche Erscheinungen wahrscheinlich auch mit einer unterschiedlichen Intensität des Farbausbreitungsfaktors erklären.

Tabelle 6

Dominante Eigenschaft	**Rezessive Eigenschaft**
Gefiederfarbe:	
Schwarz	Blau, Braun
Blau	Silber (geschlechtsgebunden)
Dominant-Rot	Blau, Schwarz, Braun
Dominant-Rot, Schwarz, Blau, Braun	Rezessiv-Rot
Rezessiv-Rot	Rezessiv-Gelb
Andere Merkmale:	
Glatter Kopf	Haube, Schnabelnelke, Augenschirme
Glatter Hals	Federkrause (Jabot)
Glatter Hals	Nackter Hals
Zitterhals	Normalhals
Glattes Gefieder	Locken
Mit Binden	Ohne Binden (hohlig)
Drei Binden	Zwei Binden
Mit Bindenrost	Saubere Binden
Volle Flügelfärbung	Weiße Binden
10 Handschwingen	11 Handschwingen
12 Schwanzfedern	mehr als 12 Schwanzfedern
Breiter Bürzel	Schmaler Bürzel
Helle Perlaugen	Gefärbte Augen
Trommelstimme	Normalstimme
Federfüßig	Glattfüßig
Ohne Augenschirm	Mit Augenschirm
Gehämmert	Einfarbig

Die über Jahrzehnte gesammelten praktischen Erfahrungen über dominantes oder rezessives Verhalten von Erbanlagen sind für viele Eigenschaften bekannt, einige von ihnen seien in Tabelle 6 (siehe S. 45) aufgeführt.

Die Mendelschen Regeln

Alle Erbanlagen, die nur durch ein Gen bedingt sind, geben uns die Möglichkeit, im Sinne von Gregor Mendels Erkenntnissen, ganz konkrete Voraussagen über das Ergebnis einer Zucht, selbst bei nur einem oder bei wenigen Jungtieren, zu machen. Bei den Tauben lässt sich dies am besten am Beispiel der Gefiederfarben klarmachen, die nur durch ein Gen vererbt werden.

Jeder Täuber besitzt jeweils ein entsprechende Veranlagung für die Gefiederfarbe vom Vater und eine von der Mutter. Nehmen wir einmal an, eine Taube besäße die Veranlagung für die Gefiederfärbung „Schwarz“ vom Vater und die gleiche Veranlagung „Schwarz“ von der Mutter. Wir sagen dann, diese Taube hat eine **reinerbige** oder **homozygote** Veranlagung für die Gefiederfarbe „Schwarz“.

Ein anderer schwarzgefärbter Täuber stammt von einem reinerbig schwarzen Täuber und von einer reinerbig blauen Täubin ab. Er besitzt also in dem einen Chromosom die Veranlagung für „Schwarz“ und in dem anderen entsprechenden Chromosom die Veranlagung für „Blau“. Da das „Schwarz“ über das „Blau“ dominant ist, ist dieser Täuber äußerlich schwarz gefärbt. In seinen Genen besitzt er aber die dominante Veranlagung für „Schwarz“ und die rezessive Veranlagung für „Blau“. Wir sagen, der Täuber hat eine **mischerbige** oder **heterozygote** Veranlagung für dominantes „Schwarz“ und für rezessives „Blau“. Paart man einen für Schwarz und Blau mischerbig veranlagten Täuber mit einer blauen Täubin, so können mischerbig schwarze und reinerbig blaue Nachkommen gezüchtet werden. Aus diesen Tatsachen lassen sich die drei Mendelschen Regeln ableiten, die bei jeglicher Vererbung in der Natur ihre Gültigkeit haben:

Uniformitätsregel

Paart man Tauben, die sich in nur einem reinerbigen Merkmal (dominant-rezessiver Erbgang) voneinander unterscheiden, so sind alle Jungtiere der F_1-Generation (erste Nachzuchtgeneration) in diesen Eigenschaften gleich (uniform).

Beispiel: Paart man einen reinerbig blaugehämmerten Täuber mit einer reinerbig blaubindigen Täubin, so sind alle Nachkommen aus dieser Paarung blaugehämmert, da blaugehämmert dominant ist über blaubindig. Alle diese Nachkommen sind mischerbig für blaubindig.

Paart man Tauben mit mehreren, verschiedenen, reinerbigen Eigenschaften miteinander, so sind auch in diesem Fall alle Jungtiere der F_1-Generation mischerbig für mehrere Gene und in ihren Eigenschaften gleich (uniform).

Spaltungsregel

Paart man die Tiere der ersten Nachzuchtgeneration (F_1) untereinander, so spalten sich die Eigenschaften in deren Nachkommen im Verhältnis 3:1 auf. Das heißt ein Viertel der F_2-Generation ist reinerbig in der dominanten Eigenschaft, die Hälfte ist mischerbig und zeigt äußerlich die dominante Eigenschaft und ein Viertel ist reinerbig in der rezessiven Eigenschaft.

Das genannte Verhältnis stellt sich aber nach der Wahrscheinlichkeitsregel erst bei einer genügend großen Anzahl von Tauben (zum Beispiel 1000 Tiere) mit kleinen Abweichungen ein. Da wir es bei den Tauben aber immer nur mit einer geringen Zahl von Individuen zu tun haben, müssen wir mit dem zufälligen Ergebnis im Rahmen dieser Mendelschen Spaltungsregel zufrieden sein.

Beim intermediären Erbgang stellt sich ein Verhältnis von 1:2:1 ein. Gregor Mendel arbeitete mit roten und weißen Blumen, deren Farbe sich intermediär vererbte. So erhielt er bei der Kreuzung der F_1- Generation 25 % rote Blumen, 50 % rosa Blumen und 25 % weiße Blumen. Bei unseren Tauben ist ein intermediärer Erbgang einer Eigenschaft bisher noch nicht wissenschaftlich abgesichert nachgewiesen worden.

Unabhängigkeitsregel oder Neukombination der Gene

Die Unabhängigkeitsregel besagt, dass alle Erbanlagen unabhängig voneinander vererbt werden. So entstehen bei der geschlechtlichen Vermehrung ständig neue Kombinationen, die in der Evolutionsgeschichte letztlich zu der heutigen Vielfalt der Arten und Rassen bei Pflanzen und Tieren geführt haben. Bei rein vegetativer Vermehrung (zum Beispiel Stecklinge bei Pflanzen) wäre dies nicht möglich gewesen.

Paart man zum Beispiel einen reinerbigen kappigen, blaugehämmerten Täuber mit einer reinerbigen glattköpfigen, blaubindigen Täubin, dann sind alle Nachkommen der F_1-Generation mischerbig gehämmert und glattköpfig, da sich blaugehämmert dominant gegenüber blaubindig und glattköpfig dominant gegenüber kappig vererbt (Uniformitätsregel). Paart man nun die F_1-Generation untereinander, so kommt es bei einem Teil der Nachkommen zu den Neukombinationen blaubindig/kappig und blaugehämmert/glattköpfig.

Hinsichtlich der Farbzeichnung ist ein Viertel der Nachkommen reinerbig blaugehämmert, die Hälfte mischerbig blaugehämmert und ein Viertel reinerbig blaubindig, da sich blaugehämmert gegenüber blaubindig dominant vererbt (Uniformitätsregel).

Bei den gleichen Tieren, aber in anderer Aufteilung ist ein Viertel reinerbig glattköpfig, die Hälfte mischerbig glattköpfig und ein Viertel reinerbig kappig. In den Tabellen 7 (Seite 48) und 8 (Seite 49) sind die möglichen Kombination der Gene nach der Unabhängigkeitsregel für die F_1- und F_2-Generation aufgeführt.

Großer Buchstabe = dominantes Gen, kleiner Buchstabe = rezessives Gen

Tabelle 7

Erbliche Veranlagung

Eltern (P)	Täuber	×	Täubin
Veranlagung für:	BG BG reinerbig blaugehämmert, glattköpfig 		bg bg reinerbig blaubindig, kappig 
F_1–Generation	BG bg	blaugehämmert und glattköpfig 	BG bg

Dominant blaugehämmert (B), rezessiv blaubindig (b)
Dominant glattköpfig (G), rezessiv kappig (g)

Alle F_1-Tiere sind im Erscheinungsbild blaugehämmert und glattköpfig, aber sie sind mischerbig für blaubindig und kappig (BG bg). Paart man die F_1-Tiere untereinander, so ergibt sich folgendes Bild:

Täuber und Täubinnen können Samen und Eier mit folgenden Keimzellen hervorbringen:
blaugehämmert glattköpfig, blaugehämmert kappig, blaubindig glattköpfig und blaubindig kappig. Je nachdem, welche Keimzellen sich vereinigen, können die Nachkommen der F_2-Generation nachfolgende Erbanlagen besitzen, die in einem Punett´schen Quadrat übersichtlich dargestellt werden (siehe Tabelle 8, Seite 49).

Im Aussehen sind nach der Spaltungsregel von 16 verschiedenen Möglichkeiten zwölf Tauben blaugehämmert und vier Tauben blaubindig. In gleicher Weise sind zwölf Tauben glattköpfig und vier Tauben kappig.

Abweichend von den Ausgangstieren sind durch diese Paarungen neben den vielen mischerbigen auch reinerbig blaugehämmerte kappige Tauben und reinerbig blaubindige glattköpfige Tauben neu gezüchtet worden.

Diese Aussagen gelten natürlich auch für alle anderen erblichen Eigenschaften und zeigen, wie durch die Unabhängigkeitsregel in der praktischen Zucht ständig Neukombinationen der Gene auch innerhalb einer Rasse auftreten und somit immer wieder Tauben mit neuen Eigenschaften sowohl mischerbig wie reinerbig gezüchtet werden. Zucht ist von den Naturgesetzen her gese-

Tabelle 8

Dominant blaugehämmert (B), rezessiv blaubindig (b), Dominant glattköpfig (G) und rezessiv kappig (g)

	BG	**Bg**	**bG**	**bg**
BG	BG BG blaugehämmert glattköpfig 	BG Bg blaugehämmert glattköpfig 	BG bG blaugehämmert glattköpfig 	BG bg blaugehämmert glattköpfig 
Bg	Bg BG blaugehämmert glattköpfig 	Bg Bg **(reinerbig neu)** blaugehämmert kappig 	Bg bG blaugehämmert glattköpfig 	Bg bg blaugehämmert kappig 
bG	bG BG blaugehämmert glattköpfig 	bG Bg blaugehämmert glattköpfig 	bG bG **(reinerbig neu)** blaubindig glattköpfig 	bG bg blaubindig glattköpfig 
bG	bg BG blaugehämmert glattköpfig 	bg Bg blaugehämmert kappig 	bg bG blaubindig glattköpfig 	bg bg blaubindig kappig 

hen daher niemals Beharrung oder Stillstand, sondern immer Veränderung durch die Auslese der Tiere, die uns für eine Weiterzucht am besten geeignet erscheinen. Werden in der praktischen Zucht nicht nur zwei, sondern mehrere oder sogar viele Eigenschaften auf diese Weise miteinander kombiniert, so können sich sehr viele Varianten mit reichlicher Möglichkeit zur Auslese ergeben.

Vererbung des Geschlechtes

An sich ist es hinreichend bekannt, dass das Geschlecht im Verhältnis 50 : 50 vererbt wird. Alle Abweichungen hiervon sind rein zufällig. Manchmal heißt es: „Mein Stamm ist verbraucht, er züchtet überwiegend nur noch Weibchen.“ Diese Aussage ist sachlich nicht richtig und oft fielen in solchen Beständen im nächsten Zuchtjahr vermehrt Täuber an. Auch hier gilt, dass die Genauigkeit der Vorhersage mit der Anzahl der erfassten Tauben zunimmt.

Normalerweise sind alle Chromosomen in den Erbanlagen paarig vorhanden. Bei den Vögeln besitzt aber das Weibchen in seinem Chromosomensatz nur ein einzelnes X-Chromosom. Demzufolge ist nach der Reduktionsteilung bei Täubinnen auch nur in jedem zweiten Ei ein X-Chromosom enthalten. Der Chromosomensatz des Täubers be-

Nachkommen mit zwei X-Chromosomen sind Männchen, mit einem X-Chromosom Weibchen, im Verhältnis 50 : 50.

Tabelle 9

Täuber:	**Täubin:**
alle Körperzellen enthalten zwei X-Chromosomen	alle Körperzellen enthalten nur ein X- Chromosom
Bei der Reduktionsteilung der Geschlechtszellen entstehen folgende Keimzellen:	
Alle Spermien enthalten ein X-Chromosom	50 % der unbefruchteten Eier der Weibchen enthalten ein X-Chromosom 50 % der unbefruchteten Eier der Weibchen enthalten kein X-Chromosom

Tabelle 10

Geschlechtsgebundene Vererbung der Federfarbe

P	Chromosomen des blaubindigen Täubers		Chromosomen der rotfahlen Täubin	
	X b	X b	X R	0
F_1	Chromosomen der Nachkommen			
	Xb XR	XR Xb	Xb 0	Xb 0
	Täuber rotfahl mischerbig für blau	Täuber rotfahl mischerbig für blau	Täubin blaubindig reinerbig	Täubin blaubindig reinerbig

sitzt dagegen immer zwei X-Chromosomen. Bei der Reduktionsteilung enhält also beim Männchens jede Samenzelle stets ein X-Chromosom. Werden bei der Befruchtung zwei X-Chromosomen miteinander vereinigt, so wird das hieraus entstehende Junge ein Täuber. Trifft ein Spermium bei der Befruchtung auf eine Eizelle ohne X-Chromosom, so wird das hieraus entstehende Junge eine Täubin.

Geschlechtsgebundene Vererbung

In jedem Chromosom sind die Erbanlagen für viele Eigenschaften enthalten. Liegen diese mit auf dem Geschlechtschromosom, so sind sie mit der Vererbung des Geschlechtes gekoppelt. Eine dieser geschlechtsgebundenen Eigenschaften bei den Tauben ist die Ausbildung der Gefiederfarbe bei den drei Grundfarben Dominant-Rot, Schwarz und Braun. Dominant-Rot ist dominant über Schwarz und Braun. Schwarz ist dominant über Braun. Diese Tatsache ermöglicht es uns, in der Zucht mit den dominant vererbenden Grundfarben gewisse Voraussagen zu machen. Paart man zum Beispiel eine rotfahle Täubin mit einem blaubindigen Täuber, so sind alle männlichen Nachkommen rotfahl und alle weiblichen Nachkommen blaubindig. Alle rotfahlen Täuber sind mischerbig für blaubindig.

Alle diese rotfahlen, für blaubindig mischerbigen Täuber haben Tintenflecke der Grundfarbe Schwarz der Blaubindigen. Nur reinerbig rote Täuber haben keine Tintenflecke. Rote Täuber, die spalterbig Braun sind, haben zwar auch Tintenflecke, die aber nur schwach und nur bei genauer Beobachtung zu erkennen sind.

Da alle Täuber in ihren Körperzellen zwei X-Chromosomen besitzen und das Merkmal für die Ausbildung der Gefiederfarbe ebenfalls im Geschlechtschromosom verankert ist, können alle Täuber die dominante und daneben auch eine rezessive Grundfarbe verdeckt weitervererben. Dagegen können alle Täubinnen stets nur eine Grundfarbe weitervererben, nämlich diejenige, die bei ihnen ausgebildet ist.

Paart man daher reinerbige, rotfahle Täuber mit blaubindigen Täubinnen, so sind alle Nachkommen beider Geschlechter rotfahl gefärbt. Die Täuber sind mischerbig für Blau veranlagt; bei den Täubinnen wird die rotfahle Gefiederfarbe nur über das eine X-Chromosom vererbt, so dass sie auch nur diese einzige Farbveranlagung für Rotfahl besitzen.

Nicht geschlechtsgebundene Vererbung

Alle Eigenschaften, die nicht auf dem X-Chromosom liegen, werden auch nicht geschlechtsgebunden vererbt. Paart man zum Beispiel ein reinerbiges, einfarbig schwarzes Tier, es kann ein Täuber oder eine Täubin sein, mit einem reinerbig schwarzen Tier der gleichen Rasse mit Strasserzeichnung, dann sind alle Nachkommen der F_1-Generation einfarbig schwarz. Kreuzt man die F_1-Tiere untereinander, dann besitzen 25 % dieser Tiere wieder die Strasserzeichnung, aber nicht mehr die Veranlagung für einfarbig, so dass sie untereinander nie mehr einfarbige Jungtiere züchten können. 25 % der Jungtiere sind reinerbig für einfarbig und 50 % der Nachkommen können bei Weiterzucht wiederum reinerbig einfarbige, mischerbig einfarbige und reinerbige mit Strasserzeichnung züchten. Das Risiko bei der Weiterzucht der einfarbigen Tiere liegt in der Tatsache, dass man ihnen nicht ansehen kann, ob sie nun reinerbig oder mischerbig einfarbig in Schwarz sind.

Quantitative Eigenschaften

In den oben angeführten Beispielen wird davon ausgegangen, dass die Erbanlagen über ein einziges oder über wenige Gene vererbt werden. Das ist aber bei den meisten Eigenschaften nicht der Fall. Viele Merkmale wie Körpergröße, Körpermasse, Länge der einzelnen Körperteile, die Form der einzelnen Körperteile oder die Größe der inneren Organe werden polygen oder multigen vererbt, das heißt, viele verschiedene Erbanlagen sind an der Ausbildung einer solchen Eigenschaft beteiligt. Ihre züchterische Beeinflussung wird hierdurch viel schwieriger und unterliegt Gesetzmässigkeiten, die zwar den Mendelschen Regeln folgen, aber in ihrer Vielfältigkeit weit über sie hinausgehen.

Im Unterschied zu den qualitativen Merkmalen bezeichnen wir solche Eigenschaften als quantitative Eigenschaften. Quantitative Eigenschaften lassen sich zum Beispiel am besten durch Messen des Körpergewichtes, der Länge der Körperteile und durch Messen von Anstellwinkeln erfassen. Wenn sie nicht direkt erkennbar sind oder wenn sie durch gleitende Übergänge nicht deutlich voneinander abzugrenzen sind, können sie in der Praxis entweder mit Zahlen nicht erfasst oder nur bedingt durch Messungen festgelegt werden. Es gibt unendlich viele quantitative Eigenschaften. Hier sollen einige angeführt werden, die man mehr oder weniger gut durch Längen- oder, Winkelmessungen und durch Gewichtsermittlungen feststellen kann.

Der seit Jahrzehnten praktizierte Weg ist die vergleichsweise subjektive Beurteilung

Tabelle 11

	Messverfahren
Körpermasse	wägen
Körperform, Stand	Erfassen des Umrisses, Flügelhaltung, Schwanzhaltung und des Anstellwinkels
Flügellänge	Messung vom Bug bis zur Flügelspitze
Schnabel, Kopf, Läufe, Zehen, Schwanz, Hals	Messung von Umfang und Länge

einer Reihe von Tieren, die nebeneinander in Ausstellungskäfigen stehen und miteinander verglichen werden. Jahrelange Dokumentation leicht erfassbarer Messwerte einzelner Körperteile könnten Aufschluss darüber geben, wie sich eine Rasse im Laufe der Zeit entwickelt. Eine einfache Messung wäre für alle Züchter von Nutzen: die Ermittlung der Lebendmasse aller Tiere des eigenen Bestandes, mit dem Ziel, für die betreffende Rasse im **Deutschen Rassetauben-Standard** die durchschnittliche Lebendmasse in Gramm oder einem definierten Bereich anzugeben. Einige Züchter sträuben sich dagegen. Vielleicht, weil sie befürchten, dass ein in allen Punkten hervorragendes Tier, welches aber beispielsweise an der unteren Grenze einer Körpermassenangabe liegt, in der Bewertung aus diesem Grunde schlechter abschneiden könnte. Solche Befürchtungen mögen begründet sein, diesen könnte man aber durch klare Bestimmungen abhelfen. Je umfangreicher und treffender die rassespezifischen Informationen sind, desto eher sind die verschiedenen Rassen gegeneinander abzugrenzen. Bei etwa 350 Rassen, die in Mitteleuropa gezüchtet werden, sind selbst versierte Taubenzüchter damit überfordert, auch nur den größten Teil aller Rassen einigermaßen gut zu kennen. Wenn man aber weiß, dass eine Rasse eine Lebendmasse von etwa 300 g und eine andere Rasse von etwa 500 g aufweist, ist dies eine deutlichere Unterscheidung als die Bezeichnung „mittelgroße Tauben".

Selektion quantitativer Eigenschaften

Alle quantitativen Eigenschaften sind durch systematische Züchtung und einer sich anschließenden Selektion in verschiedene Richtungen (Vergrößerung/Verkleinerung von Körpermasse, Beinlänge, Schnabellänge) beeinflussbar, wie es von allen Haustierrassen her bekannt ist.

Berechnung der Streuung von Körpermaßen

Um die Streuung der Werte messbarer Körpereigenschaften (Flügellänge, Standhöhe und Körpermasse) zu bestimmen, die innerhalb der Gesamtpopulation einer Rasse, eines Bestandes oder eines bestimmten Farbenschlages vorliegen, müssen diese Werte nach Täubern und Täubinnen getrennt ermittelt werden. Aus der statistischen Auswertung der Daten ergibt sich die Streuung um einen Mittelwert mit den Abweichungen nach oben und unten. Diese Rechenmethode wird überall in der Tierzucht eingesetzt, um alle messbaren Körpereigenschaften einer Zuchtpopulation für Vergleichszwecke verwenden zu können. Aus den Ergebnissen lassen sich anschließend mehrere brauchbare Rückschlüsse über den augenblicklichen Zustand oder im Vergleich der Jahrgänge, die züchterische Entwicklung einer Rasse oder eines Teiles einer Rasse ziehen.

Ein praktisches Beispiel möge dies erläutern:

Man möchte als Zuchtziel in einer Rasse die Körpermasse aller Tauben vermehren. Der Züchter ermittelt diese von allen seinen ausgereiften Tauben, zum Beispiel bei Zuchtbeginn im Frühjahr vor der Fütterung, oder es werden auf einer Schau alle ausgestellten Tiere dieser Rasse vor der Fütterung während der Handbeurteilung gewogen. Je mehr Tauben erfasst werden, umso genauer wird das Ergebnis. Um nachfolgendes Berechnungsbeispiel (siehe Tabelle 12 unten) nicht zu umfangreich werden zu lassen, sei hier die Körpermasse von nur 14 Tauben angeführt. Folgende Ergebnisse wurden ermittelt:

Tabelle 12

Spalte 1	2	3	4
Taube	**Körpermasse**	**Gewichtsdifferenz zum Mittelwert**	**Quadrate der Mittelwerte**
Nr.	g	von 407,7 g	aus Spalte 3
1	405 g	–2,7 g	7,29
2	426 g	+18,3 g	334,89
3	417 g	+9,3 g	86,49
4	398 g	–9,7 g	94,09
5	442 g	+34,3 g	1176,49
6	418 g	+10,3 g	106,09
7	417 g	+9,3 g	86,49
8	376 g	–31,7 g	1004,89
9	406 g	–1,7 g	2,89
10	421 g	+13,3 g	176,89
11	387 g	–20,7 g	428,49
12	411 g	+3,3 g	10,89
13	383 g	–24,7 g	610,09
14	401 g	–6,7 g	44,89
Mittelwert:	407,7 g	Summe:	4170,86

Durchführung der Berechnung:

1. Die ermittelten Körpermassen in Gramm werden in Spalte 2 eingetragen.
2. Aus ihnen wird der Mittelwert (Durchschnitt) errechnet (407,7 g).
3. Die positive oder negative Abweichung vom Durchschnitt in Gramm wird in Spalte 3 eingetragen.
4. Aus diesen Werten wird das Quadrat gebildet und das Ergebnis in Spalte 4 eingetragen. Dabei ist es einerlei, ob die Abweichung vom Mittelwert eine positive oder eine negative Zahl ergab. Alle Quadratzahlen sind immer positiv.
5. Aus den Zahlen in Spalte 4 wird die Summe gebildet (4170,86).
6. Die Summe in Spalte 4 wird immer durch die Anzahl der Tauben minus 1 geteilt, also hier 4170,86 : 13 = 320,84.
7. Aus der errechneten Zahl 320,84 wird die Wurzel gezogen, diese beträgt 17,9.
   Ergebnis: Die Standardabweichung beträgt s = 17,9 g; das heißt 68,3 % aller Einzelwerte liegen um bis zu 17,9 g höher oder niedriger als der Mittelwert. Und 95,4 % aller Einzelwerte liegen rechnerisch um 35,8 g höher oder niedriger als der Mittelwert. (Die Anteile von 68,3 % und von 95,4 % für die Abweichung um eine oder um zwei Standardeinheiten sind konstant). Das heißt, 68,3 % aller gewogenen Tauben hatten eine Lebendmasse zwischen 389,8 g und 425,6 g.
8. Weitere Messungen anderer Populationen der gleichen Rasse, zum Beispiel aus einem anderen Landesverband oder auf einer anderen Schau zeigen, ob diese eine höhere oder geringe Streuung aufweisen. Die Ergebnisse lassen sich zu einem Gesamtresultat zusammenrechnen. Messungen aus mehreren Jahren zeigen, ob sich die Körpermasse in einer Zeitspanne erhöht oder vermindert hat.
9. Vergleiche der männlichen und der weiblichen Gruppen zeigen, ob sich der Unterschied der Körpermassen zwischen den Geschlechtern erhöht oder vermindert hat.

Züchtung auf Veränderung der Körpermasse

Innerhalb unserer Rassetauben stellt man heute Körpermassen von etwa 200 g (Wiener Hochflieger) bis zu fast 1200 g bei den Kingtauben oder Ungarischen Riesentauben und anderen großen Rassen fest. Innerhalb jeder Rasse und jeden einzelnen Bestandes variiert die Körpermasse der Einzeltiere in unterschiedlich großen Bereichen. Die Vererbung der Körpermasse wird durch das gleichzeitige Zusammenwirken vieler Gene verursacht. Dabei kann es durchaus sein, dass große Eltern kleinere Nachkommen haben und umgekehrt oder dass Geschwistertiere gleichen Geschlechtes eine unterschiedliche Körpergröße aufweisen. Durch ständige Auslese der größten oder der kleinsten Tiere kann man eine züchterische Auslese auf positive oder negative Entwicklung der Körpermasse betreiben. Es wäre also durchaus möglich, kleinere Tauben als sie jetzt vorhanden sind zu züchten, ohne dass Gesundheit und Robustheit darunter leiden müssten. Außerdem muss man bei der Betrachtung und Beurteilung der Körpermasse auch den Größenunterschied zwischen männlichen und weiblichen Tieren, wie wir ihn von vielen Tierarten her kennen und den wir als Geschlechtsdimorphismus bezeichnen, berücksichtigen. Macht man Bestimmungen der Körpermasse durch Wägungen der einzelnen Tauben, dann ist es richtig, die Körpermassen der männlichen und der weiblichen Tiere getrennt voneinander zu betrachten. Durch intensive Zucht lässt sich durch Anpaarung der jeweils größten Tiere untereinander, im Laufe der Zeit bei jeder Rasse die Körpermasse positiv beeinflussen, wofür es in der Haustierzucht bei allen Tierarten viele Beispiele gibt. Betrachtet man die Körpermassen unserer Taubenrassen, dann kann festgestellt werden, dass bei manchen im Laufe der letzten 60 Jahre (z. B. Strasser, Luchstauben, King-Tauben) die Körpermasse erheblich vermehrt wurde.

Sowohl im Bestand eines einzelnen Züchters, als auch im Gesamtbestand einer Rasse sind die Körpermassen der Tauben niemals gleich, sie variieren von Tier zu Tier. Bei den Nachkommen eines Zuchtpaares können die Körpermassen weit auseinandergehen. Doch ist die Wahrscheinlichkeit groß, dass man aus ihnen wiederum schwerere Jungtiere nachzieht. Hier erweist es sich als richtig, die Taubenfamilie in ihrer Gesamtheit züchterisch zu betrachten und zu beurteilen, da auch aus nicht-idealen Tieren immer wieder ideale Jungtiere gezogen werden können. In der praktischen Zucht sieht es so aus, dass leichtere Tauben manchmal andere hervorragende Eigenschaften ihrer Rasse besitzen, die nicht verloren gehen dürfen. Daher werden sie natürlich in die Zucht verstärkt mit einbezogen, so dass ein Zuchtfortschritt hinsichtlich der Erhöhung der Körpermasse zwangsläufig langsamer erreicht wird. Er führt aber letztlich doch zum Ziel, wenn man die Auslesekriterien bei der Anpaarung niemals aus dem Auge verliert.

Hinreichend bekannt ist, dass sehr große Tiere von ohnehin schon schweren Rassen auch größere Probleme mit ihrer Reproduktionsfähigkeit bekommen können. Dies muss nicht unbedingt ein Mangel an Brutlust und an Aufzuchtfreude sein. Manchmal besteht das Problem ganz einfach darin, dass Eier während der Brut zerdrückt werden. Man hilft sich dann damit, dass man für die Brut und Aufzucht Ammenpaare einsetzt. Das macht zwar etwas mehr Arbeit, aber man kann in seiner Zucht viele Jahre so weitermachen. Manchmal kommen solche Unvorsichtigkeiten im Umgang mit den Eiern auch nur bei jungen Zuchttieren vor, die aber dann in den kommenden Zuchtjahren ihre Jungen allein in hervorragender Weise aufziehen. Will man als Zuchtziel den Erhalt der zur Zeit vorhandenen Körpermassen, dann kann man dies durch entsprechende Wägungen über die Jahre kontrollieren.

Zucht auf kleinere Tauben

Mit der zunehmenden Verstädterung unserer Wohnsiedlungen besteht nicht mehr überall die Möglichkeit, große Taubenschläge aufzubauen. Sollte es gelingen, aus bestimmten ruhigen, besonders zutraulichen

Rassen auch kleinere Tiere (mit verminderter Körpermasse also) zu züchten, so könnten unter den genannten Bedingungen solche Tauben eher gehalten werden als Tauben größerer Rassen. In diesem Zusammenhang gilt es lediglich, die Frage zu klären, ob dies züchterisch möglich wäre. Diese Frage muss eindeutig mit ja beantwortet werden. Offen ist allerdings, wie lange ein solches Programm dauern würde.

Bei der Zucht von Tauben stellt man immer wieder fest, dass einige Zuchttiere das erwünschte Merkmal nur zusammen mit einem bestimmten Partner, manchmal mit verschiedenen Partnern im gewünschten Sinne weitervererben, während sie bei einer Paarung mit anderen Zuchttieren, trotz deren hervorragender Veranlagung keine brauchbare Nachzucht zuwege bringen.

Wir sprechen hier von positiven und von negativen Vererbern, die gleichwohl in beiden Geschlechtern vorkommen. Besitzt man ein Zuchtpaar, das ständig hervorragende Nachzucht liefert, so wird dies auch als „Goldenes Zuchtpaar" bezeichnet.

Farbe

Die Färbung unserer Rassetauben ist derart vielfältig, dass es schwerfällt, eine zusammenfassende Darstellung wiederzugeben. Fast alle Taubenrassen werden in sehr vielen verschiedenen Farben gezüchtet. Ganz wenige Rassen gibt es nur in einer einzigen Farbe oder in wenigen Farbschlägen (Damaszener in eisfarbig mit schwarzen Binden, Coburger Lerchen nur in gelercht und in silberfarbig mit und ohne Binden). Bei vielen anderen Rassen gibt es in der Färbung mindestens zehn und teilweise sogar 30 bis 40 und noch mehr Varianten.

Doch auch die Farbe der Augenränder, des Schnabels und der Zehen kann unterschiedlich sein. So gibt es hellgraue, dunkelgraue und rote Augenränder in unterschiedlicher Größe und Breite, schwarze und helle, wachsfarbige Schnäbel sehr unterschiedlicher Stärke und Länge, wobei auch Ober- und Unterschnabel unterschiedlich gefärbt sein können, und es gibt schwarze und weiße Zehen, die auch von Zehe zu Zehe in der Färbung differieren können. Zumeist wird die Farbe dieser Körperteile im Deutschen Rassetauben-Standard in einer ganz bestimmten Färbung gefordert.

An dieser Stelle muss darauf aufmerksam gemacht werden, dass bedingt durch unterschiedliche Entwicklungen in der Sprache der Taubenzüchter mehrfach für zwei verschiedene Begriffe das gleiche Wort benutzt wird. Das gilt zum Beispiel für die Farbzeichnung „Herz" und auch für das Wort „Grundfarbe". Überwiegend wird der Ausdruck „Herz" oder geherzt als Farbbezeichnung für das andersfarbige Gefieder des Oberrückens (Schultergefieder) benutzt. Bei einigen Rassen wird auch die weiße, farbige oder melierte halbmondförmige Zeichnung an der Brust oder am Vorderhals als „Herz" bezeichnet. Im Folgenden verstehen wir unter Grundfarben die drei sich geschlechtsgebunden vererbenden Farben Schwarz, Dominant-Rot und Braun, von denen sich durch die Ausbreitungs-, Intensivierungs-, Aufhellungs- und Verdünnungsfaktoren sehr

Coburger Lerche, gehämmert.

viele andere Farben ableiten. Für eine überwiegend vorhandene Farbe eines Tieres, die von den Grundfarben abgeleitet ist, wird daher nachstehend das Wort „Hauptfarbe“ verwendet. Auch wenn der Begriff Tigerschecken ständig bei solchen Tauben verwendet wird, bei denen sich im Gefieder viele kleine Farbflecken mit kleinen weißen Flecken ablösen, ist dieser Begriff dennoch falsch und wird auch durch ständige Wiederholung nicht richtiger, denn der Tiger hat eine gestreifte Zeichnung. Gepunktet ist das Fell der Panter, und die Zeichnung unserer Tauben heißt richtiger „gepantert“ oder Panterschecke.

Die Färbung des Gefieders kann von der Schnabelspitze bis zum Schwanzende einfarbig sein (z. B. einfarbig schwarz, rezessivrot, weiß). Bei vielen Tauben ist die Färbung zweifarbig. Ist eine Farbe mit Weiß kombiniert, so sprechen wir von Schecken. Sehr viele dieser Farbfelder sind durch ganz bestimmte Zeichnungen im Standard als Zuchtziel festgelegt. Unregelmäßige Scheckung am ganzen Körper nennt man Panterschecken. Ist die Scheckung auf jeder Feder vorhanden, so nennen wir sie Schimmelzeichnung. Zweifarbigkeit kommt aber nicht nur in Kombination mit Weiß, sondern auch mit zwei verschiedenen dunkleren Farben vor (Gimpeltauben). In weiteren Rassen gibt es verstärkt drei- und vierfarbige Tauben (Englische Kurzschnäblige Tümmler, Dänische Tümmler, Persische Roller, Modena). Wiederum andere Tauben haben ein einfarbiges Federkleid, das aber an Kopf und Brustpartie unterschiedlich intensiv ausgeprägt ist (andalusierfarbig). Am häufigsten kommt die Zweifarbigkeit vor. Bei ihr können die Farbfelder an einer oder an mehreren Stellen des Körpers auftreten und werden bei vielen Rassen stets in gleicher Form und Farbverteilung gewünscht. Einige dieser Zeichnungen wären beispielsweise Brustband oder Halbmond, Flügelschildfärbung, Hämmerung, Flügelbinden (bindig), keine Flügelbinden (hohlig), Elsterzeichnung, Strasserzeichnung, andersfarbige Kopfplatte, Latz und Mönchzeichnung. Viele dieser Zeichnungen können mit weißer oder mit gleicher Färbung des Schwanzes und der Fußbefiederung kombiniert sein, wie es bei zahlreichen Farbenschlägen zu erkennen ist.

Veränderung der Eigenschaften

Zu den ausgeprägtesten Eigenschaften der Felsentauben gehört ihr Orientierungsvermögen. Dies ist für diese Tiere lebensnotwendig, denn es wird berichtet, dass Felsentauben in Ägypten in felsigem Gebirge in der Wüste brüten und täglich bis zu 200 km weit fliegen, um Futter und Wasser aufnehmen zu können. Bei unseren Haustauben ist das Orientierungsvermögen sehr unterschiedlich. Sehr stark ausgeprägt ist das Heimfindevermögen bei den Brieftauben, die aus jeder Entfernung, auch wenn sie über 2000 km beträgt, den Weg Richtung Heimatschlag finden. Auch gibt es Tümmler, die heute noch bei entsprechendem Training Entfernungen von etwa 50 km schaffen und einige andere Rassen, die im Umkreis von etwa 20 km zu ihrem Schlag zurückkehren. Wichtig ist das Heimfindevermögen für Hochflugtauben, die bis in Flimmerhöhe (800 bis 1000 m) aufsteigen und für die Dauerflieger, die bis zu 20 Stunden (Weltrekord 20 Stunden und 51 Minuten) in der Luft weite Kreise ziehen und am Ende ihres Dauerfluges sicher zu ihrer Schlaganlage zurückkehren. Es gibt kaum Erfahrungswerte darüber, wie dieses Heimkehrvermögen als quantitatives Merkmal vererbt wird und ob man es von einer Rasse auf eine andere Rasse übertragen kann, um deren Rückkehrsicherheit zum Heimatschlag zu verbessern. Vermutet wird aber, dass dies möglich ist, denn bei den Brieftauben wird immer wieder mit den schnellsten Wettflugtauben weitergezüchtet, um diese Eigenschaft nachhaltig zu festigen.

Felsentauben brüten in Felsnischen oder auf festem Untergrund, niemals aber auf Bäumen oder schwankender Nestunterlage. Diese Eigenschaft ist tief in allen Tauben verwurzelt, und so wird kein Zuchtpaar jemals seine Eier in eine Nistschale legen, die auf einen federnden Drahtboden gestellt wurde. Diese Eigenschaft wird sich wohl züchterisch nie verändern lassen. Hat man Nistzellen mit Drahtboden damit der Kot durchfallen kann, dann sollte man hierauf besonders achten.

Bekannt sind eine ganze Reihe spezieller Rasseeigenschaften, die im Laufe der Jahrhunderte durch Züchtung oder Mutationen entstanden sind und weiterentwickelt wurden. Einige seien nachfolgend angeführt: Das „Trommeln“ der Trommeltauben, das Aufsteigen bis in Schmetterlings- oder Flimmerhöhe der Hochflugrassen, die Kunstflüge der Purzler, Roller, Stilflieger und Sturzflugrassen, der Dauerflug der Flugtippler, das Überschlagen der Bodenpurzler, der Wellenflug der Groninger Slenken, der enge Kreisflug um das Weibchen der Ringschlägerrassen und das Blasen der verschiedenen Kröpferrassen.

Große Unterschiede gibt es auch im Temperament der verschiedenen Taubenrassen.

Alle diese Eigenschaften lassen sich festigen und verbessern, indem man immer wieder die Besten unter ihnen miteinander paart. Um festzustellen, wieweit sie sich auf andere Tauben übertragen lassen, bedarf es entsprechender Kreuzungsversuche, die in vergangener Zeit zum Teil erfolgreich verlaufen sind.

Viele Eigenschaften, die mit dem Benehmen und dem Spiel der Geschlechter vor der

Paarung in Zusammenhang stehen, sind bei allen Haustaubenrassen gleich. Wenn nicht Größenunterschiede dazwischen stehen, paaren sich alle Haustauben miteinander und ziehen gemeinsame Junge auf. Bei Rassen, bei denen durch vieljährige Inzucht die Fruchtbarkeit und die Lust zum Aufziehen der Jungen nachlässt, kann durch geeignete Einkreuzung eines blutsfremden, passenden Tieres das Fortpflanzungsvermögen bei der Nachzucht enorm verbessert werden.

Beeinflussung des Brut- und Aufzuchttriebes

In der praktischen Zucht bleibt es nicht aus, dass über viele Generationen hinweg immer wieder mit verwandten Tieren innerhalb einer Familie oder einer Rasse weitergezüchtet wird. In der Praxis ist es auf jeden Fall am einfachsten, die besten Tiere miteinander zu verpaaren, in der Hoffnung gleich gute oder noch bessere Nachkommen aus ihnen herauszuzüchten. Dies führt zu einer immer stärkeren Homozygotie, das heißt zu einer immer stärkeren Verminderung der Variation der erblichen Anlagen. Anders ausgedrückt kann man sagen, dass sich mit steigenden Inzuchtgraden die genetische Vielfalt der Erbanlagen verringert. Bei Merkmalen wie der Fruchtbarkeit, die eine sehr geringe Heritabilität (Grad der Erblichkeit, siehe dort) besitzt, kann es dann, wie wir aus der Zuchtpraxis wissen, zu gewissen Leistungsdepressionen kommen. Das kann soweit gehen, dass irgendwann in bestimmten Familien die Brutlust oder die Lust zur Aufzucht von eigenen Jungen vermindert wird und die Vitalität insgesamt leidet. Dem begegnet man am besten durch Einkreuzung eines vitalen, blutsfremden Tieres. Sieht man sich nach geeigneten blutsfremden Tauben um, dann stellt man häufig fest, dass die Tauben von anderen Farbenschlägen der gleichen Rasse genauso mit den eigenen Tieren verwandt sind, wie alle anderen Tauben des eigenen Farbenschlages auch. Folglich muss man überlegen, ob nicht ein in der Form passendes Tier einer anderen Rasse versuchsweise eingekreuzt werden sollte. Das Problem besteht aber darin, dass der hohe Zuchtstand einer Rasse hinsichtlich bestimmter Körperformen bei den Einkreuzungstieren oft nicht in gleicher Weise vorhanden ist und selbst durch jahrelange Rückkreuzung und Verdrängungskreuzung nicht so schnell wieder eingeholt werden kann.

Viel einfacher sind die Möglichkeiten zur Einkreuzung bei solchen Rassen, die praktisch die gleiche Größe, Form und Körperhaltung aufweisen. Durch die Einkreuzung kann die Vitalität der eigenen Tauben verbessert und eine unerwünschte Farbe oder Zeichnung sehr schnell wieder weggezüchtet oder aber neu in die vorhandene Rasse hineingebracht werden. So erleben wir es in jedem Jahre, dass weitere Farbenschläge bei zahlreichen Rassen nach Durchlaufen der Zulassungsvorschriften neu zugelassen und in die Standard-Vorschriften mit aufgenommen werden. Die Gefahr, dass ein Bestand durch unvorhersehbare Zuchtergebnisse bei einer Einkreuzung erheblich an Qualität verliert, ist aber immer gegeben. Deshalb ist nur immer wieder zur Vorsicht und zur Abwägung der Vor- und Nachteile zu raten. Selbst wenn man sich andere Zuchttiere seiner Rasse aus anderen Bundesländern oder sogar aus dem Ausland holt, hat man noch keine Garantie, dass diese Tiere genetisch nicht mit den eigenen eng verwandt sind. Um sicher zu gehen, wird man daher in den meisten Fällen mit seinen alten wohlvertrauten Zuchttieren weiterarbeiten und die sich nur langsam einstellenden Nachteile in Kauf nehmen.

Grad der Erblichkeit (Heritabilität)

Will man irgendeine Eigenschaft innerhalb einer Rasse züchterisch verbessern, so ist dies nur möglich, wenn die vorhandenen Tiere in diesem Merkmal individuelle Unterschiede aufweisen. Da alle Täubinnen normalerweise immer zwei Eier legen, wäre es unsinnig, sie züchterisch dazu bringen zu wollen, mehr Eier zu legen. Dies würde nicht gelingen, weil innerhalb der Population keine Unterschiede in diesem genetischen Merkmal vorhanden sind. Bei vielen Merkmalen sind aber von Rasse zu Rasse, aber auch innerhalb einer Rasse mehr oder weniger große Unterschiede vorhanden. Um diese Eigenschaften mit System, das heißt, so rationell wie möglich, in Richtung eines gewünschtes Zuchtzieles zu verändern, sind bestimmte Erkenntnisse aus der neueren Vererbungslehre für uns Taubenzüchter von großem Vorteil.

Nur die erblich bedingte Variation einer Eigenschaft innerhalb einer Population kann für ihre züchterische Verbesserung durch Selektion genutzt werden. Daher ist es gut, wenn man sich von dieser Variation zunächst ein Bild macht, bevor man daran geht, sie züchterisch zu bearbeiten. Feststellen kann man die Unterschiede in der Ausprägung einer Eigenschaft durch Beobachtungen, die bereits besprochenen Vergleiche, Größenmessungen und durch Wägungen.

Jedoch sind nicht alle quantitativen Eigenschaften der Tauben gleich gut züchterisch beeinflussbar. Der Grad der Erblichkeit einer Eigenschaft ist sehr unterschiedlich. Man bezeichnet ihn als die Heritabilität. Qualitative Eigenschaften, wie die Federfarbe, lassen sich sehr einfach genetisch verändern (Einkreuzen einer anderen Farbe), während quantitative Eigenschaften, wie zum Beispiel die Eigröße, nur eine sehr geringe erbliche Variabilität besitzen. Die Eigröße ist daher nur langfristig, mit jeweils kleinen Erfolgen, in einer gewünschten Richtung züchterisch beeinflussbar. In der Taubenzucht geht es in diesem Sinne vor allem um die Größe und Form einzelner Körperteile, die Körperhaltung und um nichtdingliche Eigenschaften, wie zum Beispiel Brutfreudigkeit, Temperament, Zutraulichkeit, Heimkehrvermögen oder Flugeigenschaften.

Die Heritabilität wird in Ziffern angegeben. Bei Eigenschaften mit einem sehr geringen Erblichkeitsgrad gibt man die Heritabilität mit 0,05 bis 0,10 an. Dies würde vielleicht für die geringe Möglichkeit einer genetische Beeinflussung der Eiform und Eigröße zutreffen. Andere Eigenschaften, wie

Oben im Foto:Verschließbarer Ausflug. Unten im Foto: Einflug mit Einsprunglöchern und hängender Verschlussklappe.

Foto rechte Seite: Zutraulichkeit bei Tauben ist ein Merkmal, das züchterisch beeinflusst werden kann.

zum Beispiel die Körpermasse, die Formen von Knochen und Muskeln und anderen Körperteilen, sowie ihre Stellung zueinander, haben einen deutlich höheren Erblichkeitsgrad. Sie sind somit durch eine systematische Züchtung sichtbar oder messbar erfolgreich zu beeinflussen. Das heißt, durch sytematische Züchtung sind in wenigen Generationen deutliche Züchtungserfolge erreichbar. Mit Sicherheit ist der große Formenreichtum unserer Rassetauben darauf zurückzuführen, dass der Grad der Erblichkeit für Körperformen und für die züchterische Veränderung von Körperteilen sehr hoch ist. In Fachkreisen wird der Erblichkeitsgrad quantitativer Eigenschaften des Taubenkörpers mit einer Heritabilität von etwa 0,4 bis 0,5 angenommen. Dies kann immer wieder durch praktische Züchtungsversuche bestätigt werden. Diese Tatsache gibt uns zum Beispiel die Möglichkeit, bei der Einkreuzung einer neuen Farbe in eine Rasse, die damit in Kauf genommene Formveränderung in spätestens etwa sechs Generationen wieder herauszuzüchten. Danach hat man mit ziemlicher Gewissheit Tauben im gewünschten Rassetyp mit der neu hineingezüchteten Färbung.

Züchterische Verbesserung nicht-körperlicher Eigenschaften

Eine ganz andere züchterische Beeinflussung ist bei den speziellen, äußerlich nicht sichtbaren Eigenschaften der Tauben möglich. Man nennt sie die nicht-körperlichen, genetisch festgelegten Merkmale der einzelnen Rassen. Gemeint sind die vielen Eigen-

arten, die sich auf das spezielle Benehmen aller Tauben oder die Eigentümlichkeiten einer bestimmten Rasse beziehen. Solche Merkmale zu erfassen oder zu beschreiben, ist nicht immer ganz einfach. Einige von ihnen sind nachfolgend aufgeführt.

Das **Heimkehrvermögen**, das die Felsentauben besitzen, ist bei den Brieftauben besonders stark ausgeprägt ist, aber auch bei anderen Rassen in unterschiedlicher Intensität vorhanden.

Die **Standorttreue** zum Schlag, zu dem eine gewisse Portion Heimkehrvermögen gehört, zeigen Hochflug- oder Dauerflugtauben, wenn sie bis in große Höhen aufsteigen oder in sehr weit gezogenen Bahnen den eigenen Schlag außer Sichtweite umkreisen. Gemeint ist aber auch die ständige Rückkehr aller frei fliegenden Haustauben zu ihrem Heimatschlag. Nur Jungtiere, die beim Fliegen noch in der Lernphase sind, verirren sich leicht und gehen in Nachbarschläge, in denen sie normalerweise am Fußring erkannt und sofort wieder zu ihrem eigenen Schlag zurückgebracht werden können.

Inwieweit spezielle Eigenschaften von Purzlern, Rollern, Bodenpurzlern, Sturzfliegern, Wellenfliegern oder das Stehen in der Luft der Nikolajewer Tümmler auf andere Rassen durch Einkreuzung übertragbar sind, wissen wohl die Züchter dieser Rassen selbst am besten. Fest steht, dass sie ihre **Flugkünste** im Prinzip nicht lernen müssen, sondern dass diese angeboren sind. Damit sind diese Eigenschaften ein genetisch festgelegtes Merkmal, das natürlich züchterisch auch verstärkt, vermindert oder übertragen werden kann. Normalerweise liegt kein Grund vor, mit diesen speziellen Flugtauben Kreuzungen vorzunehmen, da die meisten von ihnen ihre ursprüngliche Vitalität besitzen und die Auslese der Besten in der Reinzucht der übliche Weg ist, um ihre Qualität zu erhalten und zu verbessern. Wenn aber Inzuchtprobleme auftreten, wäre natürlich zunächst eine Kreuzung von Kunstflugtauben ähnlicher Rassen untereinander naheliegend, um Brutlust im Verbindung mit der speziellen Flugweise zu erhalten.

Ein weiteres Merkmal ist die **Zutraulichkeit** der Tauben. Diese ist bei verschiedenen Rassen sehr unterschiedlich. Leichte Flugtauben, wie manche Tümmlerrassen, können recht „wild“ sein, das heißt, sie lassen sich nicht so leicht fangen und versuchen immer, eine gewisse Distanz zum Züchter zu halten. Andere Tauben sind teilweise so zutraulich, dass man sie schon mit dem Fuß beiseite schieben muss, wenn man sie nicht treten will. Natürlich ist Zutraulichkeit auch eine Frage der täglichen Behandlung durch den Züchter. Gemeint ist hier aber mehr der angeborene Instinkt, immer einen gewissen Sicherheitsabstand zu halten. Dass die Zutraulichkeit durch Zucht beeinflussbar ist, zeigen uns die Brieftauben. Noch vor 60 Jahren gab es Tauben, die beim Betreten des Schlages durch den Züchter so etwas ähnliches wie einen „Wuh-Laut“ von sich gaben, von den Eiern abliefen und sich in die äußerste Ecke flüchteten. Solche Tauben sind natürlich unerwünscht und wurden deshalb immer wieder ausgemerzt. Moderne Brieftauben sind an Zutraulichkeit kaum noch zu übertreffen, wenn man ruhig mit ihnen umgeht. Doch auch bei vielen anderen Rassen ist Zutraulichkeit bewusst oder unbewusst mit ein Auslesekriterium bei der Zucht, das im Laufe der Jahrzehnte allgemein gefördert wurde.

Züchterische Verbesserung körperlicher Eigenschaften

Zucht auf Verbesserung der Körperformen

Für die Veränderung der Körperformen gibt es in unserer Rassetaubenzucht viele Beispiele. Alle im Deutschen Rassetauben-Standard anerkannten Taubenrassen haben eine ganz spezielle, die Rasse charakterisierende Körperform. Züchterisch steht die Körperform bei einigen Rassen im Zuchtziel sogar über Färbung und Körpermasse an erster Stelle. Diese speziellen Rassen sind im Deutschen Rassetauben-Standard in der Gruppe „Formentauben" zusammengefasst worden.

Ganz allgemein bezieht sich bei allen Rassen die rasseeigentümliche Form auf viele verschiedene Eigenschaften des Taubenkörpers. Manche dieser Formen sind bei vielen Rassen gleichzeitig vorhanden, andere sind nur bei einigen oder sogar bei nur einer Rasse zu finden (zum Beispiel Schwanzform und Schwanzhaltung der Pfautauben). Unterschiedliche Formen kommen beispielsweise zum Ausdruck durch:

Körpermasse, Kropfbildung, Behosung, Belatschung, Stand, Kopfform, Kopfhaltung, Augenränder, Schnabellänge, Schnabelwarzen sowie Stellung, Größe, bzw. Länge der einzelnen Körperteile (Schwanz, Flügel, Hals, Läufe, Kopf) zueinander und durch locker oder fest anliegendes Gefieder mit schmalen oder breiten Federfahnen.

Genetisch schwieriger ist es, wenn man anstatt einer Farbe die Form eines Körperteiles verbessern möchte. Dann bleibt nur der risikoreiche Weg der Einkreuzung dazu geeigneter Tauben, in der Hoffnung, Nachkommen mit verbesserter Form des gewünschten Körperteiles zu bekommen. Hierfür gibt es viele erfolgreiche Beispiele (Show Homer in Deutsche Schautauben, Brieftauben in Pommersche Schaukappen, Englische Owlmövchen in Show Antwerp Tauben). Die Beispiele, bei denen eine Verbesserung durch Einkreuzung anderer Rassen nicht gelungen ist, sind jedoch nie bekannt geworden.

Besondere Abweichungen der Körperform von Tauben sind eine ausgeprägte Wamme oder befiederte Kehlhaut (Syrische Wammentauben), der Knoten, ein vorstehender Halswirbel bei Bagdetten und Maltesern, der Zitterhals (Stargarder Zitterhälse), der Gabelschwanz (Deutsche Gabelschwanz-Trommeltaube), verschiedene Varianten der Fußbefiederung, Pfauenschwanz und eine unterschiedliche Anzahl der Hauptschwingen und der Schwanzfedern. Die meisten dieser Eigenschaften sind durch Mutationen und eine anschließende, konsequente Zucht und Auslese entstanden.

Bei der Beurteilung auf Ausstellungen wird der Körperform bei allen Rassen erhebliche Bedeutung beigemessen. Ganz besonders gilt dies für die in der Gruppe I „Formentauben“ zusammengefassten 34 Rassen. Unter ihnen befinden sich viele große Rassen, deren Täuber von einem halben bis zu einem Kilo wiegen können. Bei ihrer Bewertung stehen Gesamteindruck, Größe, Körperform und Haltung an erster Stelle. Zwischen den einzelnen Rassen gibt es ganz erhebliche Unterschiede in der Körperform. Sie beziehen sich auf die Haltung von Körper, Kopf, Flügeln und Schwanz und ihre Stellung zueinander. Kleinere Unterschiede bestehen auch innerhalb der Tauben einer Rasse. Diese sind ein wichtiges Bewertungskriterium.

Die Form des Kopfes und des Gesichtes (Augenform und -farbe, Augenränder, Schnabelwarzen) spielen neben dem Gesamteindruck bei vielen Rassen eine große Rolle, wie zum Beispiel bei den Deutschen Schautauben und den Mövchenrassen. Bei den Kröpfern sind dies neben der Figur, der Ausbildung des Kropfes und der Blasaktivität des Tieres, entscheidende Qualitätskriterien. Bei einigen Rassen wird der Haltung und Form des Halses oder der Läufe besondere Beachtung geschenkt (Englische Kröpfer). Alle diese Körpermerkmale werden durch sehr viele verschiedene Erbanlagen beeinflusst. Wenn sie im Sinne des Zuchtzieles züchterisch verbessert werden sollen, dann kann diese Veränderung nur sehr langsam durch ständige Auslese der Besten und Weiterzucht mit diesen Tauben erfolgen. Bei manchen Rassen mag es Jahrhunderte gedauert haben, bis sich eine Verlängerung oder Verkürzung eines Körperteiles bis zur heutigen Form entwickelt hat. Für die praktische Zucht bedeutet dies, dass Tauben mit Haltungs- und Stellungsfehlern ausgemerzt werden müssen und man immer nur Zuchttiere aus gut vererbenden Familien für die Weiterzucht verwenden sollte. Dabei pendeln die gewünschten quantitativen Eigenschaften in Form und Größe immer etwas hin und her. Dies bedeutet zum Beispiel bei der Vererbung der Körpermasse, dass die Nachkommen eines Zuchtpaares, verglichen mit den Eltern, zum Teil größer, kleiner oder gleichgroß sein können. Auf Grund der oben erwähnten komplizierten Vererbung quantitativer Merkmale, können aber keine genauen Vorhersagen über ihre konkrete Ausprägung bei der Nachkommenschaft gemacht werden. Ist eine bestimmte Familie in der Zucht führend und ihre Nachzucht fast immer besser als Tiere von anderen Familien der gleichen Rasse, dann ist es fast eine Selbstverständlichkeit, dass man sich Zuchttiere von diesen besten Familien beschafft, um mit ihnen weiterzuzüchten und um selbst auch an den Erfolgen auf den Ausstellungen teilzuhaben. Der große Wurf ist dann gelungen, wenn in einem einzigen Tier alle Bewertungsmerkmale optimal vereint sind und es auf den großen Ausstellungen als Siegertaube gefeiert wird.

Der Zuchtwert eines solchen Tieres kann sich erst anschließend durch die Qualität seiner Nachkommen herausstellen. Schon oft hat ein Siegertier in der Zucht enttäuscht. Hat es besonders gute Eigenschaften mit einem hohen Erblichkeitsgrad, dann werden sich diese Eigenschaften auch bei den Nachkommen durchsetzen. Sind es Eigenschaften mit einem geringeren Erblichkeitsgrad, dann sollte man auch versuchen, diese Eigenschaften durch konsequente Zucht innerhalb der Familie zu fördern und zu festigen. Denn Tauben aus Familien, die viele hochbewertete Nachkommen hervorgebracht haben, sind höher einzuschätzen als sehr gute Einzeltiere aus Familien, die in der Qualität stark streuen.

Möchte man auf die Veränderung oder Verbesserung von Körperformen züchten, gibt es nur wenige Möglichkeiten, um in der Zucht Fortschritte zu erreichen. Am besten ist die Anschaffung von Zuchttieren aus einem seit Jahren hochprämierten Stamm, mit dem man in Zukunft mit guter Aussicht auf Erfolg weiterzüchten kann. Dieser Weg ist der schnellere, erfolgreichere und auch der billigere, selbst wenn die Zuchttiere bei der Anschaffung einiges Geld gekostet haben. Die andere Möglichkeit ist der Aufbau eigener Zuchtlinien durch die ständige Verpaarung der Besten mit den Besten und die anschließende Auslese innerhalb der Nachkommen. Dabei müssen nicht immer wieder Nachkommen mit Eltern oder Geschwister mit Geschwistern gepaart werden. Vielmehr ist es durchaus möglich, in einem guten Bestand innerhalb der Familie Rückkreuzungen mit Großeltern oder Paarungen mit Vettern und Cousinen vorzunehmen. Hat man zwei blutsfremde Ausgangslinien derselben Rasse, so kann man wechselweise Tauben der letzten Generation immer mit Zuchttauben der jeweils anderen Blutlinie verpaaren. Auf diese Weise lassen sich über viele Generationen hinweg alle Körpermerkmale in einer gewünschten Richtung genetisch auf gewünschter Höhe halten oder verbessern.

Eine deutliche Veränderung in eine gewünschte Richtung ist mühsam und langwierig. Nur über viele Generationen in Jahrzehnten oder Jahrhunderten kann man Körperteile züchterisch deutlich verlängern, verkürzen oder verbreitern und auch die Körperhaltung in einer erwünschten Weise beeinflussen. Auf diese Weise haben sich im Laufe langer Zeit die heutigen Rassen herausgebildet. Will man selbst ein derartiges Zuchtprogramm durchführen, reicht wahrscheinlich die Zeit im Leben eines Züchters nicht aus, um zu nachhaltigen Erfolgen zu kommen.

Unerwünschte Körperformen aber wieder herauszuzüchten, gelingt oft in vielen Generationen nicht, vor allem, wenn sich die Körperformen stark von der Ursprungsrasse unterscheiden. Inwieweit Mutationen an besonderen Körperformen beteiligt waren, entzieht sich unserer Kenntnis. Bei der Auswahl von Tauben, die für eine Einkreuzung vorgesehen sind, vielleicht um einen weiteren Farbenschlag in die Rasse hineinzuzüchten, sollte man daher ganz streng darauf achten, dass sie in ihrer Körperform so ähnlich wie möglich sind wie die Ausgangsrasse. Dieses Kriterium ist, am Enderfolg gemessen, noch wichtiger als die neue Farbe! Wenn man nicht gleich im Anfang aufpasst und einen misslungenen Einkreuzungsversuch nicht sofort stoppt, kann eine jahrelange züchterische Arbeit schnell zunichte gemacht werden.

In Tabelle 13 (siehe S. 68) seien einige Beispiele für die über sehr lange Zeiträume erfolgte züchterische Veränderung von Körperteilen angeführt.

Tabelle 13

	kurz:	**lang:**
Beine	Strassertauben	Englische Zwergkröpfer
Schnäbel	Kurzschnäblige Mövchen	Deutsche Langschnäblige Tümmler
Flügel und Schwanz	Alle Huhntauben	Römertauben, Ägyptische Segler
Hals	Luchstauben, Kingtauben	Polnische LangschnäbligeTümmler
	nach oben gerichtet:	**nach unten gerichtet:**
Schwanzhaltung	Taganroger Tümmler, Rostower Positurtümmler	Wiener Weißschild, Brünner Kröpfer
Flügelhaltung	Amsterdamer Kröpfer	Steiger Kröpfer
	kugelrund:	**lang/schmal:**
Kopfform:	Anatolisches Mövchen, Deutsches Schildmövchen, Berliner Kurze	Batschkaer Tümmler, Stralsunder Hochflieger, Berliner Lange

Es gibt weitere Beispiele für unterschiedliche Körperformen bei den Rassetauben. Sie zeigen, wie konsequent das jeweilige Zuchtziel über Generationen hinweg verfolgt worden sein muss. Den Qualitätsstand einer Rasse hinsichtlich der Form ihrer Körperteile durch konsequente Linienzucht zu erhalten und zu verbessern – dies sollte der übliche Weg in der Rassetaubenzucht auch in der Zukunft sein.

Lebendmassen verschiedener Rassen

Die Angabe der Lebendmasse erfolgt im Deutschen Rassetauben-Standard praktisch nur bei einigen großen Rassen, vorwiegend in der Gruppe der Formentauben. Man sollte diesem Merkmal als indirektem Ausdruck von Vitalität und Gesundheit allgemein mehr Beachtung schenken. So schreibt SELL, dass bei vergleichbaren Tieren der Dänischen Tümmler auch innerhalb eines Geschlechtes Unterschiede in der Körpermasse von 100 g auftraten. Dabei tritt natürlich die Frage auf, ob diese Unterschiede durch zuvor erfolgte Einkreuzungen verursacht wurden oder vielleicht sogar einen Hinweis auf einen sehr hohen Inzuchtgrad geben. Beides könnte möglich sein. Ergänzend sei noch erwähnt, dass durch züchterische Auslese einige schwere Rassen (z. B. Luchstauben, Strasser) in den letzten 50 Jahren erheblich an Körpermasse zugenommen haben. Dies Entwicklung wurde jedoch nicht durch Messungen dokumentiert. Sind bei bestimmten Rassen Veränderungen der Körpermasse unerwünscht, sollte man konkrete Angaben beim Zuchtziel machen.

Körpermasse und Vermehrungsfähigkeit

Wenn in den Musterbeschreibungen große Körpermasse oder „kräftige Figur" bei vielen Rassen als Voraussetzung für eine hohe Bewertung angesehen wird, dann will man damit ausdrücken, dass man in der Zucht dieser Rasse große, kräftige, unverbrauchte, vitale Tauben mit viel Ausstrahlung den kleinen, unscheinbaren Exemplaren vorzieht. Das ist natürlich im züchterischen Sinne absolut richtig. Dabei muss man sich aber fragen, ob es auch eine Grenze nach oben gibt. Manche Rassen dürften ihre obere Grenze erreicht haben, wenn man auch ihre Fortpflanzungsfähigkeit und ihre Brut- und Aufzuchtbereitschaft erhalten möchte. Denn es ist bekannt, dass Zucht auf mehr Körpermasse auch zu Problemen führen kann (Zerdrücken der Eier). Ein allgemeines Nachlassen des Bruttriebes (schlechtes Füttern der Jungen) muss nicht mit der Körpermasse in Zusammenhang stehen, sondern kann durch einen sehr hohen Inzuchtgrad mitverursacht sein. Trotzdem oder gerade deswegen sollte man wissen, wie die Körpermasse sich im Gesamtbestand einer Rasse entwickelt. Zieht man eine Ammenaufzucht mit in Betracht, dann lassen sich manche Tauben mit noch größerer Körpermasse sicherlich noch lange Zeit weiterzüchten. Die biologischen Grenzen sind mit Sicherheit noch nicht erreicht.

Interessant ist die Frage, wie es mit den vielen flugfreudigen Rassen aussieht. In mancher Musterbeschreibung steht „Körpergröße" als Qualitätskriterium. Bei den Brieftauben gibt es inzwischen erfolgreiche Wettflugtauben, die so groß sind, dass der Durchmesser ihres Fußringes noch gerade eben ausreicht, um frei drehbar getragen zu werden. Wenn man den Durchmesser um 0,1 mm erweitert, wäre das Problem erst einmal wieder gelöst. Diese Tauben sind aber genauso erfolgreich auf Wettflügen und genauso zuchtfreudig, wie alle anderen Brieftauben. Züchterisch gesehen ist es durchaus denkbar, bei vielen Rassen auch die Körper-

Tabelle 14

Durchschnittliche Lebendmassen einiger Taubenrassen

Carneau	550 bis 600 g
Cauchois	700 bis 800 g
Coburger Lerchen	700 g
Giertauben	650 bis 700 g
Mittelhäuser	800 g
Mondain	750 bis 800 g
Montauban	800 g
Römer	1000 g
Saarlandtauben	750 bis 800 g
Soultzer Hauben	700 g
Texaner	800 bis 950 g
Ungarische Riesentauben	860 bis 1000 g
Kingtauben	850 bis 1050 g
Antwerpener Smerlen	550 g
Kalotten	250 g
Giant Homer	700 bis 850 g
Einfarbige Mövchen (Owl)	340 g
Chinesentauben	250 bis 300 g
Deutsche Schautauben	450 bis 520 g
Strasser	750 bis 950 g
Ostpreußische Werfer	340 bis 370 g
Brieftauben	420 bis 80 g
Pommersche Schaukappen	300 bis 400 g
Dänische Tümmler	360 bis 500 g
Birmingham Roller	240 bis 300 g

masse als Auswahlkriterium zu betonen, ohne dass die Reproduktionsfreudigkeit nachlässt. Es ist zu erwarten, dass solche Tauben mehr Ausstrahlung zeigen als die kleineren Exemplare ihrer Rasse. Die züchterische Entwicklung bei den Strassern, den Luchstauben und den Kingtauben hat dies in den vergangenen 50 Jahren gezeigt.

Neuzüchtungen

Einige Taubenzüchter haben es sich zum Ziel gesetzt, bei der von ihnen gezüchteten Rasse gezielt einen neuen Farbenschlag zu schaffen. Dafür sind immer Einkreuzungen erforderlich, die mit vielen Risiken behaftet sind. Ist aber ein neuer Farbenschlag mit wenigen Tieren entstanden, so müssen seine charakteristischen Merkmale bei einer größeren Tierzahl züchterisch soweit gefestigt werden, dass in den kommenden Jahren die Anerkennungsbedingungen auf den hierfür zugelassenen Schauen erfüllt werden können. In den vergangenen Jahrzehnten haben interessierte Züchter auf Auslandsreisen fremde Rassen gesehen, waren von ihnen begeistert und haben sie importiert. Diese Tauben müssen erst einmal züchterisch so bearbeitet werden, dass die für eine Musterbeschreibung erforderlichen Bedingungen bei möglichst vielen Tauben erfüllt sind. Handelt es sich um Flugtauben, so wird man sie im Rahmen der vorhandenen Flugsportvereine an Flugwettbewerben teilnehmen lassen und mit den besten Flugkünstlern, ohne Rücksicht auf Farbe und Figur, weiterzüchten. Große Aufgaben haben sich die Züchter gestellt, die eine neue Rasse schaffen möchten. Das ist im Laufe der Jahrzehnte immer wieder erfolgreich geschehen. Diese Entwicklung wird auch niemals abgeschlossen sein, da Züchten nie Konstanz, sondern immer stete Erneuerung und Veränderung ist. Unzählige Beispiele aus den beiden vergangenen Jahrhunderten berichten über Rasseneuzüchtungen bis in die Gegenwart hinein (Deutsche Schautauben aus Brieftauben und Show Homern, Giant Homer aus Carneau, Brieftauben und Mondain, Luchstauben aus Feldtauben und Schlesischen Kröpfern, Mährische Strasser aus Feldtauben, Florentinern und Kröpfern, Huhnschecken aus Nürnberger Bagdetten und Florentinern, Kingtauben aus Römern, Maltesern, Brieftauben und Duchess, Bayerische Kröpfer aus Böhmentauben, Pommern- und Englischen Kröpfern). Aus jüngerer Zeit stammt die Neuzüchtung der Echterdinger Farbentauben.

Vererbung der Farben

Betrachtet man alle Farben, Farbkombinationen und Farbverteilungen gemeinsam, so gibt es unzählige Varianten. Da sich die Rassen auch noch in den Formen und in anderen Eigenschaften (zum Beispiel: Temperament, Blasen, Kunstflug) unterscheiden, geht die Zahl der Erscheinungsformen in die Tausende. Betrachten wir nur die farblichen Merkmale, dann lassen sich in Zukunft viele noch nicht vorhandene, aber denkbare Kombinationen mit Hilfe der vorhandenen Tauben herauszüchten.

Die einfachen Farben werden alle nur durch ein einziges Gen vererbt. Kreuzt man also einen einfachen Farbenschlag neu in eine vorhandene Rasse ein, dann liegt das Problem nicht darin, diese Farbe in der Rasse als neuen Farbenschlag zu festigen, sondern in der Erhaltung der alten Körperform, wenn diese bei der Einkreuzungstaube abweichend war. Umgekehrt kann man durch Einkreuzung eines Tieres der gleichen Rasse aber eines anderen dominanten Farbenschlages zur Blutauffrischung oder zur Verbesserung der Körperform nicht viel falsch machen. Es gibt gute deutsche und amerikanische Fachliteratur, die sich speziell mit der nicht ganz einfachen Vererbung der Farben und Zeichnungen beschäftigt (siehe dazu im Literaturverzeichnis die beiden Titel von SELL). In diesem Rahmen sollen die Verhältnisse bei der Vererbung der Farben und der Farbzeichnungen im Sinne eines grundsätzlichen Überblickes dargestellt werden.

Grundfarben und Zeichnungen

Wir unterscheiden in der genetischen Terminologie der Taubenzucht die drei Grundfarben Dominant-Rot, Schwarz und Braun und als vierte Farbe das Rezessiv-Rot (siehe Tabelle 15, Seite 73). Da das Rezessiv-Rot sich nach anderen Gesetzen vererbt als die anderen drei Grundfarben, wird es als autosomale Farbe bezeichnet. Während die drei Grundfarben geschlechtsgebunden vererbt werden, ist dies bei dem Rezessiv-Rot nicht der Fall, seine Erbanlage befindet sich an einer anderen Stelle des Chromosomensatzes.

Bei der Vererbung ist Dominant-Rot dominant über Schwarz und Braun, Schwarz ist dominant über Braun und alle Grundfarben sind dominant über Rezessiv-Rot. Im Laufe der Zeit haben sich aus dem Taubenblau der Felsentauben diese vier Färbungen genetisch herausentwickelt. Ihnen und dem Weiß können fast alle vorkommenden Färbungen unserer Tauben zugeordnet werden.

Mit modernsten Methoden (Gaschromatographie) haben HAASE, SELL, ITO und WAKAMATSU (1992) diejenigen Stoffe untersucht, die für uns optisch die Färbung ausmachen. Es handelt sich um zwei in die Federn eingelagerte Farbstoffe, dem schwarzen Farbstoff Eumelanin und dem roten Farbstoff Phäomelanin. Der optische Eindruck unterschiedlicher Färbungen wird durch das Verhältnis dieser beiden Farbstoffe zueinander hervorgerufen. Die verschiedenen Färbungen der Grundfarbe Schwarz: Schwarz, Dunkel, Blau, Dun, Indigo und Andalusier werden durch einen hohen Anteil von Eumelanin, die der Grundfarbe Dominant-Rot: Dominant-Rot, Rotfahl, Gelbfahl und Silberfahl durch einen stärkeren Anteil von Phäomelanin bewirkt. Bei der braunen Grundfarbe: Braun, Braunfahl und Khaki ist in den Federn sowohl weniger Eumelanin enthalten als bei den Färbungen der schwarzen Grundfarbe, als auch weitaus weniger Phäomelanin als bei den Tauben mit dominant-roter Grundfarbe. Lediglich im Bindenbereich der braunen ist der Anteil an Phäomelanin deutlich höher als der Anteil an Eumelanin bei schwarzen Binden. In die weißen Federn wird keiner dieser beiden Farbstoffe eingelagert.

Diese fünf Farbvarianten (Dominant-Rot, Schwarz, Braun, Rezessiv-Rot, Weiß) werden in der Vererbung durch zahlreiche weitere Faktoren diversifiziert. Zu den Faktoren zählen die vier verschiedenen Zeichnungsvarianten bindig, hohlig (ohne Binden), gehämmert und schildig. Sie werden nicht geschlechtsgebunden vererbt, so dass jedes männliche und jedes weibliche Tier immer zwei gleiche oder zwei verschiedene Zeichnungsanlagen in seiner Erbmasse besitzt. Bei den Nachkommen wird aber immer nur die dominant vererbende Zeichnungsanlage sichtbar. Dabei ist schildig dominant über gehämmert, bindig und hohlig. Gehämmert ist dominant über bindig und hohlig und bindig ist dominant über hohlig. Die Farbe des Flügelschildes ist immer gleich der Bindenfarbe, nämlich Schwarz, Braun oder Dominant-Rot. Bei den hohligen ist die Farbe des Flügelschildes genau so ausgebildet, wie die Flügelfarbe bei den Bindigen, aber ohne die Binden.

Weiterhin werden die Färbungen und Farbzeichnungen unter anderem beeinflusst durch die Farbausbreitungsfaktoren: einfarbig und scheckig (einfarbig ist dominant über scheckig), die Farbverdünnungsfaktoren (mit Verdünnungsfaktor wird aus Schwarz Dun, aus Braun wird Khaki und aus Rotfahl wird Silberfahl); die Aufhellungsfaktoren (aus Blau wird mehllicht und eisfarbig) und die Intensivierungsfaktoren (lackfarben in Schwarz, Rot und Gelb).

Dies sind nur Einzelbeispiele, die der Verdeutlichung dienen sollen. Alle genannten Faktoren kommen in unterschiedlichen Wirkungsstufen vor und können sich gegenseitig ergänzen oder in ihrer Wirkung vermindern. Bei höchster Farbintensivierung entstehen die verschiedenen Lackfarben und durch Farbverdünnungs- und Aufhellungsfaktoren hellere Farben aber auch ähnliche Farben mit unterschiedlichen Nuancierungen. Durch die Kombination mit Weiß entstehen zweifarbige Farbenschläge (Scheckung) mit zum Teil recht konstanten Zeichnungen. Häufig sind zwei Farben miteinander kombiniert (zum Beispiel andersfarbige Flügelbinden). Manche Zeichnungen sind genetisch recht konstant, andere variieren stark und führen in der Zucht zu Fehlfarben.

Farbuntergruppen

Betrachten wir die fünf Farbgruppen, dann können wir ihnen ganz bestimmte Untergruppen zuordnen, wie es die Tabelle 15 (siehe unten) zeigt.

Dominant-Rot vererbt sich dominant gegenüber Schwarz und Braun. Braun ist gegenüber den beiden anderen Grundfarben rezessiv. Braune Tauben sind also hinsichtlich der Grundfarbe reinerbig. Denn wäre die Veranlagung für Dominant-Rot oder Schwarz in ihren Erbanlagen vorhanden, würden sie ja kein braunes Gefieder haben können.

Weiße Tauben können aus verschiedenen Farben hervorgegangen sein. Manchmal erkennt man dies bei Paarungen mit andersfarbigen Tauben. Man kann die Weißen auch als Schecken ansehen, bei denen der Ausbreitungsfaktor für die Farbe, die genetisch in ihnen steckt, praktisch auf null reduziert wurde. Man sagt, dass man aus hellen Rotschimmeln am besten rein Weiße züchten könne. Dies mag stimmen; es ist aber nicht der einzige Lösungsweg.

Tabelle 15

Farbe	Farben innerhalb der Gruppe
Schwarz	Schwarz, Dun, Dunkel, Blau, Indigo, Andalusier
Dominant-Rot	Dominant-Rot, Rotfahl, Gelbfahl, Silberfahl
Braun	Braun, Braunfahl, Khaki
Rezessiv-Rot	Rezessiv-Rot, Rezessiv-Gelb
Weiß	Weiß

Farbvererbung durch ein Gen

Nachfolgendes Beispiel zeigt, wie mit Hilfe einer Darstellung genetische Gesetzmäßigkeiten der Farbvererbung, die nur auf einem Genpaar beruhen, demonstriert werden können. Paart man einen reinerbig schwarzen Täuber mit einer reinerbig braunen Täubin, dann sind alle F_1-Nachkommen schwarz, weil die Farbe Schwarz dominant ist über Braun. Alle genetischen Kombinationsmöglichkeiten führen bei dieser Paarung im Erscheinungsbild zum gleichen Ergebnis. Da die drei Grundfarben geschlechtsgebunden, das heißt über das Geschlechtschromosom X vererbt werden, können folgende X-Chromosomen bei der Befruchtung zusammentreffen (siehe Tabelle 16, S. 74).

Da die Täubinnen nur ein X-Chromosom besitzen, können sie auch nur eine Farbe mit ihrer Erbmasse weitervererben. Nach der Uniformitätsregel sind alle F_1-Nachkommen aus dieser Paarung einfarbig schwarz, aber nur die Täuber sind mischerbig für Braun, während die Täubinnen aus dieser Farbkreuzung alleine das dominante Schwarz weitervererben können.

Paart man die F_1-Generation untereinander, also mischerbige Täuber mit der dominanten Eigenschaft für Schwarz und der rezessiven Eigenschaft für Braun und reinerbige Täubinnen mit der dominanten Eigenschaft für Schwarz, dann spalten sie wie folgt auf:

25 % der F_2-Generation sind reinerbig (SS) schwarze Täuber, 25 % sind mischerbig (bS) schwarze Täuber, 25 % sind reinerbig (S0) schwarze Täubinnen und 25 % sind

Tabelle 16

	reinerbig schwarzer Täuber		reinerbig braune Täubin	
X-Chromosomen:	XS	XS	Xb	0
F_1-Generation:	XS-Xb	XS-Xb	XS-0	XS-0
	Schwarz, mischerbig für Braun		Schwarz, reinerbig	
	50 % Täuber		50 % Täubinnen	

Tabelle 17

F_1-Generation:				
	mischerbig schwarzer Täuber		reinerbig schwarze Täubin	
X-Chromosomen:	XS	Xb	XS	0
F_2-Nackommen:				
	XS-XS	Xb-XS	XS-0	Xb-0
	25 % Täuber	25 % Täuber	25 % Täubinnen	25 % Täubinnen

reinerbig braune Täubinnen (b0). Wenn man nun solch ein F_1-Zuchtpaar hat und zieht mit ihm in einer gewissen Zeit 16 Jungtiere auf, dann kann man bei dieser kleinen Zahl von Nachkommen nicht erwarten, dass das obige Verhältnis tatsächlich erreicht wird.

Das Verhältnis der Geschlechter zueinander beträgt immer 50 : 50. Alle braunen Nachkommen sind stets reinerbig für Braun und weiblich. Alle schwarzen Täubinnen sind reinerbig für Schwarz. Alle Täuber sind Schwarz, die Hälfte von ihnen ist reinerbig schwarz und die andere Hälfte mischerbig für Braun. Erst bei einer Paarung eines schwarzen Täubers, der mischerbig für Braun ist, mit einem reinerbig braunen Weibchen können aus den Erbanlagen Xb des Täubers und Xb der Täubin wiederum

braune Täuber nachgezogen werden. Dies muss nicht immer sofort gelingen, wie es folgendes Beispiel zeigt:

Vielleicht ist unter den angenommenen 16 Nachkommen nur eine braune Täubin aufgezogen worden. Stehen andere, reinerbige braune Täuber nicht zur Verfügung, so muss man dieses Weibchen an einen schwarzen Täuber, der mischerbig für braun ist, paaren. Man kann dem Täuber aber nicht ansehen, ob er reinerbig oder mischerbig ist. Hat man den richtigen Täuber angepaart, dann kann man nur hoffen, dass unter den Nachkommen einer Brutsaison neben den schwarzen Jungtieren beiderlei Geschlechtes, wenigsten ein brauner Täuber aufgezogen wird.

Die Nachkommen dieser Kombination sind in Tabelle 18 (siehe unten) schematisch dargestellt.

Blicken wir in den Deutschen Rassetauben-Standard, dann finden wir bei den aufgeführten Rassen zunächst einmal die „einfachen" oder häufig auftretenden Farben Schwarz, Dun, Blau, Dominant-Rot, Rotfahl, Dominant-Gelb, Braun, Rezessiv-Rot, Rezessiv-Gelb und Weiß und bei einigen Rassen dazwischenliegende Farben mit und ohne Aufhellung oder mit mehr oder weniger auftretender Intensität, kombiniert mit über fünfzig verschiedenen Zeichnungsvarianten.

Allein bei der Farbe Blau gibt es mindestens sechs Farbabstufungen. Weiterhin gibt es Farbnuancierungen, wie wir sie nur bei einzelnen Rassen kennen, zum Beispiel das Blaugelb mit Halsring bei den Ägyptischen Seglern oder das Eulgrau bei Hessischen Kröpfern. Außerdem werden in einzelnen oder in einigen Rassen weitere Farbnuancen und Zeichnungen gezüchtet, die sich in das gezeigte Schema nicht so ohne Weiteres einfügen lassen. Für einige von ihnen hat man erst seit ein paar Jahrzehnten Erklärungen gefunden oder sie als Erbfaktoren erst entdeckt.

Wie man die im Standard geforderten Farben am besten züchtet, ist oft Züchtergeheimnis, vor allem dann, wenn bestimmte Farben sich nicht in Reinzucht erhalten lassen, sondern durch die Kombination zweier verschiedenfarbiger Zuchttiere aus

Tabelle 18

	Erbanlagen des Täubers		**Erbanlagen der Täubin**	
	XS	Xb	Xb	0
Erbanlagen der Nachkommen	XS-Xb	Xb-Xb	XS-0	Xb-0
	Täuber schwarz, mischerbig für Braun	Täuber reinerbig braun	Täubin reinerbig schwarz	Täubin reinerbig braun

verschiedenen Zuchtlinien am besten herauskommen. So wird zum Beispiel ein Rotgehämmert am farbintensivsten erreicht, wenn man einen solchen Täuber mit einer dunklen Täubin zusammenpaart. Dominant-rote Tauben unter sich verpaart, führen leicht zu Aufhellungen und Verdünntfarben. Durch den Verdünntfaktor sind letzten Endes einmal die Gelben aus den Roten entstanden.

Schwarz

Bei reinerbig Schwarzen tritt die Farbe erwartungsgemäß besonders rein in Erscheinung. Sie sind immer am ganzen Körper, also auch am Unterkörper, einheitlich schwarz gefärbt. Die einzelnen Tauben unterscheiden sich jedoch untereinander in der Intensität des Farbglanzes, weil Intensitätsfaktoren die Ausbildung verschieden stark beeinflussen.

Reinerbig schwarze Täuber vererben ihre Farbe geschlechtsgebunden, dazu haben sie immer zwei der Zeichnungsanlagen für bindig, hohlig, gehämmert oder schildig in ihrer Erbmasse. Bei den Kupfergimpeln kommt das schildige in Schwarz mit Intensivierungsfaktor in Verbindung mit Gimpeltaubenbronze zur Ausbildung. Häufig gibt es das Schwarz in Verbindung mit Weiß bei den verschiedenen Scheckzeichnungen und Schwarzschimmeln oder sogar drei- und vierfarbig in Verbindung mit weiteren Farben, wie bei den Almonds. Die Intensivfarben einer Grundfarbe sind dominant gegenüber allen anderen Verdünntfarben. Die helleren und dunkleren Farbabstufungen werden durch weitere Aufhellungs- und Intensitätsfaktoren hervorgerufen. Das gilt natürlich in gleicher Weise auch für die Erbgänge bei den anderen Grundfarben Dominant-Rot und Braun.

Da der Ausbreitungsfaktor für Schwarz dominant vererbt wird, kann man niemals aus blauen Tauben schwarze Jungtiere ziehen. Jedes mehr oder weniger helle oder dunkle Blau der Tauben sowie die schwarze Zeichnung in den Binden, die Hämmerung und die schwarze Subterminalbinde im Schwanz enthalten aber auch das gleiche Schwarzpigment Eumelanin und einen geringeren Anteil an dem roten Phäomelanin. Aus reinerbig schwarzen Tauben lassen sich, selbst mit Einwirkung des Aufhellungsfaktors, niemals blaue Tauben züchten. Bei der Kombination Schwarz mit Aufhellungsfaktor im Erbgang erhält man dunfarbige Jungtiere. Manchmal kann man bei den schwarzen Tauben in der Flügeldecke zwei etwas heller durchschimmernde schwarze Flügelbinden schwach erkennen. Dies ist ein Zeichen dafür, dass sie die Veranlagung für die Zeichnung „Bindig“ in ihrer Erbmasse besitzen. Nur wenn der Ausbreitungsfaktor bei ihnen nicht reinerbig vorhanden ist, können aus mischerbig (Schwarz und Blau) schwarzen blaue Tiere fallen.

Die dunfarbigen Tauben haben ein dunkelbraunes Aussehen, dies wird manchmal auch als Schokoladenbraun bezeichnet. Es hat aber mit der Grundfarbe Braun überhaupt nichts zu tun. So kommt es immer wieder vor, dass diese beiden Färbungen verwechselt oder sogar in einen Topf geworfen werden.

Aus schwarzen mit Verdünnungsfaktor fallen dunfarbige Jungtiere. Diese haben eine gräulichbraune Gefiederfarbe, also ein stark verdünntes Schwarz. Wird bei nachfolgenden Anpaarungen dieser Tiere der Verdünnungsfaktor unterdrückt, dann fallen wieder schwarze Jungtiere. Verpaart man die dunfarbigen untereinander, so fallen immer wieder nur dunfarbige, da der rezessive Verdünnungsfaktor in beiden Tieren homozygot vorhanden ist und somit nur dieser weitervererbt werden kann. Paart man eine dunfarbiges Taube an eine blaue, welche diesen Aufhellungsfaktor nicht besitzt, dann gehen aus dieser Paarung wiederum schwarze Tiere hervor. Diese Tatsache ist nicht unter allen Züchtern bekannt, die Mischfarbe Dun wird dann mit der Grundfarbe Braun verwechselt.

Dass die Farbe Blau genetisch zu der Grundfarbe Schwarz gehört, kann man sehr deutlich erkennen, wenn man eine einfarbig braune Täubin, mit der Grundfarbe Braun und mit dem Ausbreitungsfaktor für Einfarbig an einen reinerbig blauen Täuber paart. Aus dieser Kombination fallen schwarze Jungtiere, da sich die Grundfarbe Schwarz des blauen Täubers und der Ausbreitungsfaktor für einfarbig der braunen Täubin beide dominant vererben. Junge schwarze Täuber sind mischerbig für Braun, während junge Täubinnen reinerbig Schwarz sind, denn sie besitzen immer nur die Veranlagung für eine der geschlechtsgebundenen Farben.

Bei den Farbenschlägen verschiedener Rassen, wie zum Beispiel den Altstämmern, wird ganz klar zwischen diesem Dun aus der Schwarz-Gruppe und braunen Tieren mit der Grundfarbe Braun unterschieden. Weitere Färbungen aus der Schwarz-Gruppe sind die Indigofarbenen und die Andalusier. Die Andalusier züchtet man aus Indigofarbenen, die mit Schwarzen gepaart werden. Aus solcher Paarung fallen Schwarze, Indigos und Andalusier.

Indigofarbene Tauben sehen ähnlich aus wie Blaugehämmerte, haben aber in der Flügeldecke viel Rot; außerdem sind ihre Schwingen und ihr Schwanz andalusierblau mit deutlichen Intensitätsvarianten. Besitzen Indigofarbene keine Hämmerung, so haben sie rötliche Binden, obwohl sie nicht mit Tauben aus der Rot-Gruppe verwandt sind.

Die Andalusier sind Tauben, bei denen die schwarze Farbe unterschiedlich stark verdünnt ist, sie daher dunkelblaugrau aussieht und, außer einem dunkler gefärbten Hals, am ganzen übrigen Körper ziemlich gleichmäßig vertreten ist. Dabei gibt es deutliche Farbnuancierungen und Federn, die gleichmäßig schwarz umrandet sind. Andalusier an blaue gepaart ergeben schwarze und andalusierfarbene Nachkommen.

Außerdem kennen wir die rauchblaugehämmerten Brieftauben mit Binden, die auch als „Schalis“ bezeichnet werden. Sie sind immer gehämmert; ihre Färbung und Zeichnung wird durch den Erbfaktor „Rauchblau“ (Smoky) hervorgerufen. Ihre Hämmerung hat wahrscheinlich nichts mit dem allgemeinen Zeichnungsfaktor „Gehämmert“ zu tun. Sie haben mit den Andalusiern äußerlich eine gewisse Ähnlichkeit, sind aber doch zweifelsfrei zu unterscheiden.

Blau, eine Untergruppe von Schwarz

Die ursprüngliche Farbe aller Tauben ist Blau. Es wird gegenüber Schwarz rezessiv vererbt und ist geschlechtsgebunden. So besteht die Farbe der Blauen in ihrer Zusammensetzung aus schwarzem Pigment, das in unterschiedlicher Weise aufgehellt ist, weshalb wir auch die Blauen der Grundfarbe Schwarz zuordnen müssen.

Je nach Beteiligung des Aufhellungsfaktors gibt es von einem dunklen bis zu einem hellen Blau sehr viele farbliche Übergänge. Schon bei den Felsentauben bestehen diese Unterschiede. Die in Westafrika lebenden Felsentauben haben sehr dunkles Gefieder, während die in der Provinz Gansu in China beobachtete Population hellblaues Gefieder trägt. Die dunklen Blauen haben fast schwarze Köpfe, während die hellen Blauen auch eine helle Kopfbefiederung aufweisen, die bis ins Mehllichte gehen kann. Bei den Brieftauben kommen alle Nuancierungen vor. Ein Beispiel für ganz helles Blau sind die Hamburger Sticken, lichtblau mit Binden und lichtblau gehämmert oder die Mehllichten bei verschiedenen Rassen (z. B. Basraer Wammentauben). Eine Form des dunklen Blau wird als Rauchblau bezeichnet, das bei mehreren Rassen auftritt. Die Eichbühler haben ein ganz besonders dunkles Blau. Bei fast allen Rassen ist Blau einer der anerkannten Farbenschläge in Verbindung mit zahlreichen verschiedenen Zeichnungen. Bei den Brieftauben ist die blaue Farbe aus zahlreichen Gründen dominierend. Viele Züchter bevorzugen blaue oder blaugehämmerte Wettflugtauben, weil sie als Zuflieger wegen einer besonderen Färbung nicht zurückgehalten werden. Sie kommen am häufigsten vor, somit ist auch der Zuchtfortschritt bei ihnen am größten, so dass die meisten Wettflugsieger aus dieser blauen Farbengruppe stammen.

Die dunkelste Färbung in dieser Untergruppe Blau haben wohl die Farbvarianten Dunkel und Dunkelgehämmert. Sie sind am ganzen Oberkörper schwarz, aber am Unterkörper blaugrau gefärbt. Ihr Schwarz ist weniger intensiv gefärbt als bei den reinerbig schwarzen. Es gibt sie häufig bei den Brieftauben und den brieftaubenähnlichen Rassen. Bei den meisten zweifarbigen Rassetauben, bei denen Schwarz in bestimmten Zeichnungen mit Weiß kombiniert ist, stammt das intensive, kräftige Schwarz ursprünglich von den einfarbig dominant schwarzen und muss als Scheckung von Schwarz mit einer Fixierung dieser Farbe an ganz bestimmten Körperstellen angesehen werden.

Oben links:
Budapester Kurze, dun.
Oben rechts:
Montaubantaube, schwarz.
Mitte links:
Wiener Tümmler, blau, bindig.
Mitte rechts:
Modena, dominant rot.
Unten links:
Feldfarbentaube, isabell.
Unten rechts: Brieftaube, rezessiv-rot.

Dominant-Rot

Dieses Rot vererbt sich dominant gegenüber allen Varianten der Grundfarben Schwarz und Braun. Früher wurde es auch „Brieftaubenrot“ genannt, wohl weil man Rezessiv-Rote bei Brieftauben nicht als solche erkannte, obwohl es sie immer gegeben hat. Zudem ist Dominant-Rot bei Brieftauben besonders verbreitet. Die dominant-rote Farbe lässt sich mit allen vier Zeichnungsvarianten bindig, hohlig, gehämmert und schildig kombinieren. Die schildigen sind einfarbig intensiv rot gefärbt, bis auf die Schwingen, den Schwanz und den Sattel, die aschfahl gezeichnet sind. Sie haben keine Binden. Wenn sie mischerbig für die Bindenzeichnung sind, können sie rotfahle Nachkommen (bei Brieftauben „Fahle“) hervorbringen. Mit Hämmerungsfaktor gibt es rotfahlgehämmerte (bei Brieftauben „Rotgehämmerte“). Beim Zusammenwirken der Aufhellungsfaktoren mit den Verdünnungsfaktoren bekommen die Rotfahlgehämmerten mit allen Übergängen ein so helles Rot, das schließlich in ein Dominant-Gelb (z. B. bei Englischen Modena) übergeht. Bei den Exhibition Homern wird Dominant-Gelb als zugelassener Farbenschlag ausdrücklich erwähnt.

Die Dominant-Roten erscheinen bei den verschiedenen Rassen mit allen üblichen Zeichnungen. Es ist bekannt, dass man aus hellen Rotschimmeln am besten reinweiße mit farbigen Augen züchten kann. Schließlich sind alle Weißen mit Farbaugen (u.a. zum Beispiel die Deutschen Modeneser) aus Rotschimmeln hervorgegangen. Dass dies bei verschiedenen Rassen gelungen ist, ist bekannt.

Eine weitere Besonderheit, in Verbindung mit Dominant-Rot, sind die nur bei Täubern häufig vorkommenden Tintenflecken in den Hauptschwingen. Hat ein Jungtier der Rotgruppe schwarze Punkte oder Striche in den Hauptschwingen, dann ist es garantiert ein Täuber. Durchweg nehmen gerade diese schwarzen Flecken mit dem Alter bei jeder Mauser zu. Sie weisen darauf hin, dass das betreffende Tier mischerbig für Schwarz veranlagt ist.

Paart man Tiere mit ausgefallenen Farben untereinander, so können wiederum durch Aufhellungen und Intensivierungen neue Nuancen auftreten. Weiterhin gibt es sich ähnelnde Färbungen in unterschiedlichem Rotfahl und mit gelber Grundfarbe, die bei der Zucht in manchen Rassen eine spezielle Rolle spielen.

Einen Einblick bieten die Farbbezeichnungen: silberfahl, cremefarbig, sulfurschildig, ocker- und isabellfarbig. Nicht immer ist allerdings klar, ob alle diese Farben sich ursprünglich aus Dominant-Rot oder auch Rezessiv-Rot ableiten lassen.

Braun

Diese in manchen Zeichnungskombinationen vorkommende Farbvariante gibt es bei vielen Taubenrassen. Jedoch ist sie nicht ganz so weit verbreitet wie die beiden anderen Grundfarben. Über viele Jahrzehnte hat man sie nicht klar als dritte Grundfarbe neben Schwarz und Dominant-Rot erkannt.

Tabelle 19

Die Zucht braunfarbiger Jungtiere aus andersfarbigen Eltern (Paarung eines schwarzen, mischerbig für Braun veranlagten Täubers mit einer dominant-roten Täubin; Rot ist dominant über Schwarz und Braun, Schwarz ist dominant über Braun)

	X-Chromosomen des Täubers		**X-Chromosomen der Täubin**	
	XS	Xb	XR	0
Nachkommen	XS-XR	Xb-XR	XS-0	Xb-0
	1.	2.	3.	4

Sie fügt sich mit gleichen Vererbungsmechanismen wie die beiden anderen Grundfarben in dieses System ein, so dass man mit der Zeit mehr Klarheit über die praktischen, züchterischen Vorgänge bekommen hat. Dieses Braun wird, wie alle Grundfarben, geschlechtsgebunden und gegenüber Schwarz und Dominant-Rot rezessiv vererbt.

Bei verschiedenen Rassen gibt es die Farben einfarbig Braun, Braunfahl, Braunfahlgehämmert, Braunfahldunkelgehämmert und Khaki. Khaki ist eine Aufhellung von Braun. Demenstsprechend gibt es die Farben einfarbig Khaki, Khakifahl ohne Binden und mit Binden, Khakifahlgehämmert und Khakifahldunkelgehämmert. Weitere Zuchtarbeit mit Tauben der Braungruppe und ihr Verhalten bei Paarungen mit anders gefärbten Tieren wird in Zukunft zu größerer Verbreitung und zu weiteren Erfahrungen mit diesen Farben führen.

Da sich Braun rezessiv vererbt, können aus der Anpaarung von zwei Tauben dieser Farbgruppe immer nur braungefärbte Tiere fallen.

Wenn bei einem andersfarbigen Zuchtpaar unverhofft braune Jungtiere im Nest liegen, dann muss der Täuber die Veranlagung für Braun mischerbig in seiner Erbmasse besitzen. Die braungefärbten Jungtiere sind in diesem Falle immer Täubinnen. Will man zur Blutauffrischung ein andersfarbiges, geeignetes Tier einkreuzen, so sind alle aus den Nachkommen der Kreuzung (ab der F_2-Generation) anfallenden braunen Jungtiere reinerbige Täubinnen (vgl. Tabelle 19, oben).

1. 25 % der Nachkommen sind dominantrote Täuber, mischerbig für Schwarz, da Dominant-Rot dominant ist über Schwarz
2. 25 % der Nachkommen sind dominantrote Täuber, mischerbig für Braun, da Dominant-Rot dominant ist über Braun
3. 25 % der Nachkommen sind reinerbig schwarze Täubinnen
4. 25 % der Nachkommen sind reinerbig braune Täubinnen

Hat man ein Zuchtpaar mit dieser Konstellation, so kann man hoffen, dass irgendwann tatsächlich einmal eine reinerbig braune Täubin aufgezogen wird. Paart man die reinerbig braune Täubin an ihren Vater, dann kann man auch wieder reinerbig braune Täuber züchten, wenn die Chromosomen mit den Veranlagungen Xb vom Täuber und Xb von der Täubin sich bei der Befruchtung vereinigen.

Rezessiv-Rot

Eine der interessantesten Farben ist das Rezessiv-Rot, das jedoch auch fälschlicherweise Tümmler-Rot genannt wird, weil es bei Tümmlern häufig vorkommt. Es ist eine eigenständige Farbe; sie wird aber nicht als vierte Grundfarbe, sondern neben den drei Grundfarben Dominant-Rot, Schwarz und Braun als eine autosomale Farbe bezeichnet. Im Unterschied zu den Grundfarben wird sie nicht geschlechtsgebunden vererbt. Das Gen, das die Ausbildung der roten Farbe bewirkt, sitzt also nicht auf dem X-Chromosom, sondern auf einem anderen Chromosom. Daher ist es bei einer genetischen Betrachtung anders einzuordnen. Rezessiv-Rot kommt bei sehr vielen Rassen vor, so auch bei den Brieftauben, und es lässt sich als Farbe in andere Rassen einkreuzen.

Diese rezessive Farbe kann sich jahrelang in anderen, zum Beispiel in blauen und dunklen Tieren versteckt halten, bis dann eines Tages bei einem andersfarbigen Zuchtpaar ein einfarbiges oder geschecktes, rezessivrotes Jungtier im Nest liegt.

Unterschiede bei den rezessiv-roten bestehen in der Farbintensität, vom schönsten Kupferrot bis hin zum Goldgelb und Gelb. Manche Tiere haben einen andalusierblauen Anflug im Sattel und in den Schwanzfedern, andere haben eine weiße Flügelrose in ihrem Schild. Besitzen Rezessiv-Rote keine weißen Scheckfedern, dann sind sie vom Kopf bis zum Schwanzende einheitlich Rot gefärbt. Die Erbfaktoren für Farbintensivierung, Farbglanz, Verdünnung und Aufhellung spielen bei der Farbgestaltung eine Rolle. Manchmal fallen neben intensiv gefärbten Roten, je nach Vorhandensein von Farbverdünnungs- und Aufhellungsfaktoren auch Junge, die mehr dunkelgelb oder goldgelb gefärbt sind. Alle Rezessiv-Roten sind gegenüber den Grundfarben stets reinerbig, denn sonst würde ihre Farbe nicht in Erscheinung treten. Viele Züchter sind besonders stolz auf den Besitz solcher Tauben. Doch gibt es noch weitere autosomale Farben, bei denen Rezessiv-Rot durchaus auch mischerbig in den Erbanlagen vorhanden sein kann. So beschreibt Sell Rassen mit Bronzefaktor, die reinerbig oder mischerbig für Rezessiv-Rot sein können.

Bei vielen Rassen werden die Rezessiv-Roten mit verschiedenen Farbzeichnungen, also zweifarbig in Kombination mit Weiß gezüchtet. Weißschwänze, Farbenköpfe, Weißköpfe, Schildige, Flügelschecken seien als Beispiele genannt. Ist das Rezessiv-Rot genetisch einmal in einem Bestand vorhanden, dann kann es bei den Nachkommen andersfarbiger Tauben jederzeit auftreten, wenn bei der Befruchtung die Veranlagung für Rezessiv-Rot von beiden Elterntieren gleichzeitig weitergegeben wird. Es überdeckt dann die anderen Farben.

Früher ist es gelegentlich zu Meinungsverschiedenheiten unter Taubenzüchtern gekommen, als man den Unterschied in der Vererbung beider Rotfarben noch nicht kannte. Wenn in dem betreffenden Bestand Dominant-Rot vorhanden war, glaubte man bei Auftreten eines roten Jungtieres von andersfarbigen Eltern ganz sicher an eine Fremdbefruchtung. Heute weiß man, dass dies so nicht stimmt, wenn die rote Farbe rezessiven Ursprungs war.

Weiß

Weiße Tauben sind im allgemeinen sehr beliebt. Eine weiße Taube gilt überall auf der Welt als ein Symbol des Friedens. Reinweiße Tauben gibt es bei vielen Rassen. Sie sind einmal aus farbigen Tauben hervorgegangen, bei denen die Ausbreitung der jeweiligen Farbe genetisch vollständig unterdrückt wurde. Manchmal haben weiße Tauben noch einzelne farbige Federn. An ihnen kann man erkennen, wie die Vorfahren einmal gefärbt waren.

So kann es durchaus sein, dass reinweiße Tauben mit der rezessiven Eigenschaft für eine Farbe, einfarbige Junge in der ursprünglich veranlagten Färbung aufziehen. So zog beispielsweise beim Autor ein weißes Zuchtpaar, das die Veranlagung für Rezessiv-Rot besaß, ein einfarbiges, rezessiv-rotes Jungtier auf.

Daneben gibt es nach SELL das rezessive Albinoweiß und das ebenfalls rezessive Weiß, das mit der Vererbung des dunklen Faulauges (auch Scheckenauge genannt) verbunden ist. Am bekanntesten unter diesen weißen Farbenschlägen sind die Pfautauben und die Kingtauben. Die seit dem Jahre 1958 in Thüringen gezüchteten Mittelhäuser Tauben, ursprünglich als Wirtschaftstauben gezüchtet, sind nur in Weiß anerkannt.

Besonderheiten in der Färbung

Die Kombination der Grundfarben mit den verschiedenen Intensivierungs- und Verdünnungsfaktoren oder die Abhängigkeit der Färbung vom Geschlecht hat zu weiteren Besonderheiten geführt. Im Laufe der Zeit haben sich immer mehr Farbkombinationen gebildet, die dann zu neuen, speziellen Farbnuancierungen, wie Bronze, Dunkelbronze, Ocker-Sulfur, Braunfahl-Bronze, Sulfur-Gesäumt, um nur einige zu nennen, geführt haben. Neben dem urspünglichen grünlich-roten Glanz an den Hals- und Brustfedern gibt es einen ockerfarbigen Glanz, der von den Coburger Lerchen auf andere Rassen übertragen wurde. Weiterhin gibt es die intensiven Lackfarben in Schwarz, Rot und Gelb (Aachener Lackschildmövchen) und die Vielfarbigkeit (drei bis vier Farben), die in den letzten Jahren in mehrere Rassen hineingezüchtet wurde. Die Kennfarbigkeit tauchte irgendwann einmal in Thüringen auf. Bei ihr sind die Täuber anders gefärbt als die Täubinnen. Diese Eigenschaft wurde zum Rassemerkmal der Thüringer Einfarbigen und in den letzten Jahrzehnten auf die Texaner als ursprünglicher Wirtschaftsrasse übertragen. Doch auch die Almond-Farbigen und einige Familien der Syrischen Wammentauben besitzen dieses Gen für Kennfarbigkeit.

Vielfarbigkeit und Almondfärbung

Eine Besonderheit in der Färbung von Tauben ist die Vielfarbigkeit. Es gibt sie unter anderem bei den Dänischen Tümmlern, Deutschen Modenesern, Englischen Modena, Orientalischen Rollern, neuerdings bei Chinesentauben und bei Pfautauben, sowie bei den Englischen Kurzschnäbligen Tümmlern, wo man sie Almond-Färbung (Grundkörperfarbe auf englisch: almond = Mandel) nennt. Dieser Farbfaktor ist auf dem Geschlechtschromosom angesiedelt. Bei ihm sind drei bis vier Farben in unregelmässiger Zeichnung, zumeist als Farbspritzer auf dem Federkleid eines Tieres, vereinigt.

Bei der Farbe Almond sind die Jungtiere zunächst hellgelb (mandelfarbig) gefärbt. Nach der Mauser bekommen sie an Hals und Brust schwarze Flecken und Spritzer, die mit dem Alter zunehmen und sich mit den Jahren über den ganzen Körper verteilen. Täuber haben eine dunklere Grundfarbe als Täubinnen. In den Schwingen und im Schwanz müssen möglichst viele „Musterfedern“ dreifarbig auf gelbem Grund weiße und schwarze Zeichnungen aufweisen. Bei den Deutschen Modenesern ist die Grundkörperfarbe silbergrau mit hellen, gelben, braunen, blauen und schwarzen Spritzern. Englische Modena sind bräunlichgelb mit schwarzen, weißen und braunen Spritzern. Genannt werden müssen hier auch die zweifarbigen „Stipper“, am besten bekannt bei den Dänischen Tümmlern. Diese haben bei unterschiedlicher Grundfarbe (Weiß, Gelb, Dunkelbraun) am ganzen Körper schwarze Spritzer (Stippung). Eine besondere Schwierigkeit liegt bei den almondfarbigen Englischen Kurzschnäbligen Tümmlern in der Zucht, da reinerbige Täuber, die fast Weiß gefärbt sind, Sehdefekte aufweisen. Die Zucht muss daher auf Mischerbigkeit aufgebaut sein. Gute Almonds sind immer mischerbig für den Almondfaktor. Aus diesem Grund spielen genetische Veranlagung für Dunkelgehämmert und Rezessiv-Rot sowie der Schimmel- und Bronzefaktor mit hinein. Daher ist die Almondzucht für manchen Taubenzüchter umso reizvoller und wird mit Begeisterung betrieben.

Kennfarbigkeit

Dieser Faktor (englisch: Faded = Verblasst) liegt in der Erbanlage an der gleichen Stelle im Geschlechtschromosom, wie der Faktor Almond. Da das X-Chromosom im Täuber doppelt vorhanden ist, kommt der Verblassungsfaktor im Täuber stärker zur Auswirkung als bei der Täubin. Daher ist der Täuber bei kennfarbigen Rassen immer blasser gefärbt als die Täubin.

Die bekanntesten kennfarbigen Rassen sind die Texaner und die Thüringer Einfarbigen. Einige Familien der Syrischen Wammentauben tragen ebenfalls dieses Gen.

Reinerbige Täuber der Texaner sind wie Täuber mit dem Almondfaktor fast weiß mit einigen farbigen Federn am Hals. Bei den Täubinnen ist die vererbte Färbung voll ausgebildet, aber sie sieht etwas verwaschen aus. Die Täuber der Thüringer Einfarbigen besitzen mehr Farbe als Texaner und werden in hellgrundfarbige, gelbgrundfarbige und blaugrundfarbige unterschieden. Die Farben der Täubinnen sind auch hier intensiver. Alle Tauben der Thüringer Einfarbigen tragen am Hals einen gelben oder braunroten Halbmond. Die Kennfarbigkeit hat den Vorteil, dass man bereits im Nest das Geschlecht der Jungen an der Färbung erkennen kann.

Bronze

Bei manchen Rassen tritt an verschiedenen Federpartien Bronzefarbe auf. Die Bronzefärbung ist auf eine ganze Reihe verschiedener Erbfaktoren zurückzuführen. Die Aufhellung von Bronze ist Sulfur. Quinn unterscheidet genetisch allein acht verschiedene Bronzetypen. Sie kommen bei allen drei Grundfarben vor und sind mit allen Grundfarben kombinierbar. Allerdings fallen sie bei den Dominant-Roten nicht auf. Bei den Englischen Modena und den Deutschen Modenesern gibt es viele Bronze- und Sulfurvarianten. So gibt es Bronze- und Sulfurschildige, -bindige, -gehämmerte und -gesäumte. Auch kommen Bronzefarben in den Schwingen vor. Weiterhin finden wir Bronze und Sulfur bei den Cauchois. Eine intensive Bronzefarbe haben die Kupfrigen bei den Berliner Kurzen.

Die fast einfarbige Bronzezeichnung der Dunkelbrander bei den Dänischen Tümmlern wird allerdings als besonderer Farbfaktor angesehen. Bei ihnen sind die Ränder der Federn dunkel umrandet. Libanon-Bronze intensiviert die Rotfärbung der dunkelroten Libanontauben. Milanfarbige (englisch: kite = Milan) sind sehr dunkelgefärbte Tauben bei den Englischen Kurzschnäbligen Tümmlern. Erwähnt werden müssen auch die Roller- und die Tippler-Bronze, die bei einigen Farbenschlägen dieser Rassen vorkommen und durch ihren besonderern Glanz auffallen.

Schablonenzeichnung

Zahlreiche Rassen haben Farbenschläge, bei denen kombiniert mit den Farben Schwarz, Blau, Rezessiv-Rot und Gelb weiße Flügelbinden auftreten. Bei den Weißgeschuppten dieser Rassen befindet sich in der weißen Grundfarbe des Flügelschildes eine zarte farbig umsäumte Hämmerung in den zuvor genannten Farben (Luchstauben, Eistauben, Modeneser). Den Erbfaktor, der dieses bewirkt, nennt man in Englisch Toy Stencil, was man am besten mit Schablonenzeichnung übersetzen kann. Eine Abart ist das Orient Stencil oder die Schablonenzeichnung der Orientalischen Mövchen (Satinetten und Blondinetten). Neben der Säumung im Flügelschild werden bei ihnen auch die Flügelspitzen, die Schwanzbinde und das Gefieder am Rumpf farblich mit beeinflusst. Wegen dieser speziellen Zeichnung werden sie alle gerne gezüchtet.

Dominant-Opal

Dies ist ein selbständiger Erbfaktor, der im Jahre 1938 entdeckt wurde. Er kommt in blau-weißbindigen und weißgeschuppten Strassern vor. Die Aufhellung ist schwächer als beim Schablonenfaktor. Manchmal wirken die Farben nur ausgebleicht. Bei Dominant-Roten wird die Grundfarbe bei weißen Binden und weißer Hämmerung zu Orange aufgehellt. Reinerbige mit dem Faktor Dominant-Opal sind nach den bisherigen Erfahrungen nicht lebensfähig. Der Faktor kommt ebenfalls bei einigen Trommlerrassen, wie den Altenburger-, Deutschen Doppelkuppigen-, Deutschen Schnabelkuppigen- und den Schmöllner Trommeltauben vor. Hier ist bei der Paarung also immer auf Mischerbigkeit zu achten, wenn der Dominant-Opal-Faktor vorliegt.

Rezessiv-Opal

Dieser Vererbungsfaktor zeigt sich bei Brieftauben in einer geringen Ausbleichung der normalen Färbung, in einer Säumung von Schwungfedern oder rötlichen Flügelbinden und bei blaugehämmerten Tauben in einer rosafarbigen Veränderung der Flügeldecken in der Hämmerung. In Züchterkreisen wird diese Zeichnung auch Mosaik genannt. Nach SELL kann man aus reinerbigen Opalen, wenn gleichzeitig der Ausbreitungsfaktor zugegen ist, durchgehend silbergraue Tiere züchten. Zu diesem Zweck paart man reinerbig Opal mit reinerbig Schwarz. Ein schwarzes Jungtier aus dieser Paarung wird an ein opales Tier zurückgepaart. Unter den Nachkommen daraus fallen dann einige silbergraue. Die silbergrauen Täuber sind etwas heller gefärbt als die Täubinnen.

Platin

Die Platinfarbe wurde erstmalig von SELL bei Pommerschen Schaukappen gezeigt. Die Jungtiere sind pfeffergrau. Nach der Mauser haben die Täuber eine helle Platinfarbe, während die Täubinnen eine dunkle, oft unregelmäßige Zeichnung aufweisen. An un-

Oben links: Carneautaube (rezessiv), rot.
Oben rechts: Komorner Tümmler, weiß.
Mitte links: Modena Schietto, braun bronzegehämmert.
Mitte rechts: Fränkisches Samtschild, gelb.
Unten links: Ungarische Riesentaube, schwarz, panterscheckig.
Unten rechts: Münsterländer Feldtaube, blau hohlig.

Rechte Seite: Genuine Homer, blau bindig.

Tabelle 20

Farbzeichnungen bei Rassetauben

Backen	Dunklere Federfärbung um die Ohrenöffnung
Bäckchen	Farbige Flecken um die Ohren und unter den Augen
Brille	Farbiger Fleck unter den Augen
Bandstreif	Farbiges oder weißes Federband von der Schnabelwurzel bis zur Scheitelmitte
Bärtchen	Weißer oder farbiger Kehlfleck
Flügelbinden	Farbige oder weiße von der Schildfarbe abweichende Binden
Hohlig	Fehlende Flügelbinden
Blessen (Blassen)	Weiße obere Kopfhälfte
Halbkopf, Kalotte der Helmplatte	Andersfarbige obere Kopfhälfte
Blume	Andersfarbige kleine Federnfelder auf dem Flügel unterhalb des Flügelbuges
Bronzeglanz	Matter Halsglanz
Brücke	Farbiger Oberrücken bei schildigen Tauben
Brustband	Durchgehendes farbiges Band auf der Brust
Daumenfedern	Vier weiße oder farbige Deckfedern auf dem Fingerglied
Duff	Matte, glanzlose Farbe
Glanz	Besonders glänzende Federpartie
Elsterzeichnung	Weiß sind Bauch, Schenkel und Flügel (aber farbige Schultergefieder auf dem oberen Teil der Flügeldecke), das übrige Gefieder ist farbig
Finkenzeichnung	Weiße oder helle Punktreihe auf dunklen Schwingenspitzen
Flügelschild	Farbiges oder weißes Deckgefieder des Flügels
Ganselzeichnung	Wie „Elsterzeichnung", aber Kopf, Vorderhals und Rücken weiß
Geierfedern	Nach hinten gerichtete Befiederung der Unterschenkel
Gehämmert	Dunklere Flecken auf hellerer Grundfarbe auf dem Flügelschild
Geschuppt	Auf jeder Flügelfeder beiderseits des Schaftes liegendes Oval, das durch ein Dreieck in der Grundfarbe abgeschlossen wird
Gemasert	Weiße, zum Ende farbig auslaufende Federn
Gesäumt	Helle Federn mit dunkler Umrandung
Gescheckt	Nebeneinanderliegende weiße und farbige Federpartien
Gestorcht	Bei weißen Körperfedern sind Schwingen, Schnippe, Schwanzbinde, Brust und Latschenzeichnung farbig
Panterfarbig	Über den ganzen Körper verteilte farbige und weiße kleine Federflecken
Schimmel	Zweifarbige Federn über den ganzen Körper verteilt
Halbmond, Herz oder Noster	Halbmondförmige weiße, farbige oder melierte Zeichnung an Brust und Vorderhals
Harlekin	Vielfarbig
Hieb	Kleiner weißer Fleck hinter dem Auge
Keil	Unterschwanz
Kopfplatte	Andersfarbige Kopfzeichnung, durch Linie vom Schnabel durch das Auge begrenzt

Tabelle 20 (Fortsetzung)

Farbzeichnungen bei Rassetauben

Latz	Weiße oder farbige Zeichnung am Vorderhals bei gleicher Kopffarbe
Maske	a) Farbiger Kopf und Oberhals (s. Latz) b) Weiße Streifen bei farbigen Kopffedern
Marianisch	Farbenschlag bei Hessischen Kröpfern
Meliert	a) Durcheinander laufende Farben b) Färbung des Halbmondes an der Brust bei Startauben
Mönchzeichnung	Kopf, Schwingen, Schwanz und Latschen weiß, das übrige Gefieder einschließlich Geierfedern und Haube farbig
Mücke	Verlängerung der farbigen Kopfplatte zwischen Schnabel und Auge abwärts
Muselkopf	Mit Weiß durchsetzte Kopffarbe
Ohrenschnippe	Farbige Backenzeichnung
Ortfedern, Saumfedern	Dunklere Eckfedern im Schwanz
Pfeilspitzenzeichnung	Saumzeichnung an den Federspitzen
Rieselung	Fein verteilte weiße und farbige Zeichnung
Rost	Roter oder brauner Anflug auf anderer Gefiederfarbe
Ruß	Schwarzer Anflug auf anderer Gefiederfarbe
Schilf	Weiße Stellen in farbigen Federn
Schnippe, Schnelle	Stirnfleck
Schnäuzchen	Weiße Federn am Schnabel bei farbigen Tauben
Spiegel	Farbig umsäumte, kleine, abgerundete Farbflecke an Schwingen- und Schwanzfedern
Spießer, Weißschlag	Weiße Federn am Ende der sonst farbigen Hauptschwingen. Im Standard werden zumeist 7 bis 10 weiße Federn gefordert
Spieß	Farbige, auf die Schwingen spießförmig ausgedehnte Schildfarbe bei zu wenigen weißen Schwingen
Schwingigschwanz	Farbiger Körper mit weißen Schwingen und weißem Schwanz
Sprenkelung	Dunkle Farbflecke auf hellem Gefieder
Stippung	Dunkle Farbspritzer auf hellem Grund
Zopf	Auf den Nacken ausgedehnte farbige Kopfzeichnung

terschiedlicher Schwingenzeichnung kann man die Geschlechter schon im Jugendgefieder erkennen. Verschiedene Färbung von Täubern und Täubinnen gab es schon lange bei den Thüringer Einfarbigen und bei den Texanern, bei welchen der Erbgang geschlechtsgebunden ist. Abweichend hiervon ist der Erbgang für die Platinfärbung nicht geschlechtsgebunden. Paart man rezessive, aber nicht geschlechtsgebundene platinfarbige an reinerbig schwarze, sind alle F_1-Tiere schwarz. Rückpaarungen ergeben dann zu 50 % platinfarbige. Sie haben bei schwarzer Grundfarbe den Faktor für Rauchblau (englisch: smoky) und den Ausbreitungsfaktor.

Farbverteilung

Viele der zuvor genannten Farben können den ganzen Taubenkörper einfarbig bedecken, andere werden miteinander kombiniert. Neben den einfarbigen gibt es viele zweifarbige und dreifarbige, aber auch vielfarbige Varianten innerhalb verschiedener Rassen. Sehr häufig sind Farben mit einer ganz bestimmten Zeichnung, die bei allen Tauben einer Rasse an der gleichen Stelle auftritt, kombiniert. Die vier wichtigsten Zeichnungen, die bei allen drei Grundfarben auftreten, sind bindig, hohlig, gehämmert und schildig. Sie werden nicht geschlechtsgebunden vererbt. Jeder Täuber und jede Täubin können jeweils zwei dieser Merkmale an ihre Nachzucht weitergeben. So entstehen in den drei Grundfarben gehämmerte, bindige, hohlige und schildige Nachkommen.

Nicht geschlechtsgebunden und dominant werden die Zeichnungsmerkmale für Panterschecken (fälschlicherweise auch als Tigerschecken bezeichnet) und für Schimmelzeichnung, ebenfalls in allen drei Grundfarben, vererbt. Bei den Panterschecken wechseln sich farbige, mit weißen Gefiederflecken am ganzen Körper ab. Außerdem gibt es über fünfzig verschiedene Farbzeichnungen, die nur für eine oder einige Rassen typisch sein können, teilweise aber auch bei vielen Rassen vorkommen. Diese sind unter anderem in Tabelle 20 (siehe S. 88/89) aufgeführt.

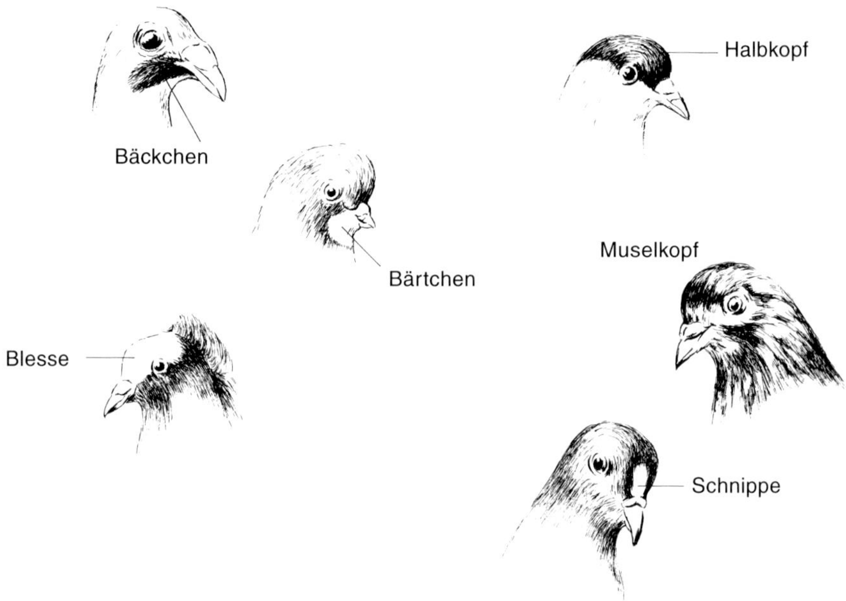

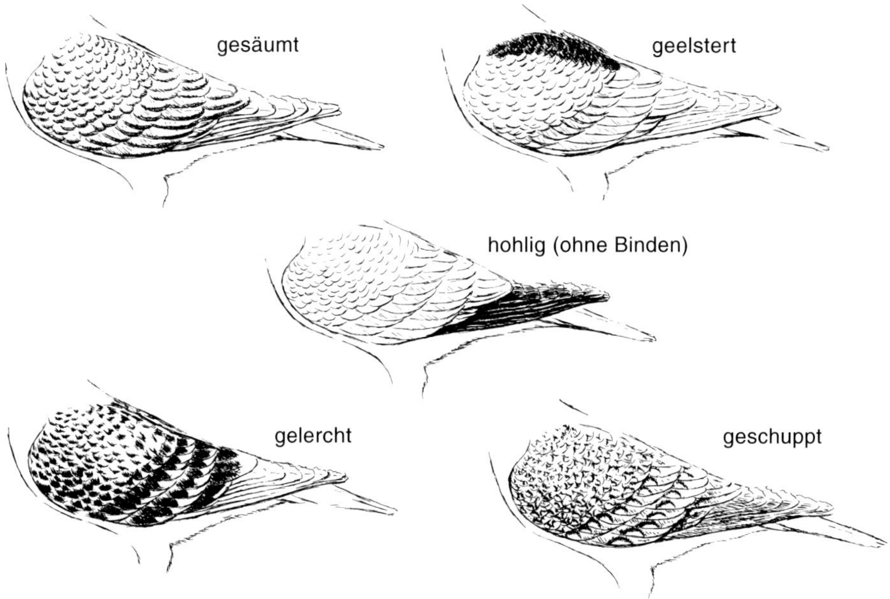

Das sind 59 verschiedene Möglichkeiten einer Farbverteilung. Sicherlich wurden noch nicht alle aufgeführt; diese mögen aber zur Demonstration genügen. Sie zeigen, dass es sehr viele Möglichkeiten gibt, in denen sich Rassetauben in ihrem Federkleid präsentieren können. Daher ist es geradezu eine zwangsläufige Folge, dass ständig neue Farbvarianten bei den vorhandenen Rassen herausgezüchtet werden.

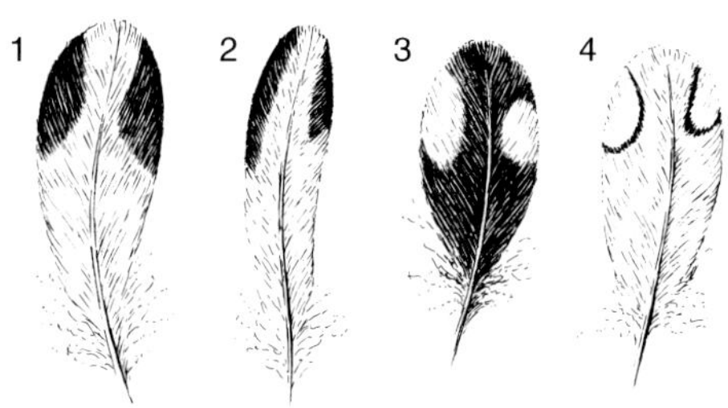

Farbzeichnungen der einzelnen Federn.
1. dunkelgehämmert.
2. gelercht.
3. schwarzgeschuppt.
4. blau-weiß geschuppt.

Zucht auf Farbzeichnungen

Wir müssen davon ausgehen, dass einige ganz bestimmte Farbzeichnungen nur durch ein oder wenige Gene vererbt werden. Nehmen wir als Beispiel die Hämmerung. Sie wird durch ein Gen vererbt, welches dominant ist über bindig und hohlig. Die Lerchenfarbe der Coburger Lerchen ist immer kombiniert mit der ockerfarbenen Brust und lässt sich durch Kreuzung auf andere Tauben übertragen. Eine relativ konstante Form hat der Halbmond, der bei mehreren Rassen vorkommt. Lerchenfarbe und Halbmond gibt es auch bei Brieftauben. Hat man in einem Bestand den Schimmelfaktor, so lässt er sich praktisch in alle Farbenschläge hineinzüchten. Das gleiche gilt für die Scheckung, einer Kombination einer Farbe mit Weiß, bei der sich der Scheckungsfaktor rezessiv vererbt. So kann es passieren, dass einfarbige Tauben, die sich über Generationen einfarbig vererbt haben, plötzlich ein geschecktes Jungtier im Nest haben.

Viele der zuvor genannten Zeichnungen sind zufällig entstanden. Es kann aber davon ausgegangen werden, dass zwar die Färbung als solche durch ein Gen genetisch festgelegt wird, aber die Farbverteilung im Gefieder genetisch durch viele Erbfaktoren erfolgt und vielleicht manchmal sogar für jede einzelne Feder bestimmt wird. Nur so ist es zu erklären, dass die Farbfelder in ihrer Lage und Ausdehnung von Tier zu Tier mehr oder weniger stark variieren und nur durch strenge Auslese über viele Jahrzehnte genetisch gefestigt, verbessert und verfeinert worden sind. Es gibt viele Rassen und Familien, in denen Farbzeichnungen in der gewünschten Form recht sicher vererbt werden. Es gibt aber auch viele andere Rassen, bei denen die Nachkommen hinsichtlich ihrer Zeichnungen stark streuen (Birmingham Roller) und bei den Nachkommen viele Fehlfarben auftreten, die scharf ausgelesen werden müssen, wenn man genetisch zu einer einheitlicheren Farbverteilung kommen möchte. Wenn dann endlich die Farbverteilung bei einem Tier stimmt, hapert es vielleicht an der Zehenfarbe, am Stand oder an den Augenrändern. Da uns aber jede Generation bei entsprechender Zuchtplanung einen Schritt näher zur Homozygotie bringt, besteht immer wieder die Hoffnung, dass man mit intensivem Bemühen in seiner Zucht ein Stück vorankommt, das heißt, bei den erwünschten Eigenschaften die Vererbungssicherheit verbessert.

Zucht mit mehrfarbigen Tauben

Züchtet man eine Rasse mit ganz bestimmten Farbzeichnungsmerkmalen, dann ist es das Beste, innerhalb der Familie vorsichtige Linienzucht zu betreiben und engste Verwandte so wenig wie möglich miteinander zu verpaaren. Hat man jedoch ein qualitativ herausragendes Paar, das auch in den übrigen Körpermerkmalen hervorragend ausgefallen ist, dann bleibt es nicht aus, dass man mit diesem Paar züchtet, in der Hoffnung, nur gleich gute oder noch bessere Nachkommen zu erhalten.

Bei der Zucht auf Farbzeichnungen muss man immer mit einer gewissen Zahl an Fehlfarben rechnen. Das ist zwar schade, aber es bleibt gar nichts anderes übrig, als diese Tiere auszumerzen. Bei manchen Rassen und Farbenschlägen ist allerdings die Vererbungssicherheit schon so groß, dass die überwiegende Zahl der Jungtiere mit guten Zeichnungen erfolgreich auf Ausstellungen konkurrieren kann.

Da Züchter immer geneigt sind, die Tauben mit den jeweils besten Zeichnungen zusammenzupaaren, wird auch hier oft engste Verwandtschaftszucht betrieben. Um eine zu enge Inzucht zu vermeiden, kann es vorteilhaft sein, von vornherein mit zwei oder drei Familien zu arbeiten, von denen man annimmt, dass sie mehr oder weniger blutsfremd aus verschiedenen Zuchten stammen. So kann man viele Jahre durch Rotationskreuzung gute Tiere züchten, ohne in eine zu enge Inzucht hineinzugeraten. Sind aber alle Tiere eines Farbenschlages einer Rasse miteinander verwandt, dann ist es besser, sobald die Vitalität, die Fruchtbarkeit und die Brutlust nachlässt, ein besonders gutes Tier eines anderen Farbenschlages der gleichen Rasse zur Einkreuzung auszuwählen. Haben sie schlechte Eigenschaften, sollte man sich sofort wieder von ihnen trennen. Geben sie jedoch Hoffnung auf guten Erfolg, sollte man mit ihnen weiterzüchten.

Erwähnt wurde schon, dass bei Einkreuzung eines dominanten Farbenschlages, alle Tauben ab der F_2-Generation, die die gewünschte rezessive Farbe haben, die Erbanlage für die dominante Farbe nicht mehr besitzen. Sie bringen frisches Blut in die eigene Zucht und somit die Möglichkeit, nun wieder viele Jahre in Linienzucht weiterarbeiten zu können.

Oft sind die Zeichnungen der anderen Farbenschläge einer gleichen Rasse qualitativ nicht so gut wie die des eigenen Farbenschlages. In solchem Fall sollte man sich nach dem geeigneten Tier zur Einkreuzung umsehen, das aus einer passenden, ähnlichen Rasse und aus einer Familie stammt, die die betreffende Zeichnung hervorragend vererben. Das ist durchaus möglich, wenn die Körperform dieses Tieres zur eigenen Rasse passt und es auch sonst viele Eigenschaften (Größe, Stand, Kopfform, Schnabellänge, Augenfarbe, Flügelhaltung, Beinlänge usw.) besitzt, die der der eigenen Rasse ungefähr entsprechen. Über eine vorsichtige Weiterzucht mit den F_1-Nachkommen kann aber erst entschieden werden, wenn man sie einer gründlichen Prüfung unterzogen hat. Denn nichts ist schlimmer als die eigene Zucht durch falsche züchterische Maßnahmen in der Qualität zu verschlechtern oder sogar zu verderben. Ist man mit der Qualität, der Vitalität und der Brutlust seiner Zucht zufrieden, so sollte man auf keinen Fall etwas anderes tun, als mit den vorhandenen Tieren der eigenen Rasse nach bestem Wissen und Gewissen in Linienzucht weiterzuzüchten.

Gibt es noch andere Farben?

Bei den vielen hundert Farbvarianten bei verschiedenen Rassen, Farbenschlägen und bei Einzeltieren gibt es eine ganze Reihe, die nicht so recht in das oben aufgeführte Schema hineinpassen wollen. Entweder ist es nicht möglich, sie richtig zuzuordnen, weil wir zu wenig über ihre Vererbung wissen oder es handelt sich um weitere Varianten, vielleicht sogar durch Mutationen entstandene Änderungen, für die in einem Schema weitere Untergruppen geschaffen werden müssten. Während man isabellfarbige mit ihrem ganz hellen Gelb noch zuzuordnen vermag, wird dies bei dem Blaugelb (Atlasfarbig) der Ägyptischen Segler und bei den Arabischen Trommeltauben schon schwieriger. So bleibt für die Zukunft noch viel Arbeit, um die Farbenvererbung im Rahmen der gesamten „Vererbungslehre für Tauben" weiter zu erforschen und noch spezieller zu klassifizieren. Die vorhandene Literatur aus Europa und aus Amerika bildet dafür eine gute Grundlage.

Aufhellungen und Verdünntfarben

Die Aufhellungsfaktoren bewirken, dass innerhalb einer vorhandenen Farbe hellere und dunklere Farbnuancierungen vorkommen.

Die Aufhellungsfaktoren werden in mehreren Intensitätsstufen rezessiv vererbt. Innerhalb der Farbe Blau unterscheiden wir rauchblaue, dunkelblaue, stahlblaue, blaue mit dunkleren Köpfen, blaue mit hellen Köpfen und hellblaue. Die Übergänge sind fließend.

Der Faktor ‚Eisfarben' ist ein dominanter Faktor, der eine zusätzliche, weitere Aufhellung der Blaufärbung hervorruft. Man findet ihn bei Damascenern, Hamburger Sticken, Eistauben und Italienischen Mövchen. Die reine Eisfarbe tritt nur auf, wenn die Tiere reinerbig für diesen Faktor sind. Wenn gleichzeitig der Verdünnungsfaktor vorhanden ist, erhält man Perlblaue. Die Eisfarbe kann in die dominant-rote und in die braune Grundfarbe eingekreuzt werden, wie bei den perlfarbigen Polnischen Langschnäbligen Tümmlern, die genetisch Braunfahle mit Eisfaktor sind. Ein weiterer Aufhellungsfaktor ist ‚milchig' (englisch: milky) bei den Pfautauben, bei denen aufgehellte blaubindige, die diesen Faktor besitzen, mit Milky oder Silberpuder bezeichnet werden.

Isabellfarbig ist ein zartes, angedeutetes Gelb, das durch die Kombination von Gelb mit Dominant-Opal (Sächsische Kröpfer) hervorgerufen wird. Es kommt bei zahlreichen Rassen vor.

Im Laufe der letzten Jahrzehnte sind verschiedene Aufhellungsfaktoren erkannt worden. Sie führen teilweise zu ganz speziellen Farben, vor allem, wenn Verdünnungsfaktoren in die Farbausbildung mit hineinspielen. Am wichtigsten ist der Verdünnungsfaktor d (englisch: dilution). Er wird geschlechtsgebunden rezessiv vererbt und führt im reinerbigen Erbbild zu einer Verblassung der Farbe. Bei schwarzer Grundfarbe wird bei Anwesenheit dieses Faktors der schwarze Farbstoff Eumelanin um 50 bis 70 % reduziert, nicht aber der rötlich wirkende Farbstoff Phäomelanin. Bei rezessiv-roten und gelben Tauben wird das Eumelanin etwa in gleicher Weise und das Phäomelanin um etwa 80 % reduziert, so dass ganz zarte, helle Farben entstehen. Alle anderen Farbausbildungen verhalten sich entsprechend, wie es die Aufstellung in Tabelle 21 (siehe S. 95) zeigt.

Dunkelgehämmerte mit Bronzefaktor sind ‚milanfarbig' (englisch: kite) bei den Englischen Kurzschnäblern. Bei Auswir-

Tabelle 21

Gefiederfärbungen mit und ohne den Verdünnungsfaktor

ohne Verdünnungsfaktor d	mit Verdünnungsfaktor d
Rotfahl (mit und ohne Binden)	Gelbfahl (mit und ohne Binden)
Rotfahlgehämmert	Gelbfahlgehämmert
Schwarz	Dun
Blau (mit und ohne Binden)	Blaufahl (mit und ohne Binden, früher Silber)
Blaugehämmert	Blaufahlgehämmert
Dunkelgehämmert, ohne und mit Bronze (Milanfarbig)	Blaufahldunkelgehämmert, Golddun
Braun, einfarbig	Khaki, einfarbig
Rezessiv-Rot	Rezessiv-Gelb
Bronze	Sulfur
Eisfarbig	Perlblau
Grau-Atlasfarbig	Gelb-Atlasfarbig (Arabische Trommeltauben)

kung des Verdünntfaktors d entsteht bei ihnen das Golddun.

Neben dem Verdünnungsfaktor d gibt es einen weiteren Verdünnungsfaktor, den man mit dem Faktor ‚Blass' (englisch: pale) bezeichnet. Er kommt nicht häufig vor und verhält sich gegenüber dem Verdünnungsfaktor d dominant. Der Verdünnungseffekt von Blass ist geringer als der des Verdünnungsfaktors d. Durch ihn wird zum Beispiel das dominante Rot zu Orange verändert. Wenn bei der Farbe Gelb anstelle des Verdünnungsfaktors d der Faktor Blass zur Auswirkung kommt, entsteht ein dunkleres Gelb. Dieses Gelb wird bei den Englischen Modena als goldfarbig bezeichnet. Auch die Aufhellung der Kupfergimpel zu Goldgimpeln wird durch den Verdünnungsfaktor Blass verursacht.

Ein weiterer Faktor, der die Intensität der Färbung vermindert, wird ‚Reduziert' (englisch: reduced) genannt. Er wurde erst im Jahre 1951 von Carl Grafe in den USA entdeckt und vererbt sich ebenfalls geschlechtsgebunden und rezessiv. Kommt dieser Faktor zur Auswirkung, so wird aus einem Blau mit Binden ein zartes Pastellblau mit schwach rötlicher Bindenfärbung. Weiterhin ist bemerkenswert, dass das Jugendgefieder nach der Mauser dunkler wird. Aus Dunkelgehämmerten mit Reduziert-Faktor kann man Silberfarbige züchten. Die dunklen Zeichnungen werden besonders aufgehellt, so dass man auf diese Weise Jungtiere mit weißen Binden bekommen kann. Bekannt ist dieser Faktor bei Giant Homern, Englischen Long Faced Tümmlern und bei Pfautauben. Wenn diese Färbung bei den Giant Homern in Amerika vorkommt, so ist ein solcher Farbenschlag bei uns bisher noch nicht zugelassen worden. Zuchtversuche lassen weitere Varianten erwarten

Ausbreitungsfaktor

Kommt der Ausbreitungsfaktor zur Auswirkung, so bekommen wir von der Schnabelspitze bis zum Schwanzende einfarbige Tauben (mit kleinen Farbnuancierungen), wie zum Beispiel die einfarbig Schwarzen, die Dunfarbigen (Aufhellung von Schwarz), die Braunen der Grundfarbe Braun, oder die Rezessiv-Roten. Ist der Ausbreitungsfaktor überhaupt nicht vorhanden, so wird Weiß ausgebildet.

Farbintensität

Besitzt ein gesamter Bestand eine reinerbige rezessive Eigenschaft, zum Beispiel ein Bestand nur rezessiv-roter Tauben, so kann es hinsichtlich dieser Farbe in der Zucht keine Überraschungen geben. Alle Nachkommen werden stets Rezessiv-Rot sein. Allerdings können große Unterschiede in der Farbverteilung (unterschiedliche Scheckung) und in der Farbintensität (von hellrot bis dunkelgoldgelb) auftreten. Auch das macht die Züchtung wiederum hochinteressant. Die stärkste Farbintensität, die unabhängig von der Färbung vererbt wird, führt zur glänzenden Lackfarbe (in Schwarz, Rot und Gelb), wie sie bei vielen Tauben gewünscht wird. Wird nur eine geringe Farbintensität vererbt, so erhalten wir stumpfe, matte Farben.

Damit es zur Ausbildung der Lackfarbe kommt, müssen sich mehrere, wenn nicht sogar zahlreiche Erbfaktoren summieren. Daher lässt die Lackfarbe sich gar nicht so ohne Weiteres von einer Population auf eine andere übertragen. Man kann aber durchaus bei Tieren eines Bestandes beobachten, dass trotz gleicher Farbe die Leuchtkraft oder Farbintensität unterschiedlich ausgeprägt sein kann. Beispiele für intensive Lackfarben sind die Schilder der Aachener Lackschildmövchen, der Thüringer Goldkäfertauben und die lackreiche Elsterzeichnung der Bernhardiner Schecken. Ein anderes Glänzen ist das bei vielen Rassen in unterschiedlicher Intensität grünliche, purpurne oder ockergelbliche Schimmern der Federn am Halsgefieder oder an den Flügeldecken.

Zeichnungen mit Weiß

Bei der Farbverteilung finden wir bei vielen Tauben die Kombination der Grundfarben mit Weiß. Solche Tiere nennen wir ganz allgemein Schecken. Durch jahrhundertelange Zucht wurden die einzelnen farbigen und weißen Felder scheckiger Tauben züchterisch auf ganz bestimmte Federpartien begrenzt, wie wir sie heute bei unseren Rassetauben kennen. Sie haben ganz feste Bezeichnungen wie Elsterzeichnung, Geganselte, Farbenschwänze, Schwingigschwänzige, Weißschwänze, Weißschwingige, Farbenköpfe, Strasser- oder Gazzizeichnung, Kalotten, Lahore-, Schwalben- und Schildzeichnung. Ist bei Rassen, die nicht mit bestimmten Zeichnungen gezüchtet werden, die Veranlagung für Scheckung vorhanden, so ist es ungewiss, wann und wo sie mit welcher Intensität auftritt. Bei manchen Zuchtpaaren, die kaum eine weiße Feder besaßen, lagen schon häufig ganz unerwartet Jungtiere mit überwiegend weißen Federn im Nest. Birmingham Roller, die nur auf Flugeigenschaften gezüchtet werden, haben eine bei jedem Tier anders aussehende Farbverteilung in mehreren Farben. Wollte man bei ihnen bestimmte Zeichnungsbilder herauszüchten, würde es viele Generationen dauern, bis man zu einer gewissen Konstanz in der Farbverteilung käme.

Bei unseren zwei- und mehrfarbigen Rassetauben mit klaren Zeichnungsbildern sind diese zu festen Begriffen geworden und tauchen bei vielen Rassen in gleicher oder ähnlicher Form auf. Dabei können, von Rasse zu Rasse unterschiedlich, gleiche Federnfelder mal farbig und mal weiß ausgebildet sein. Bei mehreren Rassen gibt es vielfarbige Farbenschläge. Bei ihnen sind zwei Grundfarben mit Weiß in einem Tier vereinigt wie bei den Persischen Rollern oder den Englischen Modena Magnani, bei denen mindestens drei Farben (Schwarz, Weiß, Braun), am ganzen Federkleid verteilt, erkennbar sind.

Ein weiteres Farbverteilungsmerkmal ist die Schimmelfarbe, die es in den Hauptfarben (Schwarz, Blau, Rot, Gelb) gibt. Bei ihr ist die Farbverteilung sehr fein ausgeführt. In der Musterbeschreibung heißt es: „Eine gleichmäßige pfefferige Mischung der jeweiligen Grundfarbe mit Weiß“. Praktisch ist auf jeder kleinen Feder die jeweilige Farbe mehrfach mit Weiß kombiniert, was im Gesamtbild als Schimmelzeichnung in Erscheinung tritt. Der Schimmelfaktor wird dann dominant vererbt und ist nicht geschlechtsgebunden. Reinerbige Schimmel sind heller gefärbt als mischerbige. Gepaart mit blaubindigen zeigen die Nachkommen als mischerbige Blauschimmel deutliche, schwarze Flügelbinden, was vor allem bei Dragonertauben (offiziell mit englisch „Dragoon“ bezeichnet) und bei den Deutschen Schautauben auf Ausstellungen gewünscht wird.

Federformen

Unterschiede in den Federn bestehen einmal in ihrer Größe, ihrer Form (breit, schmal), ihrer Ausbildung (fest, locker anliegend) und in den eigentlichen speziellen Federstrukturen an Kopf, Hals, Flügeldecken, Schwanz und Füßen oder am ganzen Körper. Die meisten Federstrukturen verhalten sich rezessiv und nicht geschlechtsgebunden.

Beispiele für Rassen bei denen das betreffende Merkmal vorkommt, werden nachfolgend in Klammern gesetzt. Federstrukturen am Kopf sind Spitzkappen (Kupfergimpel) und Rundkappen (Danziger Hochflieger), die auch als Hauben bezeichnet werden. Als weitere Haubenformen unterscheidet man auch Stumpfhauben, Querhauben und Schaufelhauben (breite Haube ohne Rosetten). Weiterhin gibt es die Schnabelnelken (Deutsche Schnabelkuppige Trommeltauben), die teilweise auch Schnabelrosetten genannt werden. Doppelkuppiger Kopf heißt, dass sowohl Haube als auch Nelke bei einem Tier vorhanden sind. Die Bernburger Trommeltauben sind doppelkuppig. Bei ihnen gibt es Rundhauben mit und ohne seitliche Rosetten. Bei den Dresdener Trommeltauben laufen die hochsitzenden Hauben immer in seitlichen Rosetten aus. Augenschirme oder Schaukappen sind aber im Standard bisher nur bei den Pommerschen Schaukappen und auch bei den Usbekischen Tümmlern ein anerkanntes Merkmal. Bei den Bucharischen Trommeltauben wird eine breite Rundhaube durch eine mähnenartige Struktur am Hinterhals erweitert. Eine kragenartige Struktur hat das Halsgefieder bei den Altholländischen Kapuzinern, während bei den Perückentauben durch gerundete, nicht zu lange Federn an Hinterhals und Seiten eine aufrecht getragene Perücke zu einer harmonischen Einheit geformt wird. Die aus dem spanischen Rassenkreis stammenden Chinesentauben haben auf der Brust ein breites waagerecht geteiltes Federkissen mit einem in eine Mähne nach hinten auslaufenden Kragen. Eine am Hinterhals gescheitelte perückenähnliche Federstruktur an Kopf und Hals haben auch die Schmalkaldener Mohrenköpfe. Eine einfache Halskrause finden wir bei den Mövchen und manchmal bei den Brieftauben.

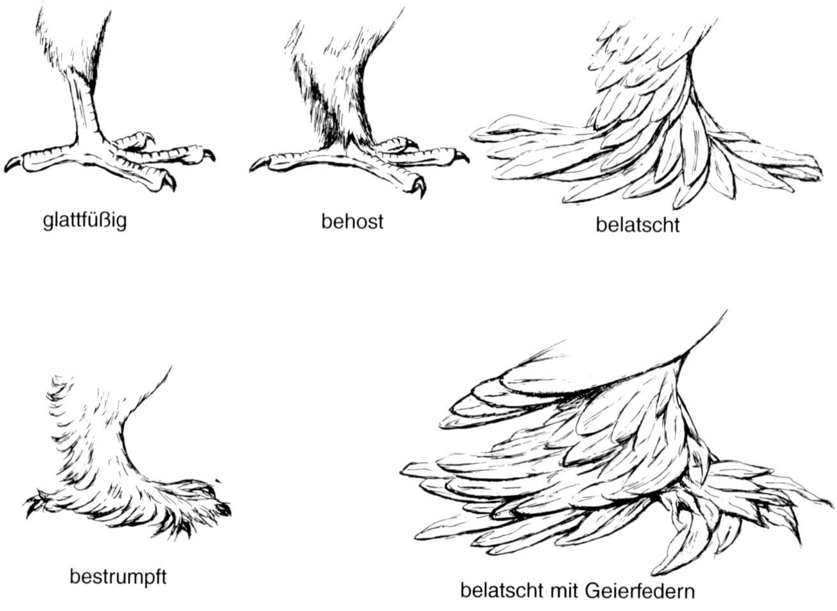

Verschiedene Beinbefiederung.

Wahrscheinlich kommt sie durch das Zusammenwirken von zwei, sich rezessiv vererbenden Genen zur Ausbildung.

Eine weitere Besonderheit ist die Stirnkuppe der Chinesischen Tümmler, die zwischen Augen und Schnabel auf der Stirn aufsitzt.

An den Läufen unterscheiden wir verschiedene Strukturen. Eine leichte Befiederung der Läufe und der Zehen oder nur der Läufe wird als **bestrumpft** oder **behost** bezeichnet (beispielsweise Eichbühler, Englische Zwergkröpfer). Starke Fußbefiederung heißt **belatscht** (beispielsweise Sächsische Rassen). Ergänzt wird die Belatschung durch Geierfedern, einer nach hinten gerichteten Befiederung der Unterschenkel.

Schwanzform und -länge können bei einigen Rassen sehr unterschiedlich sein. Die Anzahl der Federn ist nicht so entscheidend wie eine geschlossene Fächerform. Bei Indischen Pfautauben muss der trichterförmig getragene Schwanz von hinten gesehen mindestens Dreiviertel eines Kreises bilden. Einen in der Mitte geteilten Gabelschwanz haben die Schmöllner Trommeltauben; sie besitzen abweichend von einem normalen Schwanz, 14 bis 18 Schwanzfedern.

Ebenso eine Besonderheit sind die gelockten Federn auf dem Flügelschild der Lockentauben. Nackthälse gibt es bei mehreren Vogelarten, wie zum Beispiel bei den Hühnern. Bei unseren Tauben kennen wir die Rumänischen Nackthalstümmler.

Praktisches Züchten

Rassetaubenzüchter bemühen sich mit ihren Zuchttieren, dem Zuchtziel entsprechend möglichst viele Jungtauben gleich guter oder besserer Qualität als die der Eltern aufzuziehen. Dabei muss zunächst einmal definiert werden, was für eine betreffende Rasse die Begriffe „Zuchtziel“ und „Qualität“ bedeuten.

Bei den Rassetauben, die nach äußerem Erscheinungsbild und Benehmen (z. B. Gesamteindruck, Farbzeichnung, Figur, aber auch das Blasen der Kröpfer) auf den Ausstellungen beurteilt werden, ist das Zuchtziel in seinen wichtigsten Merkmalen im **Deutschen Rassetauben-Standard** festgelegt. Für die Qualitätsbeurteilung von Kunst- und Dauerflugtauben gibt es die von den Sondervereinen festgeschriebenen **Flugrichtlinien** und für Wettflugtauben sind die **Wettflugbedingungen** des Verbandes Deutscher Brieftaubenzüchter e. V. Maßstab für ihre Beurteilung.

Es gibt jedoch weitaus mehr Qualitätskriterien. Dazu zählen Brutfreudigkeit, Widerstandsfähigkeit gegen Erkrankungen, Zutraulichkeit, Temperament und auch der Vererbungswert (die Fähigkeit, hochwertige Nachkommen zu erzeugen). Nicht jedes vorhandene „Idealtier“ ist auch in der Zucht wertvoll, wie schon weiter oben ausgeführt wurde.

Gartenschlag mit Voliere.

Bei den Ausführungen bis zu diesem Punkt ging es darum, die wichtigsten Grundlagenkenntnisse zu ordnen und so übersichtlich wie möglich darzustellen. Tipps und Fingerzeige sollen dem Leser in die Lage versetzen, mit Hilfe von mehr Fachkenntnissen unter Vermeidung unnötiger Fehler, züchterisch besser und schneller zum Erfolg zu kommen. Weitere umfangreiche Erfahrungen über die Vererbung von Farben und Zeichnungen können von interessierten Züchtern den Veröffentlichungen der Fachzeitschriften und der Sondervereine sowie der Spezialliteratur entnommen werden.

Nun wenden wir uns der täglichen Praxis in der Taubenzucht zu.

Zuchtvorbereitung im Herbst

Da die Zucht normalerweise im zeitigen Frühjahr beginnt, muss erläutert werden, weshalb man sich unter gewissen Bedingungen schon im Herbst Gedanken über die nächste Brutperiode machen sollte. Das ist ganz gewiss der Fall, wenn man den Brutbeginn vorziehen will.

Wir wissen, dass die natürliche Lichtmenge und die Einstrahlungsdauer des Lichts über die Augen der Vögel einwirkt und von dort den Hormonhaushalt der Hirnanhangdrüse beeinflusst. So wird ab der Wintersonnenwende mit ständig steigender Lichtmenge und Lichtintensität, ganz allmählich bei allen unseren Vögeln der Geschlechtstrieb gesteigert. Ab Anfang März ist er dann bei den Tauben so groß, dass eine Paarungs- und Brutbereitschaft ausgelöst wird. Bei Taubenhaltung in südlicheren Ländern ist dieser Termin entsprechend früher, während er in nördlichen Ländern etwas später anzusetzen ist; dies wird aber durch die schnellere Zunahme der Tageszeit im Norden schon sehr bald ausgeglichen.

Immer mehr Züchter, die mit ihren Tieren die großen Herbstschauen beschicken wollen, kommen mit diesem natürlichen Zeitplan nicht zurecht. Als Erstes findet die große Deutsche Junggeflügelschau in Hannover bereits im Oktober statt, und anschließend geht es Schlag auf Schlag weiter mit den Orts-, Kreis-, Landes- und Bundesschauen. Tauben, von denen man hofft, dass sie hoch bewertet werden, müssen zu dieser Zeit bereits „fertig", also durchgemausert sein. Deshalb ist es längst gang und gäbe, dass Züchter, vor allem die der schweren Rassen, bereits im Dezember mit der Brut ihrer Zuchttiere beginnen, wenn sie die Herbstschauen beschicken wollen.

Das geht nur, wenn man seine Tauben entsprechend vorbereitet. Es beginnt damit, dass man Täuber und Täubinnen bereits im Herbst voneinander trennt. Mit Rückgang der Lichteinstrahlung Ende August lässt der Paarungstrieb nach und alle Tauben gehen verstärkt in die Mauser. In dieser Zeit brauchen sie Ruhe. Manche Tiere, die sehr stark mausern und viele Federn gleichzeitig werfen, sehen sogar etwas teilnahmslos aus. Bei allen gesunden Tauben verläuft die Hauptmauser recht zügig. Bei vielen Tieren stehen von den zehn alten Hauptschwingen im September noch die letzten drei, von denen alle drei Wochen eine geworfen wird, so dass sie mit der Schwingenmauser Ende Oktober bis Anfang November fertig sind. Züchtet man schon im Winter, so erfolgt die Schwingenmauser bei den Zuchttieren und bei den Jungtieren etwas früher. Dann kann man bereits Mitte Oktober voll durchgemauserte Tauben zur Ausstellung schicken.

Vorbereitung auf die Winterzucht

Alle offiziellen Fußringe sind mit dem Jahrgang versehen, in dem die Tauben aufgezogen werden. Folglich werden neue Fußringe ab dem 1. Januar jedes neuen Jahres ausgeliefert. Möchte man so früh wie möglich züchten, muss man es so einrichten, dass die ersten Jungtauben Anfang Januar beringt werden können. Dazu ist es erforderlich, die für die Zucht vorgesehenen Tauben bereits drei Wochen vor der Anpaarung und mindestens drei Stunden über die natürliche Tageslänge hinaus zu beleuchten und die Zuchtpaare am 1. Dezember in ihren Nistzellen zusammen zupaaren. Normalerweise genügt eine Lichtstärke von drei Watt pro Quadratmeter Schlagbodenfläche, aber mindestens eine 15 Watt-Birne. Die Tauben freuen sich über den verlängerten Tag und werden von Tag zu Tag lebhafter. Von Vorteil ist es, wenn man die Täuber schon ab Herbst an ihre Nistzellen gewöhnt. Handelt es sich um Alttäuber, so werden sie ihre altgewohnte Zelle gegen die Jungtäuber verteidigen. Füttert und tränkt man die Tiere einzeln in ihrer Zelle, dann wird jeder Täuber sehr schnell diese Zelle als seinen Besitz ansehen und keinen anderen Täuber hereinlassen. Zum Anpaaren wird jeder Täuber zusammen mit seinem Weibchen in seine Zelle eingesperrt. Sind beide Tiere paarig, so finden sie sehr schnell zusammen. Schon am nächsten Tag kann man die ersten Paare einzeln nacheinander aus der Zelle in den Schlag herauslassen. Doch sperrt man sie nochmals ein, wenn sie ihre Nistzelle selbst wiedergefunden haben, um anderen Paaren die gleiche Gelegenheit zu geben. So haben sich alle Tauben in wenigen Tagen an ihre Nistzelle gewöhnt, die sie nun als ihren Lebensbereich ansehen und gegen andere Tauben verteidigen. Nach wenigen Tagen kann man alle Paare aus den Zellen herauslassen und sie wieder gemeinsamen füttern und tränken.

Tauben, die sich nicht paaren wollen, setzt man als Paar allein in ein größeres Gehege oder einen kleinen Extraschlag mit Nistschale und steigert die Lichtmenge. Wenige Tage später haben auch sie sich gepaart

Auch im Winter lieben es die Tauben, bei Sonnenschein kurze Zeit in der frischen Luft im Schnee zu sitzen.

und können dann in den Zuchtschlag zurückgesetzt werden. Wollen die Tauben sich absolut nicht paaren, liegen andere Umstände vor. Vielleicht ist eines der Tiere noch zu jung oder gesundheitlich nicht ganz in Ordnung. Es ist nicht möglich, Paare noch unmittelbar vor dem Legen in eine andere Zelle umzusetzen. Wenn sie nicht ausreichend Zeit finden, die neue Nistzelle anzunehmen, werden die ersten Eier irgendwo abgelegt, ohne dass die Täubin sich um sie kümmert. In solchem Fall muss man ein neues Gelege abwarten, wodurch mindestens vierzehn wertvolle Tage der Hauptzuchtzeit verloren gehen.

Jedes Paar muss mindestens eine Woche vor dem Legen seine Nistzelle mit der Nistschale angenommen haben, damit es genügend Zeit hat, die Nistschale auszupolstern. Feines Reisig und etwa 25 cm langes Stroh werden gern als Nistbaumaterial angenommen. Heu ist als Nistbaumaterial ungeeignet, da es ist zu fein ist. Schon oft haben Tauben ihre Füße darin verwickelt und mussten vom Züchter befreit werden. Tabakstängel haben den Vorteil, dass sie die Nistschale von Ungeziefer freihalten. Wenn die Tauben durch regelmäßiges Baden mit speziellem Badesalz ohnehin ungezieferfrei sind, braucht man natürlich nicht unbedingt Geld für Tabakstängel auszugeben, andernfalls ist dies aber sehr zu empfehlen und wird, je mehr man in die winterliche Jahreszeit hineinkommt, umso dringender.

Am 10. bis 11. Tag nach der Anpaarung legt die Täubin ihr erstes Ei in die Nistschale und fängt an zu brüten. Fast immer wird das erste Ei am frühen Abend und das zweite Ei am übernächsten Tag am Nachmittag gelegt.

Hat mit der Anpaarung und Brut alles geklappt, so schlüpfen um den 30. Dezember die Jungen. Sie können dann, wenn die neuen Ringe eingetroffen sind, ab dem 5. Januar beringt werden. Sollten die Temperaturen während der Brut niedrig sein, so schadet dies nicht. Die brütenden Tauben sitzen umso fester auf ihren Eiern. Gefährlich wird es, wenn die Eltern bei kaltem Wetter nach etwa einer Woche beginnen, die Jungen zu verlassen und sie somit nicht mehr ausreichend wärmen, denn die Jungen könnten erfrieren. Auf jeden Fall geht aber ein erheblicher Teil der Energiemenge aus dem Futter, der für die Erhaltung der Körpertemperatur benötigt wird, als Nährstoff für das Wachstum verloren, was zumindest zu erheblich geringerem Wachstum der Jungtauben führt. Deshalb ist es notwendig, hier helfend einzugreifen.

Dies kann man auf verschiedene Weise tun. Am einfachsten ist es, die Jungen in heizbaren Nistschalen aufzuziehen. Diese müssen nur mit ihrem Stecker an das Stromnetz angeschlossen werden. Die Heizung erfolgt kontinuierlich. So werden die Jungen während der gesamten Aufzucht von unten gewärmt, müssen aber die Kälte von oben ertragen, wenn ihre Eltern einmal das Nest verlassen. Noch besser ist es, den gesamten Raum während der Aufzucht zu beheizen. Die Raumtemperatur sollte dann bei etwa 15 bis 20 Grad Celsius liegen. Als Heizquellen gibt es spezielle Fußbodenheizungen,

Sitzregale sind als Nistfläche zu klein.

elektrische Speicheröfen oder einen Anschluss an die übliche Hausheizung. Unter diesen Bedingungen können die Jungtauben ohne Nachteile schnell und kräftig heranwachsen. Auch die nachfolgende zweite Brut ist der Brut von Frühlingsjungen ab Anfang März zeitlich noch ein ganzes Stück voraus und in der Entwicklung überlegen. So bietet man beste Voraussetzungen für ein optimales Heranreifen der Jungtauben bis zum Beginn der Ausstellungssaison im Herbst.

Natürlicher Brutbeginn im März

Für die meisten Rassetaubenzüchter beginnt die Brutsaison Anfang März. Manche von ihnen warten sogar bis Mitte März, weil dann der Geschlechtstrieb der Tauben noch stärker geworden ist. Dadurch erhöht sich der Paarungsdrang und eventuelle Paarungsprobleme vermindern sich. Außerdem nimmt mit jeder Woche die durchschnittliche Außentemperatur zu und das wiederum kommt den Jungen während der Aufzucht zugute. Für die Anpaarung gelten die gleichen Grundsätze wie zuvor beschrieben.

Haben sich die Tiere angepaart, beginnen sie miteinander zu schnäbeln. Der Täuber liegt häufig in der Nistschale und lockt sein Weibchen. Nach wenigen Tagen beginnen sie mit dem Nestbau. Das Material hierfür sollte man ihnen zur Verfügung stellen. Die Tauben sammeln für den Nestbau auch alle großen Federn, wenn diese im Schlag liegen. Dies ist natürlich im März noch nicht der Fall. Haben die Tauben Freiflug, dann sammeln sie Nestbaumaterial aus der Umgebung des Schlages. Junge Täuber sind manchmal nicht zu bremsen und schleppen unentwegt dünne Reisigzweige zu ihren, in der Nistschale liegenden Täubinnen, die diese dann zu hohen Reisigtürmen aufbauen. Doch sind die meisten Paare keine intensiven Nestbauer.

Bei sehr paarigen Tauben kann der erste Tretakt schon wenige Minuten nach der Anpaarung erfolgen. Er ist wirkungslos, zeigt

Oben: Noch vor dem Absetzen der Jungen wird das nächste Gelege bebrütet (Sächsische Pfaffen). Rechte Seite: Das Liebesspiel beginnt mit dem Schnäbeln, eine Befruchtung erfolgt vielfach, vor der Eiablage hackt der Täuber sein Weibchen.

Deutsche Schautaube, blau, mit 7 Tage alten Jungen.

aber, dass sich beide Partner einig sind. Der Tretakt wird in den nächsten Tagen häufig wiederholt. Eine Befruchtung erfolgt erst, wenn sich beim Weibchen eine befruchtungsfähige Eizelle aus dem Eierstock gelöst hat und in den Eileiter gefallen ist. Nur eines der vielen hunderttausend Spermien, die sich im Eileiter nach vorn bewegen, kommt als schnellstes zum Zuge und kann sich mit der weiblichen Eizelle vereinigen.

Auch Fremdbefruchtungen kommen häufig vor; sie werden auf etwa 10 % geschätzt. Sie können unsere Vorstellungen über das Aufzuchtergebnis ganz schön durcheinander bringen. Will man sich vor Fremdbefruchtung schützen, muss man das jeweilige Zuchtpaar in einem geräumigen Einzelabteil mit Nistschale halten. Das stößt aber oft auf räumliche Schwierigkeiten. Problematisch ist auch, wenn man solche Paare in ihrer engen Nistzelle einsperrt, dass der Tretakt erschwert wird und somit nicht immer beide Eier befruchtet werden. Ebenfalls muss man dann diese Tiere extra in der Zelle füttern und tränken und die Zelle häufiger als normal reinigen. Können die Zuchtpaare sich frei im Schlag bewegen und jederzeit ihre Zellen anfliegen, dann fühlen sie sich sichtlich wohl. Man wird feststellen, dass beim Tretakt stets andere Täuber des Schlages versuchen, das jeweilige Tier an der Befruchtung zu hindern, was ihnen aber meistens nicht gelingt. Erfolgt der Tretakt im Freien auf dem Dach, so fliegt das Weibchen anschließend sofort auf. Der Täuber folgt ihr und sie fliegen gemeinsam ein paar Runden um den Schlag, um sich anschließend erneut zu schnäbeln.

Da bei freier Haltung in Schlag, Voliere oder im Freien viele Tretakte vollzogen werden, kommt es nur selten vor, dass ein Ei nicht befruchtet ist.

Nach der Ablage des zweiten Eies beginnt sofort die Brut, bei der sich Täuber und Täubin ablösen. Die Erwärmung der Eier erfolgt durch direkten Kontakt mit den Brustmuskeln, die in der Nähe des Brustbeinkammes federnfrei sind und während der Brutzeit besonders intensiv durchblutet werden. Die Bruttemperatur beträgt ungefähr 41,5 Grad Celsius. Meistens brüten die Täuber ab der Mitte des Vormittags bis zur Mitte des Nachmittags. Dabei gibt es erhebliche individuelle Unterschiede. Sind die Eier unbefruchtet, so wird das Gelege 2 bis 3 Tage nach Überschreiten des Schlupftermins verlassen und das Brutpaar schreitet zu einem neuen Gelege.

Haben sich die Küken im Ei entwickelt, so fangen sie nach 17 bis 18 Tagen an, die Schale von innen aufzupicken. Taubeneier wiegen nach dem Legen durchschnittlich 18 bis 21 g. Während der Brut verlieren sie an Gewicht. Das Geburtsgewicht des Taubenkükens beträgt etwa 70 % des Gewichtes des frisch gelegten Eies. In den ersten fünf Lebenstagen werden die kleinen Küken von beiden Eltern nur mit Kropfmilch und danach mit einem Gemisch aus Kropfmilch und Körnern gefüttert. Kropfmilch besteht zu 76 % aus Wasser. In der Trockenmasse enthält sie 59,5 % hochwertiges Eiweiß, 33 % energiereiches Fett und 7,5 % Mineralstoffe.

Werden die Jungen von den Eltern reichlich gefüttert, und ist das Körnerfuttergemisch in seiner Zusammensetzung für die Aufzucht geeignet, dann kann man die Jungtiere, je nach ihrer Entwicklung, ab dem 23. Lebenstag absetzen. Ein untrügliches Zeichen dafür ist die Ausbildung der Federn unter den Flügeln. Haben sich diese voll entwickelt, ist der Absetztermin gekommen. Aus der Anatomie und Physiologie wissen wir, dass das Aufpicken von Futter eine vom Rückenmark gesteuerte Reflexbewegung ist. Dies kann man feststellen, wenn man elternlose Jungtiere von Hand aufzieht. Stellt man bei zweimaliger täglicher Fütterung zusätzlich einen gefüllten Futternapf neben den Jungen auf, dann fangen sie bereits mit 18 bis 20 Lebenstagen an, geeignete kleine Körner aufzupicken.

Wichtig zu wissen ist noch, dass ein Brutpaar niemals weiß, ob es ein, zwei oder mehr Eier bebrütet. Nimmt man ein Ei weg, dann brüten sie auf dem anderen Ei weiter. Legt aus irgendeinem Grunde eine andere Täubin ihre Eier auch in das Nest dieses Zuchtpaares, dann bebrütet das Zuchtpaar wie selbstverständlich diese vier Eier, wobei sie sie nicht immer alle gleich warm halten können.

Geht während der Aufzucht ein Elterntier verloren, dann zieht der verbliebene Elternteil die Jungen allein auf. Geht ein Elternteil aber schon während der Brutzeit verloren, dann wird das Gelege selbst kurz vor dem Schlupf bereits nach zwei bis drei Tagen von dem anderen Elternteil verlassen, das sich sogleich einen neuen Brutpartner sucht.

Ammenaufzucht

Wenn man von einem bestimmten Zuchtpaar möglichst viele Nachkommen haben möchte, dann kann es von Vorteil sein, einige Tage nach seiner Anpaarung ein weiteres, gut züchtendes Ammenpaar der gleichen oder einer anderen Rasse ebenfalls anzupaaren und diesem dann die Eier des Zuchtpaares unterzulegen. Hiervon wird überall dort Gebrauch gemacht, wo man die Qualität des Bestandes verbessern möchte. Das Zuchtpaar wird sich dann sofort auf das nächste Gelege konzentrieren. Alle diese Vorgänge geschehen nach einem ganz bestimmten, genetisch festgelegten Zeremoniell, das vom Züchter nicht gestört werden darf. Rückt man eine Nistschale in der Nistzelle nach der Eiablage nur um 20 cm zur Seite, so wird das Gelege vom Zuchtpaar nicht mehr beachtet. Oder setzt man die Nistschale aus hygienischen Gründen auf einen federnden Drahtboden, damit der Kot hindurchfallen kann, dann legt die Täubin ihre Eier neben die Nistschale. Diese Reaktion hängt, wie schon vorher beschrieben, damit zusammen, dass die Felsentauben als die Urahnen aller Haustauben, stets in Felsnischen und festen Gesteinshöhlen, niemals aber in sich wiegenden Bäumen brüten. Will man die Tauben überlisten, dann muss man die Nistschale vor der Eiablage auf eine feste Unterlage stellen, sie jeden Tag nur um einen bis zwei cm verschieben und sie während der Brutzeit durch einen festen, nichtfedernden Drahtboden ersetzen.

Für die Ammenaufzucht sprechen weitere Gründe. Manchmal sind junge Täubinnen von schweren Rassen noch zu unerfahren. Ihnen kann es passieren, dass sie vor lauter Eifer ihre Eier durch zuviel Druck beschädigen. Um sicher zu stellen, dass man Nachzucht von ihnen erhält, bedient man sich eines Ammenpaares. Ebenso gibt es Zuchttiere, die ihre Jungen schlecht füttern. Eine schnelle, intensive Aufzucht durch ein Ammenpaar nimmt dem Züchter diese Sorge, so ist sie bei bestimmten kurzschnäbligen Rassen aus diesem Grunde vielfach üblich. Dagegen füttern manche Züchter die Jungtiere kurzschnäbliger Rassen während der Aufzucht zu, damit sie die Gewähr haben, dass die Jungen in der kurzen Aufzuchtzeit mit allen lebensnotwendigen Nährstoffen versorgt werden. Die Art der Zufütterung ist dabei unterschiedlich. Man kann auch Körnerfutter einweichen oder mehliges Futter als Breinahrung zubereiten und über den Schnabel verabreichen. Breifutter ist dann schon für die Verdauung vorbereitet, da es im Muskelmagen nicht noch zerkleinert werden muss. Spart man dabei durch optimale Ernährung der Jungen einen Tag Aufzuchtzeit, so können sie früher abgesetzt und die Eltern entlastet werden.

Es gibt Situationen, bei denen die Eltern für die Aufzucht der eigenen Jungen nicht mehr zur Verfügung stehen, zum Beispiel bei Verlusten durch Greifvögel oder durch kleine Raubtiere. Hat man wertvolle Jungtiere, so wird man sie von Hand aufziehen, was den Jungen selbst sogar gut zu gefallen scheint. Diese Aufzucht ist zwar etwas mühselig, aber lohnend. Denn wenn diese Vögel später einmal hoch prämiert werden, dann hat sich die Mühe um so mehr gelohnt und die Freude ist umso größer, weil man mit einem wertvollen Zuchttier sechs bis acht Jahre und länger erfolgreich züchten kann.

Erste Auslese

Jungtiere, die während der Aufzucht ohne ersichtlichen Grund in der Entwicklung zurückbleiben, sollte man aus dem Bestand herausnehmen. Sie sind organisch nicht gesund. Dieser Fall tritt praktisch aber nur sehr selten ein. Liegt der Grund für die Unterentwicklung jedoch nicht bei den Jungen selbst, sondern an unzureichender Fütterung durch die Eltern, so kann man rechtzeitig ein Junges wegnehmen, damit das verbleibende Jungtier reichlicher versorgt wird oder man sollte die Jungen täglich einmal zufüttern. Nach kurzer Gewöhnungszeit warten die Jungen schon auf diese zusätzliche Nahrung. Haben Nestjunge weitere organische Fehler oder trotz guter Ernährung Wachstumsstörungen, so muss man sich so früh wie möglich von ihnen trennen.

Manche Farbzeichnungen werden nicht sicher vererbt. Wenn Jungtiere unerwünschte oder nicht richtig geformte Farbfelder zeigen, so besteht keinerlei Hoffnung, dass diese durch die Mauser dem Zuchtziel entsprechend korrekter werden. Folglich müssen auch Jungtiere mit Fehlfarben möglichst

Etwa 18 Tage alte Jungtauben.

schon beim Absetzen aus dem Bestand entfernt werden, um nicht den Tauben mit gut ausgeprägten Merkmalen im Jungtierschlag zur Konkurrenz zu werden. Der erste Schaden ist immer der geringste.

Aufzucht zahmer Tauben

Will man sehr zahme, auf den Menschen geprägte Tauben aufziehen, dann muss man sie ab den 10. Lebenstag selbst mit Futter versorgen. Im Fachhandel gibt es auch Fütterungsgeräte mit denen man vorbereitetes Mehlfutter schnell und ohne besonderen Aufwand verabreichen kann. Die Jungtauben danken es einem dann ein Leben lang damit, dass sie stets ohne Scheu heranfliegen und sich auf Hand oder Schulter setzen, wenn man in ihre Nähe kommt; das gilt auch beim Freiflug. Man bedenke aber auch, dass zahme Tauben viel häufiger drohende Gefahren nicht erkennen und leicht zu Schaden kommen können.

Pfautauben, weiß mit schwarzen Schwanz im Gras.

Auch sei darauf hingewiesen, dass auf Menschen geprägte Tauben aus den genannten Gründen zu Unfallverursachern werden können. Bei Volierenhaltung ist diese Gefahr allerdings kaum gegeben. Werden zahm aufgezogene Jungtiere beim Flüggewerden an einen anderen Züchter abgegeben, so überträgt sich ihr Verhalten auf ihren neuen Betreuer.

Zucht mit reinen Rassen

Ziel in der modernen Rassetaubenzucht ist es, alle vorhandenen Rassen und ihre verschiedenen Farbenschläge zunächst einmal durch ständige Erneuerung in ihrem Bestand zu erhalten und die erwünschten Erbanlagen zu festigen. Durch gezielte Züchtung soll innerhalb einer relativ kleinen Population auftretenden züchterischen Verschleißerscheinungen entgegengewirkt werden, indem die Erkenntnisse der modernen Vererbungswissenschaft angewandt werden.

In der Taubenzucht arbeitet man mit Zuchteinheiten unterschiedlicher Größe. Diese Einheiten können folgendermaßen unterteilt werden: die Gesamtheit aller Tiere einer Rasse, Untergruppen innerhalb einer Rasse (beispielsweise glattfüßig, federfüßig), einzelne Farbenschlägen, den Beständen innerhalb von Sondervereinen oder eines Züchters und mit Familien innerhalb eines Bestandes. Alle Eigenschaften jeder dieser Populationen werden von den in ihr vorhandenen Individuen bestimmt. Die Eigenschaften jedes Individuums werden wiederum durch seine Erbmasse und die Umwelt bedingt. In großen Populationen, wie bei den wildlebenden Felsentauben, in denen sich die Tiere zufallsmäßig paaren und eine natürliche Auslese stattfindet, verändert sich die genetische Zusammensetzung des Gesamtbestandes nur sehr langsam. Bei ihnen gibt es nach menschlichem Maßstab keinen erkennbaren Zuchtfortschritt und keinen Rückschritt.

Sobald man aber von der zufälligen Paarung abweicht, indem man Tiere nach bestimmten Gesichtspunkten miteinander verpaart und die Nachkommen nach bestimmten Kriterien ausliest, arbeitet man nach einer Zuchtmethode, die eine rasche genetische Veränderung der Ausgangspopulation zur Folge hat. Mit der Auslese verändern sich dann auch die Erbanlagen im Vergleich zu den Ausgangstieren. Je größer eine Population ist und je schärfer selektiert wird, desto größer ist die Wahrscheinlichkeit einer möglichen genetischen Veränderung. Diese führt letzten Endes zu einer Vermehrung erwünschter Erbanlagen und dazu, dass diese mit großer Sicherheit weitervererbt werden und somit eine einheitliche Rasse entstehen kann.

Der Grad der Veränderung hängt dabei von dem Zuchtziel, dem Grad der Erblichkeit des Merkmales, der Zahl der Generationen, der Intensität der Auslese und von der Zusammenstellung geeigneter Zuchtpaare ab. Im Vergleich zu anderen Haustieren erfolgt der Zuchtfortschritt bei den Tauben langsamer, da sich ein männlicher Partner mit jeweils nur einem weiblichen Partner gleichzeitig vermehren kann, während bei anderen Haustieren ein positiv vererbendes männliches Tier im Natursprung innerhalb einer Zuchtperiode, viele weibliche Partner befruchten kann. Noch ausgeprägter ist dieser Vorgang bei Anwendung der künstlichen Besamung, bei der Tausende weiblicher Tiere mit den Samen eines männlichen Tieres befruchtet werden. Dass im Laufe der Zeit in der Taubenzucht viele genetische Veränderungen im Sinne einer Weiterentwicklung auftraten, darüber geben mindestens vierhundert verschiedene Rassen in allen Erdteilen mit ihren vielen Erscheinungsformen und unterschiedlichen Eigenschaften ein Beispiel ab.

Zufällige Paarung

Diese Zuchtmethode, die im eigentlichen Sinne gezielter Zucht keine ist, wird sehr häufig angewandt. Wenn es in einer gut durchgezüchteten Population qualitativ keine Außenseiter gibt und man davon ausgehen kann, dass jede einzelne, beliebige Paarung innerhalb des Bestandes gleich gute Nachkommen hervorbringen kann, dann kann man die Tauben sich so paaren lassen, wie sie sich zufällig zusammenfinden. Da in jedem Falle die Qualität der Nachkommen unterschiedlich ist und auch die hohe Vermehrungsrate ein Selektieren erforderlich macht, wird man anschließend allerdings doch mit den besten Jungtieren und mit den Eltern, die die besten Jungtiere gebracht haben, weiterarbeiten. Wenn man sie sich auch dann wieder zufällig paaren lässt, so muss diese Methode zwangsläufig mit einer scharfen Auslese verbunden werden. Zufällige Paarung ohne Auslese gibt es nicht, es sei denn, dass die Zuchttiere wenige Jungtauben aufziehen, der Bestand durch Krankheiten reduziert wird und natürliche Feinde der Tauben am Haus für eine weitere Verringerung sorgen. Solche Bestände tragen ohnehin nicht wesentlich zur Bestandserhaltung einer Rasse mit hohem Qualitätsniveau bei.

Genetik in der Praxis

Homozygotie durch Inzucht

Zucht auf vermehrte Homozygotie oder Erbreinheit erreicht man immer durch Anpaarungen innerhalb einer Rasse oder innerhalb eines Farbenschlages. Dadurch sollen die in einer Rasse erwünschten Eigenschaften durch Zucht und Auslese genetisch immer mehr gefestigt werden.

Beschleunigen kann man dies auch durch die Anwendung der gezielten Inzucht. Die Inzucht ist definiert als Paarung von Tieren, die näher miteinander verwandt sind als der Durchschnitt der Rasse. Somit kann die Inzucht hinsichtlich eines erwünschten Zuchterfolges große Vorteile bieten. Man muss davon ausgehen, dass alle Tauben einer Rasse irgendwie miteinander verwandt sind, wobei allerdings Einkreuzungen in einzelne Familien oder Stämme, zum Beispiel, um weitere Farbenschläge in die Rasse hineinzuzüchten, zu deutlicher Blutauffri-

Berliner Kurze, blau, bindig und rotfahl, bindig.

schung, das heißt, einer Verbreiterung der Erbanlagen führen. Umgekehrt gehen bei einer über Generationen währenden Inzucht Erbanlagen verloren, die sich hinterher als wichtige Eigenschaften zur Erhaltung der Rasse herausstellen können (zum Beispiel Bruttrieb, Aufzuchtleistung, festanliegendes Gefieder, Fluglust). Man spricht dann sehr schnell von Inzuchtschäden, wobei aber nicht alle Eigenschaften, die nicht sogleich erkannt werden können, verloren gegangen sein müssen. Bei einigen Rassen sind verschiedene Züchter jedoch der Meinung, dass eine solche Verminderungen hinsichtlich der Brut- und Aufzuchtaktivität, Vitalität, der Bildung von Körpermasse und der Widerstandsfähigkeit gegen Erkrankungen vorliegt, und sie wären froh, wenn sie wüssten, wie man diesem schnell begegnen könnte, ohne dass die Rasse an Qualität verliert.

Einkreuzungen blutsfremder Tiere mit anderen Körperformen sind problematisch, da es viele Generationen dauern kann, bis eine gewünschte Kopf- oder Körperform bei den Nachkommen wieder erreicht ist. Eine andere Möglichkeit besteht darin, die Inzucht so wenig wie möglich, aber so viel wie nötig bei der Paarung anzuwenden und dabei den Inzuchtgrad durch Berechnung des Inzuchtkoeffizienten zu kontrollieren. Bei strikter Anwendung dieser Berechnung ist es möglich, den Inzuchtgrad, der bei vielen Rassen schon sehr hoch ist, mit System so niedrig wie irgend möglich zu halten und die Qualität und Vitalität einer betreffenden Rasse noch für viele Jahre und Jahrzehnte zu erhalten oder sogar zu verbessern. Der Einzelfall muss hierüber entscheiden.

Der Inzuchtkoeffizient

Inzuchtkoeffizienten F_x nach Wright

Der Inzuchtkoeffizient F_x eines Individuums gibt die Wahrscheinlichkeit an, mit der die Geschlechtszellen, aus dem es hervorgegangen ist, „abstammungsidentisch" sind, das heißt, von einem gemeinsamen Ahnen abstammen. Zu seiner Berechnung benötigt man die Ahnentafel des Tieres.

Die Berechnungsformel ist nicht schwer zu erfassen, wenn man sie sich erst einmal an einem einfachen Beispiel klargemacht hat:

Sie lautet:

$F_x = 0{,}5^{\,n1 + n2 + 1} \times (1 + F_A)$.

Dabei bedeutet:

F_x = Inzuchtkoeffizient; sein Wert liegt immer zwischen 0 und 1. Der Inzuchtkoeffizient wird noch verständlicher, wenn man ihn mit 100 multipliziert. Er heißt dann Inzuchtgrad und liegt zwischen 0 % und 100 %.

n1 = Anzahl der Generationen vom Vater zum gemeinsamen Ahnen A

n2 = Anzahl der Generationen von der Mutter zum gemeinsamen Ahnen A

F_A = der Inzuchtkoeffizient des Ahnen A

Tabelle 22

Berechnung des Inzuchtkoeffizienten von Nachkommen von Halbgeschwistern

Eltern des Zuchtpaares	Zuchtpaar (Halbgeschwister)	Nachkommen
A		
	Täuber	
B		
		Nachkomme
A		
	Täubin	
C		

Tabelle 23

Berechnung des Inzuchtkoeffizienten für die Nachkommen von Vollgeschwistern

Eltern des Zuchtpaares	Eltern	Nachkommen
A		
	Täuber C	
B		
		Nachkomme E Nachkomme G
A		
	Täubin D	
B		

Berechnung: Zahl der Generationen vom Vater zum gemeinsamen Ahnen A: n1 = 1
Zahl der Generationen von der Mutter zum gemeinsamen Ahnen A: n2 = 1 (Tab. 22).
Inzuchtkoeffizient des Ahnen selbst $F_A = 0$, also $(1 + F_A) = 1 + 0 = 1$.
Inzuchtkoeffizient: $F_x = 0{,}5^{1+1+1} \times (1 + 0) = 0{,}5^3 \times 1 = 0{,}125$
$0{,}125 \times 100 = 12{,}5$: Der **Inzuchtgrad** von Nachkommen aus einer Halbgeschwisterpaarung beträgt 12,5 % (Tab. 23).

Inzuchtkoeffizient F_x für die Nachkommen von beiden Eltern einzeln errechnet und daraus die Summe gebildet (Tab. 23a).
Berechnung: $0{,}5^{1+1+1} \times 1 = 0{,}5^3 = 0{,}125$
Summe der Ergebnisse aus Berechnung a) und b) = 0,25
Ergebnis: Der **Inzuchtkoeffizient** für die Nachkommen von C und D beträgt 0,25. Der **Inzuchtgrad** der Nachkommen aus Vollgeschwisterpaarungen beträgt 25 %.
Man könnte diese Rechenbeispiele fortführen. Zur Vereinfachung solcher Berechnungen sind die Inzuchtkoeffizienten für ver-

Tabelle 23a

Berechnung für den Täuber C

a)	Generationen vom Vater C zum gemeinsamen Ahnen A	n1 = 1
	Generationen vom Vater C zum gemeinsamen Ahnen B	n2 = 1
	Inzuchtkoeffizient des Ahnen A = 0	
	Inzuchtkoeffizient des Ahnen B = 0	
	Berechnung: $0{,}5^{1+1+1} \times 1 = 0{,}5^3 = 0{,}125$	
b)	Generationen von der Mutter D zum gemeinsamen Ahnen A	n1 = 1
	Generationen von der Mutter D zum gemeinsamen Ahnen B	n2 = 1
	Inzuchtkoeffizient des Ahnen A = 0	
	Inzuchtkoeffizient des Ahnen B = 0	

Tabelle 24

Generation	Vollgeschwisterpaarung	Halbgeschwisterpaarung	Rückkreuzung zu einem Elternteil
0	0	0	0
1	0,250	0,125	0,250
2	0,375	0,219	0,375
3	0,500	0,304	0,438
4	0,594	0,380	0,469
5	0,672	0,449	0,484
10	0,886	0,692	0,499
15	0,961	0,829	–
–	1,000	1,000	–

schiedene Anzahlen von Generationen in Tabelle 24 angeführt.

Beispiel:
Züchtet man mit diesen 25 %-Inzuchttieren weiter, so muss man für sie den F-Wert mit 0,25 in die Formel für den jeweiligen gemeinsamen Ahnen einsetzen.

Sie lautet:
$F_x = 0{,}5\ n1 + n2 + 1 \times (1 + F_D + F_E)$.

Tabelle 25

Eltern des Zuchtpaares	Zuchtpaar	Nachkommen
C		
	Vater E	
D	$F_A = 0{,}25$	
		Nachkomme G
		Nachkomme H
C		
	Mutter F	
D	$F_A = 0{,}25$	

n1 = Anzahl der Generationen vom Vater zum gemeinsamen Ahnen C
n2 = Anzahl der Generationen von der Mutter zum gemeinsamen Ahnen C
F = der Inzuchtkoeffizient des jeweiligen Ahnen

Die Berechnung muss für beide Elterntiere getrennt durchgeführt werden. Die Ergebnisse werden zum Endresultat addiert.

Berechnungsformel für Nachkommen G:
$F_x = 0{,}5^{n + n + 1} \times (1 + F_D + F_E)$
Berechnungsformel für Nachkommen H:
$F_x = 0{,}5^{n + n + 1} \times (1 + F_D + F_E)$

$G = F_x = 0{,}5^{1 + 1 + 1} \times (1 + 0{,}25 + 0{,}25) = 0{,}5^3 \times 1{,}5 = 0{,}125 \times 1{,}5 = 0{,}1875$

$H = F_x = 0{,}5^{1 + 1 + 1} \times (1 + 0{,}25 + 0{,}25) = 0{,}5^3 \times 1{,}5 = 0{,}125 \times 1{,}5 = 0{,}1875$

Summe: 0,375

Der Inzuchtgrad der Nachkommen aus einer Vollgeschwisterpaarung in zweiter Generation beträgt 37,5 %.

Der Inzuchtkoeffizient für die Nachkommen aus der Paarung Vetter und Base beträgt 0,06250. Der Inzuchtgrad beträgt 6,25 %.

Jede systematische Zucht innerhalb eines Stammes oder einer Familie bedeutet Inzucht im engeren oder im weiteren Sinne und führt zu vermehrter Homozygotie (Erbreinheit). Eine Inzucht kann allerdings auch ohne Wissen des Züchters zustande kommen. Vielleicht hat er sich aus ferner Gegend ein gutes Zuchttier zur Blutauffrischung geholt und weiß nicht, dass dieses Tier bereits mit seinen Tieren verwandt ist. Sehr oft wird Inzucht aber auch über viele Generationen immer wieder durchgeführt, weil der gesamte Bestand der betreffenden Rasse gar keine andere Möglichkeit zulässt. Dies ist auch möglich, solange man nicht ständig engste Inzucht betreibt. Eine gewisse Grenze ist dann erreicht, wenn im Gesamtbestand dieser Rasse Inzuchtmängel, wie Brutunlust, unzureichendes Füttern der Jungen und Mangel an Vitalität festgestellt werden. Man sollte dann zumindest versuchen, die Paarungen mit möglichst entfernten Verwandten vorzunehmen. In der Praxis wird daher zwischen drei verschiedenen Inzuchtsystemen unterschieden:

Enge Verwandschaftszucht

Bei ihr werden Geschwister und deren Eltern sowie die Nachzucht hieraus miteinander verpaart. Dies nennt man auch engste Inzucht. Mit ihr erzielt man Inzuchtlinien mit einem sehr hohen Grad an Homozygotie. Man kann erwarten, dass nach 10 Generationen von den heterozygoten Veranlagungen nur noch etwa 12 % in der Erbmasse vorhanden sind.

Die Gruppenzucht

Hierunter verstehen wir die mildere Form der Inzucht; bei ihr werden die Tauben mit den Vettern und Cousinen und mit noch weiter entfernt stehenden Verwandten verpaart. Auch bei dieser Zuchtmethode nimmt die Homozygotie ständig zu. Mit guter Zuchtplanung und scharfer Auslese der besten Tiere für die Weiterzucht, kann man auf diese Weise viele Jahre züchten, ohne dass direkte Nachteile eintreten.

Linienzucht

Bei dieser Methode hat man einen oder wenige hervorragende Vorfahren besonders im Auge, deren Erbanlagen man in möglichst vielen ihrer Nachkommen wiederfinden möchte. Dabei werden sehr gern jüngere Tiere über ein paar Generationen hinweg, mit älteren Geschwistern der Vorfahren oder deren Nachkommen, verpaart. In jedem Falle sollte man sich bemühen, eine engere Inzucht zu vermeiden. Konsequente Linienzucht setzt einen großen Bestand voraus. Ist dieser nicht vorhanden, dann lässt sich eine engere Verwandschaftszucht nicht vermeiden und es kommt zu Anpaarungen von Enkeltieren mit Großeltern oder Geschwistern der Eltern (Onkel oder Tante). Dies kann über Jahre hinweg zu besten züchterischen Erfolgen führen.

Zucht auf vermehrte Heterozygotie

Das Gegenteil der Inzucht ist die Fremdzucht. Bei ihr sind die Tauben, die zusammengepaart werden, weniger miteinander verwandt als der Durchschnitt der Population. Die Wahrscheinlichkeit, dass Tauben aus anderen Linien oder aus anderen Rassen Erbanlagen mitbringen, die im vorhandenen Bestand nicht oder nicht in gleichem Umfang vorhanden sind, ist groß.

Solche Kreuzungen oder Einkreuzungen führen in vielen Fällen, wie schon erwähnt, zu einer Verbesserung der Konstitution des Bestandes. Der mögliche Erfolg hängt dabei in ganz hohem Maße von der Auswahl der für die Paarungen verwendeten Tauben ab und dazu vom Fachwissen, der Beobachtungsgabe, den Kenntnissen über die Qualität der Vorfahren und dem nötigen Glück des Züchters.

Die erfolgreiche Einkreuzung zeigt sich in den folgenden Generationen daran, dass die alten, erwünschten, quantitativen Eigenschaften wie Stand, Körperform und Ausbildung der einzelnen Körperteile wieder zurückgewonnen werden. Dies kann sehr langwierig sein. Deshalb ist es umso wichtiger, dass sowohl die zur Einkreuzung vorgesehenen Zuchttiere als auch die eigenen Ausgangstiere die nötige Eignung dafür besitzen. Da die Figur unserer Tauben nur langfristig züchterisch veränderbar ist, kommt es bei Einkreuzungen vor allem darauf an, vitale Tiere mit möglichst ähnlicher Körperform zu verwenden. Weil dabei Fehlschläge nicht auszuschließen sind, sollte man überhaupt nur dann einkreuzen, wenn dies sachlich gerechtfertigt ist und notwendig erscheint. Dabei genügt es zunächst, nur einen einzigen Versuch mit einem Kreuzungspaar zu machen. Sollten die Nachkommen den Erwartungen entsprechen, kann man vorsichtig mit ihnen weiterzüchten. Ist dies nicht der Fall, sollte man sich schleunigst wieder von ihnen trennen.

Nach einer vermeintlich geglückten Einkreuzung steht man vor der Aufgabe, in den nachfolgenden Generationen unerwünschte Eigenschaften von hoffnungsvollen Kreuzungstauben durch Verdrängungskreuzung wieder herauszuzüchten. Bei qualitativen Eigenschaften, wie Farbe, Haube, Augenfarbe und Zehenfarbe gelingt dies meistens in wenigen Generationen. Hat man dominante Eigenschaften mit eingekreuzt, wie Schwarz oder Dominant-Rot bei Andersfarbigen, glatter Kopf bei Kappigen, glatter Hals bei Tauben mit Halskrause, gehämmerte Zeichnung bei nicht Gehämmerten, dann ist es einfach, mit denjenigen Nachkommen weiterzuzüchten, die diese Eigenschaften nicht besitzen, da sie immer reinerbig für die entsprechende rezessive Veranlagung sind. Damit hat man die dominanten Faktoren endgültig ausgemerzt. Will man umgekehrt mit den dominanten Eigenschaften weiterzüchten, kann man nie ausschließen, dass in irgendeiner Generation eine rezessive Eigenschaft wieder zutage tritt.

Bei quantitativen Eigenschaften dauert es Generationen, um den gewünschten Standard in idealer Form wieder zu erreichen.

Viele Taubenrassen zeigen keine gravierende Unterschiede in der Körperform. Bei annähernd gleichen Körperformen ist es daher umso leichter, erfolgreiche Einkreuzungen vorzunehmen. SELL berichtet über eine erfolgreiche Einkreuzung von Brieftauben in Pommersche Schaukappen. Da sich die Augenschirme der Pommerschen Schaukappen rezessiv vererben, sind alle Nachkommen ab der zweiten Generation, die Schaukappen aufweisen, reinerbig für diese Eigenschaft. Sie können also bei Reinzucht niemals Nachkommen ohne Schaukappen hervorbringen.

Kreuzungsmethoden

Hybridzucht

Wenn man geeignete Tauben aus völlig blutsfremden Populationen (Inzuchtlinien, Gruppen, Farbenschlägen oder Rassen) miteinander kreuzt, dann zeichnen sich die F_1-Tiere durch besonders freudigen Wuchs und eine besonders gute Vitalität (Temperament, Brutlust, Fluglust) aus. Man nennt das Ergebnis solcher Kreuzungen das Luxurieren der Bastarde (Hybriden) Diesen Effekt macht man sich zum Beispiel in der Hybridzucht bei anderen Haustierarten (Legehennen, Schweinen, Kaninchen) zunutze. Da die Ausgangstiere verschiedene genetische Veranlagungen mitbringen, kommt es durch die Kreuzung zu einer Vermehrung der genetischen Vielfalt, die sich in jeder Beziehung positiv auf die Lebenskraft der direkten Nachkommen auswirkt.

Handelt es sich um blutsfremde Tauben der gleichen Rasse, mit guten rassetypischen Eigenschaften, dann wurde durch die Einkreuzung viel erreicht. Sind alle Tauben einer Rasse miteinander verwandt, dann kann dieser Effekt nicht erzielt werden. Natürlich kann aber ein fremdes ingezüchtetes Tier der eigenen Rasse, das andere hervorragende Merkmale besitzt und in den eigenen Bestand eingekreuzt wird, diese verbessernden Merkmale übertragen. Versuchen sollte man solche Anpaarungen immer, wenn man sich bemüht, bestimmte Körperformen bei den eigenen Tauben zu verbessern.

Systematische Hybridzucht gibt es vor allem bei den Wirtschaftstauben. So züchtet eine Firma in Frankreich bei schweren Tauben zur Fleischerzeugung mehrere brutfreudige Inzuchtstämme und stellt aus diesen Linien entsprechende Zuchtpaare zusammen, die an Taubenzüchter verkauft werden und hohe Aufzuchtleistungen bringen.

Entsprechende Taubenzuchtbetriebe gibt es unter anderem auch in Ungarn und in den USA.

Doppelkreuzung

In einem genügend großen Bestand kreuzt man Tauben aus den Familien A und B und gleichzeitig Tauben aus den Familien C und

Weiße Tauben werden gern gehalten; die Federn erfordern besondere Pflege.

D miteinander. Die Nachkommen dieser Kreuzungen AB und CD werden anschließend miteinander verpaart. Man kann aber auch zuvor Inzuchtlinien schaffen, indem man bei den Linien A, B, C und D Geschwisterpaarungen oder andere Verwandtenpaarungen vornimmt und dann diese Inzuchttiere wie oben angeführt miteinander kreuzt (Hybridzucht). Danach kann man die Kreuzungsnachkommen AB und CD wiederum zwei bis drei Generationen in Inzucht weiterzüchten und sodann die Linien AB und CD miteinander verpaaren.

Erfahrungsgemäß sind diese Kreuzungstiere besondere vitale Individuen, die man auch als Doppelhybriden bezeichnet. Für Wettflug, Hochflug- und für Dauerflugtauben, aber auch für zahlreiche andere Rassen ist diese Methode über viele Jahre praktisch anwendbar. Sie setzt dann aber das Vorhandensein eines großen Bestandes voraus. Für die Farben- und für die Formentauben ist diese Methode mehr oder weniger ohne Bedeutung.

Rückkreuzung

Paart man zwei Tiere aus verschiedenen Linien derselben Rasse oder ein Ausgangstier der eigenen Rasse mit einem Tier einer geeigneten anderen Rasse miteinander und paart dann im nächsten Jahr ein Jungtier dieser Kreuzung wieder an ein Elterntier, dann nennt man das Rückkreuzung. Dies ist eine Form der engen Inzucht. Sie ist besonders vorteilhaft, wenn man durch sie die Vitalität und andere erwünschte Eigenschaften, wie zum Beispiel eine Farbzeichnung bei den Nachkommen verbessern kann.

Rotationskreuzung

Um sich möglichst lange vor zu enger Inzucht zu schützen, kann man folgendes Zuchtschema anwenden: Eine Taube der Familie A wird verpaart mit einer Taube der Familie B. Die F_1-Tiere werden nur an Tauben der Familie A verpaart. Deren Nachkommen paart man im folgenden Jahr nur an Tauben der Familie B. Diese Methode lässt sich entsprechend auf drei oder vier Familien ausdehnen. Man kann auf diese Weise viele Jahre züchten, ohne dass die Inzucht zu eng wird.

Paarung nach phänotypischer Ähnlichkeit

Diese Paarungsart wird sehr häufig angewandt. Bei ihr nimmt man auf die Abstammung oder den Verwandtschaftsgrad keinerlei Rücksicht, sondern paart nach äußerer Ähnlichkeit. Man spricht dabei auch von „Passerpaarung“. Nur wenn man weiß, dass die Vorfahren dieses Paares gut vererbt haben, kann man hoffen, dass sie auch Jungtiere von bester Qualität aufziehen werden. Manchmal führen solche Paarungen zu Überraschungen, wenn rezessive Erbanlagen zur Ausprägung kommen. Das gilt aber für alle anderen Anpaarungen von Tauben mit heterozygoten Erbanlagen ebenso. Führt man ein fremdes Tier zur Blutauffrischung in den Bestand ein, dann wird man es vorher schon sehr genau auf seine züchterischen Qualitäten geprüft haben. Es ist dann naheliegend, für dieses Tier einen äußerlich passenden Partner zur Zucht zu wählen.

Die Paarung nach qualitativer Ähnlichkeit

Es bedarf keiner Erläuterung, dass sich bei vielen Rassen die Anpaarungsmerkmale auf die Leistungen der einzelnen Tauben richten. Bei Wettflugtauben oder Dauerfliegern, wie den Flugtipplern steht dieser Gesichtspunkt, ohne Rücksicht auf äußere Gestalt und Farbe an erster Stelle, in der Hoffnung Nachkommen mit gleich guten oder besseren Flugleistungen als die der Eltern aufzuziehen. Ähnliche Gesichtspunkte sind bei der Zucht von Rollern, Purzlern, Sturzfliegern und anderen Kunstflugtauben vorhanden. Man hofft, durch die Anpaarung der besten Täuber mit den besten Täubinnen, Jungtiere aufzuziehen, die die speziellen Flugkünste noch besser als ihre Eltern beherrschen. Bei den Kröpfern wird neben kräftiger Farbe, exakter Zeichnung und richtiger Figur auch eifriges Blasen als Qualitätsmerkmal mit beurteilt. So liegt es nahe, eifrig blasende Kröpfer züchterisch zu fördern und gleichzeitig Mängel im Sinne des Zuchtzieles durch Auswahl geeigneter Partner zu vermindern.

Zuchtziele bei Rassetauben

Will man Rassetauben züchten, dann muss man sich zunächst einmal über das Zuchtziel im Klaren sein. Züchtet und pflegt man aber seine Tauben, um mit den besten Tieren auf Ausstellungen zu konkurrieren, dann ist das Zuchtziel für die jeweilige der etwa 300 Rassen in dem Deutschen Rassetauben-Standard vorgegeben. Die Zuchtziele sind von Rasse zu Rasse verschieden. Manche der Schwerpunkte für eine Beurteilung der Tauben beziehen sich auf exakte Körperformen, einschließlich der Gefiederformen, andere auf Kopfpunkte, Farbverteilungen, die Farbe selbst und ihren Glanz. Grundsätzlich aber gelten als Hauptbewertungsmerkmale für alle Rassen: der Gesamteindruck und die Körperform; auch die Körpermasse wird bei den meisten Rassen als Qualitätsmerkmal mit angeführt. Bei der Systematisierung aller anerkannten Rassen wurde es notwendig, sie nach gewissen Gemeinsamkeiten in elf entsprechende Gruppen einzuteilen. Die Aufstellung in Tabelle 26 (siehe unten) vermittelt einen Überblick hierüber und über die wichtigen Merkmale innerhalb der einzelnen Rassengruppen.

Nur in einer einzigen Gruppe unserer Rassetauben, den Kropftauben, wird neben dem äußeren Erscheinungsbild und der Haltung auch das Benehmen (Blasen) im Käfig mit beurteilt. Tauben mit besonderen Dauerflug- oder Kunstflugeigenschaften werden auf Ausstellungen nicht nach ihren körperlichen Eigenschaften miteinander verglichen und beurteilt. Für sie gelten die Beur-

Tabelle 26

Schwerpunkte bei der Beurteilung von Rassetauben

Gruppe	Bezeichnung	Beurteilungsschwerpunkte
I	Formentauben	Haltung, Stand Größe
II	Warzentauben	Haltung, Kopf, Schnabel
III	Huhntauben	Größe, Haltung, Farbe, Zeichnung
IV	Kropftauben	Größe, Haltung, Blaswerk, Farbe, Zeichnung
V	Farbentauben	Größe, Zeichnung, Farbe
Va	Schweizer Farbentauben	Größe, Farbe, Zeichnung
VI	Trommeltauben	Haltung, Kopfpunkte
VII	Strukturtauben	Federstruktur, Haltung, Farbe, Zeichnung
VIII	Mövchentauben	Kopfpunkte, Farbe, Zeichnung
IX	Tümmlertauben	Haltung, Kopfpunkte, Farbe, Zeichnung
X	Spielflugtauben	Haltung, Kopf, Farbe, Zeichnung

teilungsvorschriften ihres jeweiligen Verbandes für ihre Flug- oder Kunstflugleistungen.

Anders ist dies bei Brieftauben. Bei ihnen zählt der Sieg und die Anzahl der Wettflugpreise. Wenn sie auf Wettflügen eine Mindestzahl an Preisen errungen haben, werden sie im Winterhalbjahr auf Ausstellungen nach einem speziellen eigenen Beurteilungsschema gerichtet. Die besten Rassetauben werden prämiert.

Flugvermögen

Fast alle als Ausstellungstauben gezüchteten Rassetauben werden in geräumigen, modernen Zuchtschlägen mit angeschlossener großer Voliere gehalten, da sie viel zu wertvoll sind, als dass man sie den Gefahren eines Freifluges aussetzte. So haben sie täglich die Möglichkeit, in die frische Luft hinauszufliegen und die wärmenden Sonnenstrahlen zu genießen.

Bei dieser Art der Haltung können Tauben aller Rassen über viele Jahre gesund, zuchtfreudig und bei gepflegtem Gefieder gehalten werden.

Rassetauben, die man im geregelten Freiflug halten will, müssen von ihrer äußeren Gestalt her für das Fliegen geeignet sein und entsprechend trainiert werden. Erlaubt man Jungtauben den Freiflug, die bereits einige Monate in einer Voliere verbracht haben, so sind sie schon schwer dazu zu bewegen, genau so in der Luft herumzutollen, wie Jungtauben der gleichen Rasse, die von Anfang an an Freiflug gewöhnt sind und schon mit älteren Tauben ums Haus fliegen. Entscheidend ist, dass man alle Jungtauben ab der sechsten, spätestens ab der achten Lebenswoche an den täglichen Rundflug gewöhnt und sie entsprechend trainiert. Junge Tauben lernen in diesem Alter das Fliegen sehr leicht, wenn sie von Anfang an von flugfreudigen älteren Tauben ihres Schlages mitgezogen werden. Hier ein Beispiel aus der Erfahrung des Autors: Die alten Kölner Tümmler aus Volierenhaltung waren ausgesprochen flugfaul, doch ihre Jungen wurden von Anfang an von jungen Brieftauben mitgezogen und wurden genauso flugfreudig wie diese. Auch liest man, dass es bei den Danziger Hochfliegern gute Flieger gebe, mit dem Unterton, dass diese Eigenschaft trotz jahrelanger Volierenhaltung bei einigen Stämmen noch nicht ganz verloren gegangen sei. Das kann eigentlich nicht stimmen. Wenn nicht gerade durch Einkreuzung anderer Tiere die spezielle Flugeigenschaft der Danziger vermindert wurde, dann müssen junge Danziger, auch wenn ihre Vorfahren einige Generationen lang in der Voliere saßen, wieder genau so flugfreudig sein.

Natürlich gibt es viele Taubenrassen und Familien, die schon rein äußerlich nicht zum Flug geeignet sind. Bei ihnen kann man sich alle derartigen Versuche sparen. Bei einigen ganz schweren Rassen, wie den Kingtauben ist man bereits froh, wenn sie ihre Nistzelle erreichen.

Ganz anders ist dies bei Freiflugtauben. Sie müssen sehr sorgfältig und mit viel Überlegung geführt werden. Will man junge Tauben geeigneter Flugrassen zum ausdauernden Freiflug trainieren, dann sollte man, nachdem sie es gelernt haben vom Ausflug aufs Dach und wieder zurück zu fliegen, zunächst versuchen sie zusammen mit einigen Alttauben ein paar Runden drehen zu lassen. Schon nach wenigen Tagen finden sie sehr viel Freude am Fliegen und beginnen, ihr Flugvermögen durch Sturz- und Steil-, Schräg- und Schnellflüge abzutasten. Immer wieder sieht man, wie einige Tiere sich vom Schwarm lösen und im wahren Geschwindigkeitsrausch ihre Möglichkeiten ausprobieren. Von nun an hält man die Jungen getrennt von den Alttauben.

Man lässt die Jungtauben morgens vor der Fütterung frei fliegen und lockt sie danach mit dem Futter wieder herein. Tiere, die trotzdem den ganzen Tag hungrig draußen sitzenbleiben, erhalten nur wenig Futter. Am nächsten Morgen gehen sie nach ihrem Rundflug sehr viel schneller in den Schlag hinein, weil sie wissen, dass es nur dort Futter gibt. Hat man morgens nur wenig Zeit für die Versorgung der Jungtauben, so erhalten sie nur wenig zu fressen und werden am Abend vor der Fütterung herausgelassen. Durch das tägliche Flugtraining verlängern sich ihre Flugzeiten. Man sollte sich aber davor hüten, sie am Abend zu spät zu starten und bis in die Dämmerung fliegen zu lassen. Manchmal schaffen es einige Tiere nicht, rechtzeitig wieder in den Schlag zurückzukehren; Verluste sind dann unvermeidlich. Flugtaubenexperten, insbesondere bei den speziellen Kunst- und Dauerflugrassen arbeiten mit Droppern, um den Schwarm nach ausreichendem Flug wieder herunterzuholen. Dropper sind weiße Pfautauben, weiße Altholländische Tümmler oder weiße Arabische Trommeltauben, die mit dem Flugschwarm zusammenleben und im Schlage oder auf dem Dach immer dann gezeigt werden, wenn das Futter zum Fressen bereitsteht. Haben die Flugtauben es gelernt, dass es immer Futter gibt, wenn der Dropper gezeigt wird, ist es möglich, den Flug nach dem Willen des Züchters mit dieser Methode zu beenden.

Da die Flugneigung der Tauben verschiedener Rassen und die Zeit des Züchters, die er für das Trainieren zur Verfügung hat, sehr unterschiedlich verteilt ist, muss es bei diesen generellen Hinweisen an dieser Stelle bleiben.

Freiflug – Gefahren und Risiken

Die Möglichkeiten beim Freiflug Tauben zu verlieren sind groß, kennt man aber die Bedingungen, unter denen Verluste eintreten können, dann kann man geeignete Maßnahmen ergreifen. Zunächst seien die wichtigsten Ursachen für mögliche Verluste angeführt:

Jungtauben, die gerade das Fliegen um den Schlag lernen, können von vorbeiziehenden fremden Tauben mitgezogen werden und finden nicht zu ihrem Schlag zurück. Tragen sie Namensringe mit der Anschrift des Züchters, hat man große Chancen, sie zurückzubekommen, wenn sie in andere Schläge hineingehen. Flugfreudige Jungtauben, die in übermütigen Sturz-, Schräg- und Steilflügen umherfliegen, können sich an Leitungsdrähten verletzen. Schürfwunden

Schlaganlage mit großer Flugvoliere.

verheilen sehr schnell, so dass sie nach einigen Tagen wieder fit sind.

Am häufigsten sind die Verluste durch Greifvögel, vor allem, seit diese nicht mehr bejagt werden und sich ohne Risiko in bewohnten Ortschaften aufhalten können. Von den vielen Greifvogelarten sind drei auf das Schlagen von Tauben spezialisiert. Es sind die Sperberweibchen, die Habichte und die Wanderfalken. Bussarde jagen den Habichten die Beute ab, so dass sie indirekt zu den Taubenjägern mit hinzugezählt werden müssen. Verluste durch Greifvögel treten das ganze Jahr über auf, jedoch in verstärktem Maße im Winterhalbjahr, wenn ihnen die Zugvögel als Nahrung nicht mehr zur Verfügung stehen. Hungrige Greifvögel jagen die Tauben dann sogar in Anwesenheit von Menschen unmittelbar am Taubenschlag, wenn sie Bäume als Hinterhalt und Versteck haben.

Zusätzliche Gefahren gibt es bei Schlägen, die unmittelbar auf dem Erdboden stehen wie bei den Gartenschlägen. Nur zu gern fliegen die Tauben auf den Boden, um im Rasen zu picken. Dort werden umhergehende Tauben manchmal von ausgewachsenen Ratten gefangen. Katzen fangen normalerweise Tauben nicht, weil die Taube zu schnell auffliegt. Doch gibt es Katzen, die irgendwann eine zahme Taube fangen und danach die Jagd auf Tauben nicht mehr lassen können. Von den Mardern sagt man, dass sie in dem Revier, in dem sie leben, nicht jagen würden. Das stimmt so nicht. Auch Hausmarder greifen sich gelegentlich auf dem Rasen herumgehende Tauben und tun dies nach Gewöhnung an den Menschen fast ohne Scheu. An Taubenfang gewöhnte Hausmarder sind ohne Weiteres in der Lage, in die Einflüge zu klettern, um dort sitzende Tauben zu töten und sogleich aufzufressen. Mehrfach wurde berichtet, dass Marder oder marderähnliche Tiere in einen Taubenschlag eindrangen und in einer Nacht alle Tauben, derer sie habhaft werden konnten, töteten.

Um die meisten Verluste dieser Art zu vermeiden, gibt es geeignete Gegenmaßnahmen. Sperberweibchen und Habichte jagen immer aus dem Hinterhalt. Sie setzen sich gern in einen Baum, um dann im geeigneten Moment in einen Taubenschwarm hineinzustoßen. Ihre Krallen dringen meistens gleich so tief in den Brustkorb der Taube ein, dass diese zum Erstickungstod verurteilt ist. Selbst auf den Boden gestürzte Tauben, die vom Züchter sofort nach dem Angriff gerettet werden, können nicht am Leben gehalten werden. Gegen Wanderfalken ist kein Schutz möglich. Sie fliegen so schnell, dass fast jede Taube im Flug verloren ist. Wanderfalken fressen, wie auch die Sperberweibchen, ihr Opfer sogleich an dem Ort, an dem sie es geschlagen haben. Da Wanderfalken nicht standorttreu sind, muss man nicht unbedingt damit rechnen, dass sie sogleich wiederkommen.

Jahrelange Erfahrungen lehren, dass es am besten ist, ab September alle Tauben einzusperren, um sie vor Greifvögeln zu schützen. Selbst wenn man glaubt, ihnen nach Wochen einmal unter ständiger Beobachtung des Züchters Freiflug geben zu können, haben Sperberweibchen oder Habichte, auch aus der weiteren Umgebung, dies sehr schnell bemerkt und holen sich ihre Opfer. Da Greife seit Jahren nicht mehr verfolgt werden, sind sie auch in geschlossenen Ortschaften nicht mehr scheu. Selbst Ende März wurde dies beobachtet. Zu dieser Zeit beginnen die Greifvögel normalerweise, sich in die Wälder zurückzuziehen, um mit ihrer eigenen Brut zu beginnen. Mehr und mehr Zugvögel kehren dann als Nahrung für die Greife aus dem Süden zurück, und in den Ortschaften wird es unruhiger, weil sich immer mehr Menschen tagsüber in den Gärten und auf den Straßen aufhalten. In dieser Situation kann man Anfang April beginnen, seinen Tauben wieder geregelten Freiflug bis Anfang September zu geben. Verluste durch Greifvögel sind auch dann nicht ganz auszuschließen, halten sich aber in erträglichem Rahmen.

Einen besseren Schutz vor Greifvögeln bieten Taubenschläge, die ganz oben in hohen Häusern liegen und nicht von Bäumen und Sträuchern umgeben sind, in denen Greifvögel lauern könnten. Tauben aus

Kleiner Sechseckschlag mit Voliere am Einflug.

hochgelegenen Schlägen fliegen auch nicht unten am Haus auf den Erdboden und sind so besser vor Katzen, Ratten und Mardern geschützt. Befindet sich der Schlag unten am oder im Wohnhaus, dann ist es gut, wenn in der näheren Umgebung keine für Greife geeigneten, großen Bäume stehen. Für die anderen, vierbeinigen Jäger unserer Tauben gibt es verschiedene zugelassene Bekämpfungsmethoden.

Kunstflug

Bei den Kunstflugrassen wie den Rollern, Purzlern, Sturzfliegern, Stilfliegern, Klatschtümmlern, Bodenpurzlern, Spielfliegern und Wellenfliegern ist dieses Flugvermögen angeboren. Es kann natürlich nur zur Ausführung kommen, wenn die jungen Tauben Gelegenheit zum Freiflug haben und sich ein gewisses Flugvermögen durch Rundflüge aneignen können, das sich dann durch geschicktes Training verbessern und intensivieren lässt. Innerhalb der Bestände und Rassen gibt es große individuelle Unterschiede, die durch Flugbeurteilungen bei Wettbewerben in unseren speziellen Kunstflugvereinen erfasst werden. Die besten Tauben werden anschließend verstärkt in der Zucht eingesetzt, da die speziellen Flugfähigkeiten erblich sind und so über entsprechende Auslese eine züchterische Verbesserung und Intensivierung dieser Eigenschaften erreicht werden kann.

Bei einer Beurteilung ist zu bedenken, dass für eine erbrachte Flugleistung vier Faktoren verantwortlich sind: die erbliche Veranlagung, gesunde Haltung, die Ernährung und das Training.

Daher ist es möglich, Jungtiere aus einem als durchschnittlich geltenden Zuchtpaar einer gut veranlagten Flugfamilie, durch gute Haltung und gutes Training zu Spitzenleistungen im Kunstflug zu bringen. Umgekehrt treten Tiere mit hervorragender Abstammung mit ihren Leistungen nicht sonderlich in Erscheinung, wenn sie nicht gleich gut gehalten und trainiert wurden. Deshalb sollte man sich bei der Beurteilung der Qualität solcher Tauben immer fragen, aus welcher Familie sie stammen und welcher Anteil des zu beurteilenden Merkmals genetisch und welcher haltungsbedingt ist.

Dauerflug

Typische Dauerflugtauben sind die Englischen Flugtippler und die Brieftauben. Doch müssen wir auch die Hochflugtauben wie beispielsweise die Wiener Tümmler und die Danziger Hochflieger an dieser Stelle nennen, da sie, wenn sie als Flugtauben gezüchtet und gehalten werden, gute Dauerflugeigenschaften besitzen und stundenlang in der Luft „stehen“ können. Dennoch werden sie wie auch die Brieftauben, nicht zu den eigentlichen Dauerfliegern gezählt. Dies sind einzig und allein die Englischen Flugtippler, die züchterisch weder nach Form, Größe oder Farbe, sondern nur nach Dauerflugleistungen beurteilt und ausgelesen werden. Der Weltrekord im Dauerflug von drei Tauben aus Großbritannien liegt bei 20 Stunden und 51 Minuten. Mehrere Dauerflugwettbewerbe der europäischen Züchtervereinigungen für Englische Flugtippler in Westeuropa geben in jedem Sommer mit Alt- und Jungtauben, jeweils zu gleichen Terminen an zahlreichen Orten Aufschluss über die besten Dauerflieger. Diese werden entsprechend prämiert und verstärkt in der Zucht eingesetzt. Dabei schälen sich besonders gut veranlagte Familien heraus. Züchterisch gesehen bestehen hier bei diesen multigen veranlagten Flugeigenschaften gleich gute Chancen, aus allen Familienmitgliedern eines erfolgreichen Zuchtstammes Spitzentiere herauszuzüchten.

Wettflüge

Über die Hälfte aller Tauben der in Westeuropa in Vereinen organisierten Taubenzüchter, sind Wettflugtauben, die Brieftauben. 70 000 Züchter nehmen allein in Deutschland jedes Jahr im Sommer, an den Wochenenden mit ihren Tauben an Wettflügen mit Entfernungen von etwa 100 km bis 700 km teil. In ganz Europa sind es über 200 000 Brieftaubenzüchter. Sonderflüge, wie die Nationalflüge, werden außerdem mit Entfernungen bis zu 1200 km erfolgreich durchgeführt.

Züchterisch gesehen ist die heutige riesige Population der Wettflugtauben von etwa sechs bis acht Millionen in Europa, aus kleinen Anfängen heraus entstanden, indem seit etwa zweihundert Jahren immer wieder die besten und schnellsten Tauben in der Zucht eingesetzt wurden. Das einzige Zuchtziel bei den Brieftauben ist ihre Heimkehrgeschwindigkeit. Alle übrigen genetisch beeinflussbaren Faktoren wie Körpermasse, Figur, Gefiederfarbe und Brutfreudigkeit werden bei züchterischen Gesichtspunkten dem Heimkehrvermögen und der Heimkehrgeschwindigkeit untergeordnet. Dazu muss man allerdings sagen, dass einige der oben genannten Faktoren mit der Heimkehrgeschwindigkeit in Zusammenhang stehen.

Da die Färbung der Brieftauben für den Wettflugerfolg ohne Bedeutung ist und blaue Tauben auf dem Heimflug, vor allem, wenn sie sich einmal absetzen, am wenigsten auffallen, hat es sich herausgebildet, dass blaue und blaugehämmerte Farben dominieren. Jedoch ist eine breite Farbenvielfalt innerhalb der Brieftauben bis heute erhalten geblieben. Ihr Brut- und Aufzuchttrieb ist ungebrochen intensiv und steht mit dem unbedingten Heimkehrwillen in engem Zusammenhang. Trotz eines ausgeprägten Temperamentes sind sie im Laufe der Jahrzehnte durch ständige Auslese sehr zutraulich geworden. Auch hier gilt bei der multigenen Vererbung aller Faktoren, die an der Leistung beteiligt sind und in Zusammenhang mit richtiger Haltung, Gesunderhaltung und richtigem Training gesehen werden müssen, dass bei leistungsstarken Familien aus jeder Paarung Spitzentiere hervorgehen können.

Trainierte Brieftauben sind schon am Haus gute Dauerflieger. Viele Bestände bleiben in den Sommermonaten täglich ein bis zwei Stunden in der Luft. Sie sind deshalb bestens durchtrainiert und es macht ihnen nichts aus, einmal pro Woche mehrere hundert Kilometer vom Auflassort zur Heimat mit Geschwindigkeiten von 70 bis 110 Stundenkilometern und mehr zurückzulegen. Selbst bei 700-km-Flügen wurden Fluggeschwindigkeiten von 75 km/h und mehr erreicht. Selbstverständlich wird die Heimkehrgeschwindigkeit stets von Wind und Wetter mit beeinflusst.

In der gesamten Tierzucht ist die Auslese bei Brieftauben wohl mit am härtesten. Tauben, die von Würmern oder anderen Parasiten befallen sind und die nicht richtig ernährt oder gehalten wurden, haben keine Chance zu den Wettflugsiegern zu zählen. Nur durchtrainierte Tauben, die völlig freiwillig mit viel Fluglust jeden Tag ihr Training absolvieren und eine gewisse Wettflugerfahrung besitzen, sind in der Lage, Woche für Woche zu den schnellsten Heimkehrern zu zählen. Sie werden auf einer sehr breiten Zuchtgrundlage von schätzungsweise über zehn Millionen Wettflugtauben in ganz Europa, Amerika und Asien Jahr für Jahr entsprechend ihrem Erfolg ausgelesen. Sie sind die Zuchttiere für die Nachkommen des nächsten Jahrganges und so sind die Brieftauben in den letzten fünfzig Jahren auf den Wettflügen im Durchschnitt sehr viel schneller geworden. Vor allem aber hat sich die Rückkehrdichte enorm erhöht. Selbst auf 700-km-Flügen erreicht oft über die Hälfte aller gestarteten Tauben nach neun bis zehnstündigem Flug den heimatlichen Schlag innerhalb einer Stunde.

Die Taubenrassen

Goldgimpel mit Spitzkappe.

Es ist das große Verdienst des Bundes Deutscher Rassegeflügelzüchter e.V. (BDRG) und des Verbandes Deutscher Rassetaubenzüchter e.V. (VDT), dass sie in Zusammenarbeit mit den Sondervereinen im Laufe der Jahrzehnte die vielen vorhandenen Taubenrassen im Deutschen Rassetauben-Standard erfasst haben. Jede einzelne Rasse wurde nach Herkunft, Zuchtzielen und zugelassenen Farbenschlägen beschrieben und in bestimmten Reihenfolgen geordnet. Dabei war es klar, dass eine Ordnung nach geographischen Gesichtspunkten, die teilweise vorhanden ist, allein nicht ausreicht. Als Beispiele für eine geographische Einordnung mögen die Gruppen der Sächsischen, Thüringer, Schweizer und Süddeutschen Farbentauben dienen.

Es erwies sich als sinnvoller, die Rassen nach ihren Eigenschaften und Merkmalen in zehn verschiedene Gruppen einzuordnen, denen erst vor wenigen Jahren die Schweizer Farbentaubenrassen als eine Untergruppe zugeordnet wurden. Eine derartige Einordnung ist nicht immer ganz einfach, da manche Rassen gleich gut in zwei verschiedene Gruppen passen. So nimmt es nicht wunder, dass noch in den letzten Jahren einzelne Rassen umgruppiert wurden. Ebenso schwierig ist es manchmal, neu zugelassene Rassen in dieses System zweckmässig einzuordnen.

In den „Musterbeschreibungen für Tauben“ aus dem Jahre 1951 waren 190 Rassen schon in zehn verschiedenen Gruppen, einschließlich der Schweizer Rassen, aufgeführt. Der Tourismus in andere Länder führte zum Import neuer Rassen nach Mitteleuropa. Zudem gab es zahlreiche Neuzüchtungen oder Neuaktivierung von Rassen, die man schon für verloren hielt, so dass nunmehr 279 Rassen im Deutschen Rassetauben-Standard aufgeführt sind. Er liegt in Form eines Ringbuches vor. So ist es jederzeit möglich, neu zugelassene Rassen aufzunehmen, einzuordnen und Änderungen der Standardbestimmungen bei einzelnen Rassen durch Auswechseln der Blätter zu korrigieren. Die praktische Arbeit mit unseren Rassetauben erfordert eine dreifache Aufzählung der Rassen, damit man ihre Beschreibung schnell aufschlagen kann.

In der ersten Aufzählung sind alle Rassen in alphabetischer Reihenfolge mit Angabe der Rassengruppe angordnet. In der zweiten Aufzählung sind die Rassen nach ihren Gruppen eingeteilt und innerhalb jeder Gruppe alphabetisch angeordnet. Die dritte Aufzählung beruht auf der traditionellen Anordnung der Rassen auf den Ausstellungen. Hier ist die Reihenfolge der Rassen in den Ausstellungskäfigen festgelegt, wie sie seit vielen Jahrzehnten üblich ist. Neue Rassen werden meistens innerhalb der Gruppen hinten angeschlossen. Erfahrene Ausstellungsbesucher wissen daher immer, wo sie bestimmte Rassen nach dieser Reihenfolge finden können. Eine fortlaufende Nummerierung der Rassen innerhalb der Gruppen würde im Zeitalter des Computers den Überblick noch bedeutend erhöhen. Die Brieftaubenzüchter haben überall auf der Welt ihre eigenen Organisationen. Eigene Organisationen haben auch die Züchter der verschiedenen Kunstflug- und Dauerflugtauben. Diese Rassen werden im Anschluss an die Standardtauben beschrieben.

Luchstaube.

Gruppe I – Formentauben

Wie der Name schon sagt, steht bei der Beurteilung dieser Tauben die Körperform und -haltung an erster Stelle, rangiert somit noch vor einer exakten Farbzeichnung. Die vorhandenen Rassen sind aber soweit durchgezüchtet, dass auch die Farben im gewünschten Farbton und exakter Zeichnung vorhanden sein müssen, wenn ein Tier eine gute Beurteilung bekommen soll. Die Gruppe besteht insgesamt aus 38 Rassen, die sich in Form und Größe erheblich unterscheiden:

Ägyptische Segler (englisch: Egyptian Swift = Schnellflieger)
Diese Rasse kam bereits im Jahre 1862 nach Europa, wurde aber erst im Jahre 1995 in Deutschland anerkannt. Auffallend ist nicht nur die Länge der Flügel, die bei einer Spannweite bis zu 90 cm, angelegt bis an die Schwanzspitze reichen, sondern auch die gediegene Färbung. Es gibt blau-gelbe mit Halsring (Gazaganti), die wie mit Bronze überzogen aussehen, schwarze mit Halsring (Ryani) und vielfarbige.

Basraer Wammentauben

Diese Tauben stammen ebenfalls aus dem Orient. Es sind große, kräftige Tauben mit angehobener, breiter Brust und einem abfallenden Rücken. Ihr besonderes Merkmal ist eine stark ausgeprägte Kehlwamme. Sie haben einen glatten Kopf mit meist orangefarbigen Augen. Auch die Farben sind orientalisch: blau-, gelb- und hellgrundfarbig sowie mehllicht. Die Farben werden bei ihnen geschlechtsgebunden vererbt, die Täuber sind sehr viel heller gefärbt als die Täubinnen.

Beneschauer Tauben

Böhmen im weitesten Sinne hat eine jahrhundertealte Taubenzuchttradition. Diese schwere, aber gut flugfähige Rasse (um 750 g) wurde erst im Jahre 1948 dort anerkannt. Die Tiere haben eine fast waagerechte Körperhaltung. Ihre Augen sind leuchtend rot mit schmalem Augenrand. Die Flügel liegen straff am Körper an. Sie wird bisher nur in Blau ohne Binden und in Gelb gezüchtet.

Berner Halbschnäbler

wurden um die Mitte des 19. Jahrhunderts in der Schweiz mit verschiedenfarbigen Schnabelhälften gezüchtet. Heute sind die Schnäbel fast immer wachsfarbig. Es sind elegante Tauben mit einfarbigem Kopf mit Spitzkappe und weißer Schnippe, aufrecht stehend, mit leicht abfallendem Rücken, in auffälliger Schwarz- und Rotscheckzeichnung (Panterscheckung mit gebrandeten, großen Federn).

Briver Schwarzköpfe

stammen aus der Stadt Brive in Frankreich, wo sie mindestens seit Beginn des 19. Jahrhunderts erfolgreich gezüchtet werden. Dort wurden sie im Jahre 1978 als Rassetauben anerkannt. Kopf und Hals haben eine schwarze Lackfarbe. Das übrige Gefieder ist schwarz gemasert mit schwarzer Säumung der großen Federn. Es sind sehr kräftige, flugfähige Tauben mit leicht abfallendem Rücken.

Carneau Tauben

Ihr Name ist wahrscheinlich als „Fleischtaube“ zu deuten; sie stammen aus Nordfrankreich. Sie sind groß und kräftig (bis 600 g Lebendmasse) mit breiter Brust und breitem Rücken. Sie werden in mehreren Unterfarben der Grundfarbe Rot als Lackfarben, mit und ohne Flügelrose oder weißem Unterrücken, gezüchtet. Man hat sie in den USA als Ausgangsrasse für die Erzüchtung von Fleischtauben mit Erfolg verwendet. Eine Besonderheit ist die dreifarbige Iris der

Augen. Bei der Neuzüchtung der Giant Homer wurden große, schwere Carneau Tauben mit herangezogen.

Cauchois Tauben

haben ihren Ursprung in der Stadt Caux in der Normandie. Sie sind ein Beispiel dafür, wie aus mehreren Rassen eine neue Rasse systematisch herausgezüchtet wurde. Ihre Vorfahren sind Kröpfer, Mondain, Carneau und Feldtauben. Es sind große lebhafte Tauben (bis 800 g) mit langen Schwingen- und Schwanzfedern, schwachem Blaswerk, nicht zu aufrechter Haltung, mit breitem, mäßig abfallendem Rücken. Gezüchtet werden sie in Einfarbig mit Mondzeichnung in Rot, Gelb und Schwarz, sowie in mehreren Farben in Fahl, Bronze-, Sulfur-, Rosa- und Weißgeschuppt in hohlig und bindig.

Coburger Lerchen

sind eine alte sächsisch-bayerische Rasse, die wegen ihrer Zutraulichkeit sehr beliebt ist. Es handelt sich um große, langgestreckte Tauben (bis 700 g Lebendmasse) mit waagrechter Haltung. Wir kennen nur die drei Farbenschläge Gelercht, Silber mit und ohne Binden. Eine Besonderheit ist ihre Brustfarbe in hellockerfarbig, die sich züchterisch auch auf andere Tauben übertragen lässt. Außerdem wirken alle Tauben hellpastellfarbig. Bei den Gelerchten ist die Lerchenzeichnung auf dem gesamten Flügelschild und auf dem Oberrücken ausgebildet und besteht aus scharf abgegrenzten dunkleren Dreiecken.

Damascener Tauben

Man sagt, es handle sich hier um eine der ältesten Taubenrassen, die man über dreitausend Jahre lang zurückverfolgen könne. Vielleicht hat der Sonderverein entsprechende Hinweise. Trotz ihres Alters wird diese Rasse nur in eisfarbig mit schwarzen Binden gezüchtet. Da sie sehr gut durchgezüchtet ist, führen kleine Abweichungen vom Standard schon zu geringeren Benotungen. Das Gefieder ist gleichmäßig eisfarbig, nur das Untergefieder ist dunkelblaugrau. Die Tauben sind zutraulich, mittelgroß, gedrungen, mit fast waagerechter Haltung bei leicht abfallendem Rücken, mit zwei ganz klar gezeichneten Flügelbinden und einer ebensolchen Schwanzbinde.

Deutsche Schautauben

Sie entstanden zu Beginn des 20. Jahrhunderts. Man nannte sie anfangs Schönheitsbrieftauben, weil man die schönsten Brieftauben nicht auf Wettflüge, sondern auf Ausstellungen schickte. Um sie in den Kopfpunkten, der Körperform (Stand, Haltung) und der Farbe zu verbessern, wurden andere geeignete Rassen, vor allem andere brieftaubenähnliche, eingekreuzt. Deutsche Schautauben sind heute eine der am meisten verbreiteten Rassen, die es in sehr vielen verschiedenen Farbenschlägen gibt, aus denen in Verbindung mit den unterschiedlichen Zeichnungen, immer wieder neue Varianten hervorgehen. Beliebt sind sie aber auch wegen ihrer Zutraulichkeit, ihrer klaren Körperformen, ihrer Schnittigkeit und ihres angenehmen Temperaments. Bei fast halbkreisförmiger Unterlinie, haben sie eine keilförmige Form mit waagerecht verlaufender Schwanz- und Rückenlinie.

Eichbühler Tauben

Diese Rasse kommt aus dem Kanton Bern vom Hof Eichbühl. Sie entstand Mitte des 19. Jahrhunderts aus einer osteuropäischen Rasse und Schweizer Spitzhauben. Eichbühler haben eine kräftige Feldtaubengestalt mit geduckter Haltung, einem langen, kantigen Kopf mit großen Augen (Eidechsenkopf), behoste Beine, jedoch mit nicht bedeckten Zehen. Es gibt sie in Blau und Rot und deren Neben- und Unterfarben in bindig, hohlig und gehämmert.

Exhibition Homer

(deutsch: Ausstellungs-Brieftaube)

Auch hier handelt es sich, wie bei den Schautauben, ursprünglich um Schönheitsbrieftauben, die um das Jahr 1900 in England herausgezüchtet wurden. Auffällig ist ihr keilförmiger Kopf, der mit gerader Oberlinie getragen wird. Die Kehle ist tief ausgeschnitten. Diese Tauben wirken schnittig und kraftvoll. Der Rücken bildet, leicht abfallend, mit dem Schwanz eine gerade Linie. Es gibt sie ohne Scheckung in Blau, Rot und deren Neben- und Unterfarben in bindig, hohlig und gehämmert.

Französische Sottobanca

Trotz ihres Namens stammen diese Tauben aus der Lombardei in Italien, von wo sie am Ende des 19. Jahrhunderts nach Frankreich und von dort zu uns nach Deutschland kamen. Es sind zutrauliche, kräftige, gedrungene Tauben mit leicht aufrechter Haltung und leicht hohlem Rücken. Auf dem Kopf tragen sie eine Schaufelhaube. Sie werden einfarbig, hohlig in den Farben Schwarz, Rot, Gelb, Weiß und in Blau, bindig gezüchtet.

Gelockte Wammentauben

Neben den Lockentauben tauchte vor einigen Jahren diese zweite gelockte Rasse aus dem Orient auf. Es sind große, kräftige Tauben mit ausgeprägter Kehlwamme und gleichmäßig verteilten, leicht gelockten Federn auf den Flügelschildern. Man kennt sie in einfarbig Weiß sowie als Schecken in den Grundfarben Schwarz und Rot mit ihren Unterfarben.

Genuine Homer

(deutsch: Echte Brieftauben)

Diese Rasse ist noch jung und wurde erst zu Beginn des 20. Jahrhunderts neu heraus gezüchtet. Genuine Homer haben einen kurzen Körper mit aufrechter Haltung, wobei der Hals senkrecht getragen wird. Eine Besonderheit sind die hellen Perlaugen, die durch eine Einkreuzung in die ehemaligen Brieftauben gekommen sind. Der Kopf soll zwischen den Augen recht breit sein. Als

Färbungen gibt es blaue und dominant-rote mit Nebenfarben in bindig und gehämmert sowie Blau- und Rotschimmel.

Giant Homer

(deutsch: Riesen-Brieftauben)

Diese in den letzten Jahren vermehrt anzutreffende Rasse wurde zu Beginn des 20. Jahrthunderts aus Brieftauben, Carneau und Mondain herausgezüchtet, wobei man durch Auslese die schwereren Tiere in der Zucht bevorzugte. So entstanden Tiere mit einer Körpermasse bis 850 g. Sie sind sehr kräftig, mit kurzer Figur und sehr breiter Brust. Ober- und Unterlinie verlaufen bis zum Schwanzende keilförmig. Der Schwanz wird waagerecht getragen. Die Zulassung in Deutschland erfolgte um das Jahr 1995. Giant Homer werden in allen drei Grundfarben und ihren Unterfarben auch als Schimmel gezüchtet. Sie bieten damit ihren Züchtern ein breites Betätigungsfeld.

Giertauben

Diese Rasse hat zwei Ursprünge. Zunächst wurden ab dem Jahre 1870 im Giertal bei Lyon aus Französischen Bagdetten und Brieftauben große, kräftige Tauben mit einer Lebendmasse bis 700 g gezüchtet. Viel später nannte man äußerlich ähnliche Tauben mit Mönchzeichnung, die kleiner und leichter sind, auch Giertauben und ordnete sie dieser Rasse zu. Mit gerader Stirn-Schnabellinie am Kopf, bei aufrechter Haltung, schräg abfallendem Rücken und am Bug etwas abstehenden Flügeln machen sie einen stolzen Eindruck, weswegen ihre Züchter sie schätzen. Es gibt sie in Blau und Blaufahl, bindig, in Rotfahl und Gelbfahl und bei den gemönchten in Schwarz und Blau.

Lahore Tauben

kamen im Jahre 1880 aus Pakistan als Lebendfutter für die in Kisten nach Europa verschiffte Raubtiere, wie Tiger, Krokodile, Panter und Schlangen nach Deutschland. Sie hatten eine spezielle, in Europa noch unbekannte Zeichnung, die wir Lahore-Zeichnung nennen. Die gezüchteten Nachkommen wurden als Neuerscheinung ausgestellt und als Rasse anerkannt. Es sind große, kräftige Tauben mit fast waagerechter Körperhaltung, mit mittellangen Latschen und gut ausgeprägten Geierfedern. Bei der Lahore-Zeichnung sind Kehle, Vorderhals, Brust, Bauch, der untere Teil des Rückens und der Schwanz weiß. Zwischen der farbigen Kopfzeichnung und den Augen verläuft ein weißer Streifen, so dass die Augen nur von Weiß umgeben sind. Stirn, Ober- und Hinterkopf, Hinterhals, der obere Teil des Rückens und die Flügel sind gleichmäßig farbig. Es gibt sie heute in vielen Varianten der schwarzen und dominant-roten Grundfarbe in bindig, hohlig und gehämmert.

Libanon Tauben

Sie sind eine weitere orientalische Rasse mit kompaktem Körper und auffallend starkem Hals mit voller Kehle. Die Körper- und Halsform steht bei der Beurteilung obenan. Ihre Farbzeichnung hebt sich etwas ab, denn es gibt sie in Rot und Gelb mit Spiegelschwingen und Spiegelschwanz (Farbige Flecken) und mit weißer Schwanzbinde in Blau und Schwarz, weißbindig und weißgeschuppt.

Luchstauben

stammen aus Westgalizien, wo sie Mitte des 19. Jahrhunderts aus Feldtauben und Schlesischen Kröpfern gezüchtet wurden. Sie haben eine weite Verbreitung gefunden und sind in den letzten Jahrzehnten in der Zucht durch neue Farbenschläge und durch größere und bessere Körperformen erheblich vorangebracht worden. Heute gibt es sie in weiß- oder farbschwingig in Schwarz, Blau, Rot und Gelb mit weißen Binden oder weißgeschuppt.

Mährische Strasser

wurden im 19. Jahrhundert aus Feldtauben, Kröpfern und Florentinern gezüchtet. Bei mittelhohem Stand verläuft die Unterlinie fast waagerecht. Bei allen Tieren tritt die typische Strasserzeichnung mit den Farben Schwarz und Rot und ihren Unterfarben in hohlig und bindig, aber auch in weißbindig, weißgeschuppt und weißschwänzig auf.

Mittelhäuser Tauben

wurden ursprünglich seit dem Jahre 1958 in Mittelhausen in Thüringen gezüchtet. Das Ziel war zunächst, eine weiße Wirtschaftstaube mit vielen vorzüglichen Eigenschaften zu schaffen. Gute Exemplare werden bis zu 800 g schwer. Da sie nur in Weiß gezüchtet werden, sind auch alle anderen Körpermerkmale für alle Tiere einheitlich. Bei der Beurteilung stehen daher Körperform, Haltung und Stand an erster Stelle.

Mondain Tauben

waren ursprünglich eine typische, gedrungene französische Fleischrasse mit tiefer Stellung und halbkreisförmiger Unterlinie, mit breiter Brust, kurzen Flügeln und Schwänzen, mit einer Lebendmasse bis zu 800 g. Es gibt viele Farbenschläge in Schwarz und Rot und ihren Unterfarben in bindig, hohlig und gehämmert, auch mit Schecken- und mit Schimmelzeichnung. Körpergröße, Form und Haltung stehen bei der Beurteilung obenan.

Montauban Tauben

wurden Mitte des 19. Jahrhunderts aus Südfrankreich nach Süddeutschland eingeführt. Trotz einer Mindestlebendmasse von 800 g wirken sie lang und elegant. Ihre Unterlinie verläuft fast waagerecht. Auf dem Kopf tragen sie eine federnreiche Muschelhaube. Als Farbenschläge werden sie in Schwarz, Blau, Rot, Gelb in bindig und gescheckt gezüchtet.

Poster (Brieftauben)

wurden in der Mitte des 19. Jahrhunderts in der Schweiz aus Brieftauben weiterentwickelt. Sie sind mittelgroß und haben einen kantigen, oben abgeflachten Kopf. Es gibt sie in den Grundfarben Schwarz und Rot mit Unterfarben in bindig, hohlig und gehämmert sowie in Weiß. Bei der Bewertung wird neben Körperform und -haltung auch den Kopfpunkten große Bedeutung beigemessen.

Prachener Kanik

Diese Tauben stammen aus Prachen in Südböhmen und sind seit dem Jahre 1932 bekannt. Bei weißer Grundfarbe sind Kopf, kleiner Latz, Flügelschilder, Schwanz mit Keil und Decken farbig. Die Hinterkopfzeichnung reicht nicht weit herunter. Auf dem Kopf ist eine weiße Schnippe. Mindestens eine Daumenfeder muss farbig sein. Sie werden in allen drei Grundfarben mit vielen Unterfarben in bindig, hohlig und gehämmert sowie weißbindig und weißgeschuppt gezüchtet. Außerdem gibt es alle Farben auch mit weißem Schwanz.

Römer Tauben

Die heutigen Römer wurden um das Jahr 1850 aus Südfrankreich nach Deutschland gebracht. Sie sind mit ihrer Länge, ihrer Flügelspannweite von über einem Meter und mit ihrer Lebendmasse von über 1000 g eine der größten Taubenrassen, die es gibt. Wegen ihrer Größe stellen sie an ihren Schlag und dessen Einrichtungen besondere Anforderungen. Ihre langen, bis zum Schwanzende reichenden Flügel werden, sich nicht kreuzend, auf diesem getragen. Es gibt die Römer in Schwarz, Blau, Weiß, Gelb und Rot mit einigen Unterfarben, aber auch in Braunfahl, alle in bindig und als Schecken.

Saarlandtauben

Sie sind eine neu gezüchtete Rasse, die um das Jahr 1950 aus Bagdetten, Römern und Brieftauben entstanden ist. Die Täuber erreichen eine Lebendmasse bis zu 950 g, Täubinnen bis zu 850 g. Trotz ihrer Größe wirken die Tauben elegant. Sie werden in Rotfahl, Gelbfahl und Blaubindig gezüchtet.

Show Antwerp
(Antwerpener Ausstellungs-Brieftauben)

Sie wurden seit dem Jahre 1870 in England auf der Basis Antwerpener Brieftauben durch Einkreuzung verschiedener Rassen, wie Indianern und Owls weiterentwickelt. Auffallend ist ihr dicker, stumpfer Schnabel, ihre aufrechte Haltung und ihr tiefer Stand. Der Kopf ist fast eiförmig und wird in drei Längen gezüchtet. Man sieht diese Tiere in drei Grundfarben mit vielen Unterfarben in bindig, hohlig und gehämmert. Es gibt sie in Weiß, Rezessiv-Rot und in manchen Farben als Schecken, Panterschecken und Schimmel.

Show Homer
(Ausstellungs-Brieftauben)

Unter den brieftaubenähnlichen Rassen sind sie wohl die bekannteste. Sie kamen Ende des 19. Jahrhunderts aus England auf den Konti-

Oben links: Lahore, gelb.
Oben rechts: Dragoner (Dragoon) blau-bindig.
Unten links: Syrischer Segler, gelb.
Unten rechts: Nürnberger Bagdette, rotgeherzt.

nent. Sie haben ein extrem langes Gesicht mit Perlaugen. Die Kopfform verläuft vom Schnabel in einer zunächst kreisförmigen, dann enger verlaufenden Bogenlinie bis zum Hals. Ihr Stand ist aufrecht mit senkrechter Halshaltung. Sie kommen in allen drei Grundfarben mit vielen Unterfarben in bindig, hohlig, schildig und gehämmert vor. Außerdem gibt es sie auch in Weiß, Rezessiv-Rot, als Schecken, Schimmel und als Panterschecken.

Show Racer

(Ausstellungs Wettflugtauben)

In den USA skennt man die Show Racer seit dem Jahre 1923. Ob andere Rassen eingekreuzt wurden, ist nicht genau bekannt. Sie stehen aufrechter als unsere Brieftauben mit breiter Brust und breitem Rücken, wobei sich der Rumpf nach hinten keilförmig verjüngt. Sie werden in vielen Farbenschlägen gezüchtet.

Soultzer Hauben

Sie kamen um das Jahr 1900 aus dem Ort Soultz im Elsass. Es handelt sich um große Tauben mit Lebendmassen von 600 g bis 700 g. Ihre gerundete Unterlinie verläuft fast waagerecht. Der Kopf trägt eine breite, gefüllte Muschelhaube. Rücken und Schwanz bilden eine gerade, leicht abfallende Linie. Blaswerk ist bei Täubinnen völlig unerwünscht, bei Täubern etwas vorhanden. Ihre Farben sind Blau, bindig, hohlig und gehämmert sowie Rotfahl. Größe und Exaktheit der Haube sind Hauptbewertungspunkte.

Spaniertauben

kommen nicht aus Spanien, sondern wurden in Thüringen aus Feldtauben, Türkentauben, Bagdetten und Brieftauben züchterisch entwickelt. Schnabel und Kopf bilden eine einheitliche Bogenlinie. Die Augenränder sind breit und Rot gefärbt. In ihrer Körperhaltung wirken diese mittelgroßen Tauben sehr elegant. Sie werden in vielen Farben, außer in der Grundfarbe Braun, auch weißbindig, mit Halbmond, geganselt und als Weißschilder gezüchtet.

Strasser Tauben

Die Strasser gehören seit Jahren zu einer unserer beliebtesten Rassen. Sie entstanden Mitte des 19. Jahrh. in Mähren aus Feldtauben, Kröpfern und Florentinern. Um das Jahr 1875 kamen sie nach Deutschland. Es sind massige, tiefstehende, kurze Tauben in der typischen Strasserzeichnung. In den letzten Jahrzehnten wurden Größe und Körpermasse züchterisch erheblich verbessert. Sie wurden um viele Farbenschläge mit vielen unterschiedlichen Zeichnungen bereichert. Bei der Strasserzeichnung sind Kopf, Latz, Flügel, Rücken, Schwanzdecke, Keil und Hosen farbig, alle übrigen Körperteile Weiß.

Syrische Segler

Um das Jahr 1965 wurden dieses mittelgroßen, tiefgestellten Tauben aus Syrien nach Deutschland eingeführt. Sie haben lange Flügel und Schwänze. Die Flügelspannweite beträgt bis zu 80 cm. Neben den üblichen Farben besitzen sie die Atlasfarbe (Rauchblau). In Blaugesäumt tragen sie einen Halsring. Schwarze gibt es in spitzkappig. Der Schwanz hat keine Querbinde. Gescheckt sind sie in Schwarz, Blau, Rot und Gelb bekannt.

Syrische Wammentauben

kommen, wie ihr Name sagt, ebenfalls aus dem Orient. Sie sind groß und kräftig, mit einem markanten Kopf mit Schnippe, einer großen Kehlwamme und einem weißen Fleck an beiden Oberhalsseiten (nicht immer bei den Schwarzen). Als Farbenschläge mit weißen Handschwingen sind anerkannt: Schwarze, Blaue mit Binden und gehämmert sowie Rotfahle, auch in gehämmert.

Texaner Tauben (kennfarbig)

In dem Bestreben, qualitativ bessere Wirtschaftstauben zu züchten, entstanden in den USA die kennfarbigen Texaner, die dort im Jahre 1961 anerkannt wurden. Sie wurden durch Kreuzung und Auslese aus Mondain und kennfarbigen Kingtauben geschaffen. Die Lebendmasse beträgt bei großen Täubern um die 950 g. Täuber und Täubinnen sind unterschiedlich gefärbt. Täubinnen sieht man in Blau, bindig und gehämmert sowie in Dominant-Rot, Rotfahl, Rotfahlgehämmert und auch in Braunfahl. Durch den „Bleich"-Faktor sind die Farben nicht sehr intensiv, sie wirken verwaschen. Täuber besitzen den „Bleich"-Faktor doppelt, sie sind überwiegend Weiß, mit leicht farbigem Hals in einer der Farben und ohne Binden, auch mit einzelnen Farbflecken am Körper, die sich mit dem Alter verstärken. Durch den doppelt vorhandenen Faktor für „Bleich" wird die Kennfarbigkeit hervorgerufen.

Ungarische Riesentauben

wurden seit dem Beginn des 20. Jahrhunderts in Südungarn als Wirtschaftstauben gezüchtet. Dabei erfolgte eine ständige Auslese auf Körpergröße. Die Anerkennung in Deutschland erfolgte im Jahre 1974. Es sind große Tauben mit fast waagerechter Körperhaltung mit Rundhaube und großen Latschen. Sie haben eine Lebendmasse bis zu 1000 g. Es gibt sie in Schwarz und Rot mit Unterfarben, bindig und gehämmert, aber auch als Schecken, Panterschecken und als Schimmel sowie in Weiß.

Französische Bagdette.

Gruppe II – Warzentauben

Diese Gruppe ist bei weitem nicht so groß, wie die vorhergehende. In ihr sind acht Rassen zusammengefasst worden, bei denen vor allem alle Kopfpunkte, insbesondere auch die Form und Größe der Warzen, bei der Beurteilung ein großes Gewicht haben.

Dragoner Tauben (offiziell: Dragoon)

Sie fanden erstmals im Jahre 1735 in der Literatur Erwähnung. Damit sind sie eine der ältesten bekannten Rassen. Noch im 19. Jahrhundert wurden sie als Botentauben eingesetzt. Um das Jahr 1880 hat man sie nach Deutschland geholt. Auffallend ist ihre nach oben gerichtete Kopfhaltung, bei der der Schnabel nach oben noch über eine gedachte waagerechte Linie hinausgeht. Nur diese Rasse besitzt diese Eigenschaft. Für ihre Qualität sind neben der Körperhaltung, die längsgerillten Keilwarzen und die leuchtenden Augen von Bedeutung. Rücken und Schwanz fallen in einer Linie mit einem Winkel von etwa 45° ab. Sie werden in den Grundfarben Schwarz und Rot mit vielen Unterfarben in bindig und gehämmert sowie als Schimmel und als Weiße gezüchtet.

Carrier Tauben

Sie sind die typischsten aller Warzentauben. Ursprünglich waren sie einmal, wie ihr Name sagt, Botentauben. Mindestens seit Beginn des 18. Jahrhunderts werden sie in England und seit Mitte des 19. Jahrhunderts in Deutschland gezüchtet. Seit Jahrzehnten konzentriert sich das Zuchtziel auf die Form und Größe der Augenränder und der Warzen am Ober- und Unterschnabel. Die endgültige Ausbildung der Warzen dauert mehrere Jahre; sie haben eine Struktur ähnlich der eines Walnusskernes. Die Augenränder sind flach und breit, so dass die Sicht nicht behindert wird. Die Oberschnabelwarzen sind weich, weiß gepudert und lassen die Nasenöffnungen frei. Die Warzen am Unterschnabel sind viel kleiner als die des Oberschnabels.

Schnabelwarzen und Augenränder sind durch einen Federnkranz voneinander getrennt. Die Tauben stehen hochaufgerichtet, mit senkrecht stehendem, schlanken Hals und steil abfallendem Rücken. Carriers werden in allen drei Grundfarben mit vielen Unterfarben, auch als Schecken und in Weiß gezüchtet.

Fränkische Bagdetten

Ursprünglich wurde der Name Bagdette von der Stadt Bagdad abgeleitet. Sicherlich kamen einmal die ersten Bagdetten aus dem Orient. Fränkische Bagdetten stammen aus der Fränkischen Schweiz, wo man sie gern mit geganselter Zeichnung züchtet. Es sind große, langgestreckte Tauben mit kräftigem Hals und mit langen, festgeschlossenen Flügeln. Die Oberlinie des Kopfes bildet einen ununterbrochenen Bogen vom Schnabel bis zum Nacken. Gezüchtet werden sie in fast allen Farben, in bindig, hohlig, schildig und gehämmert und in Weiß. Bei den Geganselten (früher: Geherzten) sind Kopf, Latz, Flügel, Rücken, Bauch und Schenkel Weiß. Schulter- und Brustgefieder sind farbig, bei den Gedeckten (Schildigen) sind auch die Flügelschilder farbig; unter den Augen befinden sich farbige Bäckchen.

Französische Bagdetten

sind eine alte französische Rasse, die um das Jahr 1860 nach Deutschland kam. Es sind schwere, hochgestellte Tauben, mit langem, dünnen Hals, mit waagerechter Kopfhaltung und waagerecht getragenem Rumpf. Schnabel und Vorderkopf sind ziemlich lang. Stirn und Schnabel bilden, von der Seite gesehen, eine gerade Linie. Ober- und Unterschnabel sind gleich stark. Am Hals haben sie den typischen, nach vorne verdickten Halswirbel, den Bagdettenknoten. Es gibt sie in Schwarz und Rot mit mehreren Unterfarben in bindig, gehämmert und gescheckt sowie Weiß.

Indianer Tauben

stammen ursprünglich aus dem Orient, von wo sie im 19. Jahrhundert nach Europa kamen. Es sind gedrungene, mittelhoch gestellte Tauben mit mittellangem Schnabel. Die Augen werden von feinen, karminroten Augenrändern umschlossen. Wegen dieser auffallenden roten Augenränder hat man ihnen den Namen Indianer gegeben. Die Oberwarzen sind breit und in der Mitte geteilt. Der Unterschnabel hat eine mittlere und zwei kleine Seitenwarzen. Zugelassen sind die Farben Schwarz, Dun, Blau, Blaufahl, Rot und Gelb, auch in gescheckt und in Weiß.

Nürnberger Bagdetten

nehmen mit ihrer gediegenen Kopfform eine Sonderstellung ein. Schnabel und Oberlinie bilden gemeinsam einen gleichmäßigen Halbkreis. Oberschnabel und Unterschnabel sind gleichlang. Im Übrigen sind es kräftige, hoch gestellte Tauben mit waagerechter Haltung. Sie sind sehr zutraulich. Eine stärkere Verbreitung dieser Rasse wäre wünschenswert. Es gibt sie in den Grundfarben Schwarz und Rot mit verschiedenen Unterfarben, zum Teil bindig, gehämmert, schildig, geganselt und in Weiß. Unter den Augen befindet sich ein farbiger Fleck (Bäckchen).

Steinheimer Bagdetten

kommen aus dem Odenwald und dem unteren Maingebiet. Sie wurden nach der Stadt Steinheim benannt. Es sind kräftige Tauben mit mittelhohem, waagerechten Stand. Sie haben einen langen, kräftigen Büchsenschnabel (gerade verlaufend). Erst ab Schnabelansatz verläuft die Stirn in einem gleichmäßigen Bogen bis zum Hinterkopf. Ihre Züchter kennen sie in den Grundfarben Schwarz und Rot mit vielen Unterfarben bindig, hohlig und gehämmert. Außerdem gibt es sie als Schecken, gelercht und als Panterschecken sowie in Weiß.

Gruppe III - Huhntauben

Allen Huhntauben gemeinsam ist eine kurze Körperform. Sie bestechen durch eine von Rasse zu Rasse fast unüberschaubare

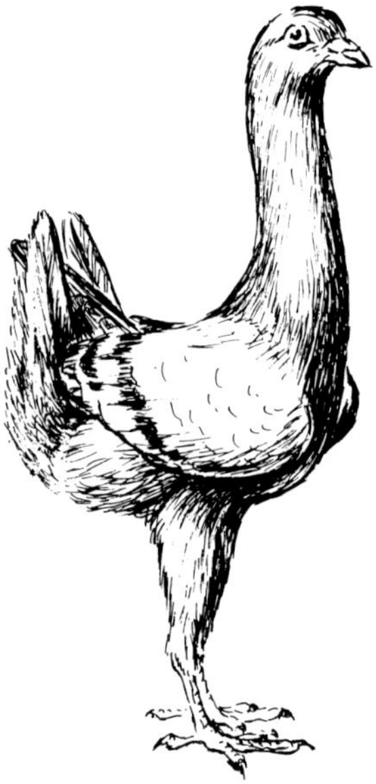

Malteser.

Vielfalt an Farb-und Zeichnungsvarianten. Daher ist es unmöglich, diese hier auch nur andeutungsweise bei den einzelnen Rassen, zu erwähnen. Bei einigen Rassen gibt es ein- zwei-, drei- und vierfarbige Farbenschläge in allen Grundfarben, kombiniert mit Farbzeichnungen in Bronze- und Sulfurfarben, auch als Schecken, Schimmel und Panterschecken. Ihr Ursprungsland ist Italien, von wo sie einst in andere Länder kamen und sich dort jeweils züchterisch selbständig entwickelten. In dieser Gruppe sind sechs Rassen eingeordnet worden. Körperform, Größe und Körperhaltung sind neben exakter Färbung und Zeichnung die Hauptbewertungsmerkmale.

Deutsche Modeneser

Sie sind die kleinste aller Huhntaubenrassen und kamen schon im 18. Jahrhundert nach Mitteleuropa. Ihre Körperhaltung ist waagerecht. Ein kräftiger, sich nach oben verjüngender Hals geht in einem Bogen in den Rücken über. Die Rücken-Schwanzlinie verläuft ansteigend. Von der Gesamthöhe machen Kopf und Hals, der Rumpf und die Ständer je ein Drittel aus. Die Körperlänge beträgt Zweidrittel der Höhe.

Florentiner

kamen um das Jahr 1800 nach Deutschland. Sie sind massige Huhntauben mit gerundeten Formen, breiter Brust und waagerechter Haltung. Der Schwanz und die Flügelenden werden sehr hoch getragen. Die Unterlinie bildet einen Halbkreis. Das Verhältnis von Kopf mit Hals zu Rumpf zu Beinen beträgt in der Höhe 1 : 1 : 1. Bei ihnen gibt es keine Bronzefarben. Bei einheitlicher Zeichnung sind Kopf, oberer Vorderhals, Flügelschild, Daumenfedern, Schwanz, Decke und Keil farbig, die übrigen Körperteile weiß.

Kingtauben

Weiße Kingtauben wurden um das Jahr 1890 aus Maltesern, Römern, Duchеß und Brieftauben gezüchtet und ständig weiterentwickelt. Heute gibt es sie in zahlreichen Farb- und Zeichnungsvarianten. Diese Entwicklung ist noch nicht abgeschlossen. Ihre äußere Form ist kompakt, gerundet, mit mittellangen Beinen. Die Unterlinie ist halbkreisförmig. Die Lebendmasse der Täuber reicht an 1050 g heran. Der Hals wird aufrecht getragen. Der Schulteransatz befindet sich über dem Fersengelenk. Der kurze Schwanz liegt eben über der Waagerechten. Kingtauben sind sehr beliebt und werden züchterisch von einem großen Sonderverein betreut.

Malteser

Sie wurden um das Jahr 1850 nach Österreich und Süddeutschland geholt. Ein langer, wenig gebogener Hals wird senkrecht getragen. Der Schwanz steht steil, das Schwanzende wirkt wie abgeschnitten. Der Rumpf wird breit und so kurz wie möglich gefordert. Die Unterlinie ist halbkreisförmig, Schenkel und Läufe sind lang und gestreckt. Alle Tiere sind einfarbig, bindig und gehämmert. Außerdem gibt es Muselköpfe (mit Weiß durchsetzte Kopffarbe) mit und ohne Flügelrose.

Modena

Aus italienischem Ursprung in England zum heutigen Typ weiterentwickelte mittelgroße, breite und kurze Huhntauben mit stark angezogenem kurzen Schwanz. Die Brust tritt breit hervor, der breite Hals ist nach hinten gedrückt, so dass der Rücken kaum in Erscheinung tritt. Die mittellangen Beine unter der Körpermitte sind breitgestellt. Es gibt kaum eine Rasse mit mehr Farb- und Zeichnungsvarianten. Form, Größe und Haltung rangieren bei der Bewertung vor Farbe und Zeichnung.

Gruppe IV - Kropftauben

Alle Kröpfer zeigen ihre Lebensfreude durch ein ausgedehntes Blasen ihres Kropfes, auch Blaswerk genannt. Daher gibt es viele Züchter, die sich mit diesen speziellen Rassen züchterisch intensiv beschäftigen. Es gibt große, kleine, lange und kurze Kröpferrassen, so dass für jeden Geschmack geeignete Tauben dabei sind. Einige Rassen sind gute Klatscher und Flügelsteller. Beim Klatschen werden die Flügel im Flug kräftig zusammen geschlagen. Das Stellen ist ein Fallen aus der Luft mit hochgestellten, eng zusammenliegenden Flügeln, wobei Kopf und Schwanz nicht gesenkt werden. Als wahre

Englischer Zwergkröpfer.

Flugkünstler haben sie es manchem Taubenzüchter besonders angetan. Im Deutschen Rassetauben-Standard werden 31 Rassen in dieser Gruppe angeführt.

Aachener Bandkröpfer

sind mittelgroße Kröpfer mit aufgerichteter Haltung, mit breiter Spitzkappe. Rasseeigentümlich ist ihre Zeichnung. Kopf, Innenseite der Kappe und obere Halspartie sind farbig. Von der Kappe zieht sich ein sich ständig verbreiternder weißer Halbmond nach vorn. Der untere Brustbereich ist wieder farbig. Bauch, Schenkel und Schwingen sind weiß, der Schwanz farbig. Ihre Farben sind Schwarz, Blau in bindig, hohlig und gehämmert sowie Rot, Gelb, Rotfahl, Gelbfahl und Blaufahl.

Altdeutsche Kröpfer

Eine große, alte deutsche Kröpferrasse mit sehr langem Schwanz und langen Flügeln, die das Schwanzende noch überragen. Die Beine sind kurz, die Schenkel werden vom Bauchgefieder verdeckt. Der Kropf ist groß und rund, er hebt sich deutlich vom Rumpf ab. Sie werden in den Grundfarben Schwarz und Rot mit vielen Unterfarben bindig, hohlig und gehämmert gezüchtet. Auch gibt es sie als Schecken, Lerchen und als Muselköpfe.

Amsterdamer Kröpfer

Sie hießen früher Amsterdamer Ballonkröpfer, was ihre Form recht gut charakterisierte. Es sind kleine, fast kugelrunde Zwergkröpfer, bei denen nur Schwanz- und Flügelspitzen, die angehoben getragen werden, aus einer Kugel herauszuragen scheinen. Keil, Bauch, Brust und Kropf bilden einen Dreiviertelkreis. Der Kopf wird beim Blasen weit zurückgelegt. Die Tiere sind sehr zutraulich und angenehm in der Pflege. Sie werden in vielen Farben und Zeichnungen gezüchtet, auch mit Lackfarben und bei Reinweißen mit Seidenglanz.

Bayerische Kröpfer

Durch Kreuzungen von Pommernkröpfern, Englischen Kröpfern und Böhmentauben entstanden um das Jahr 1960 die Bayerischen Kröpfer. Sie sind mittelgroß, hoch aufgerichtet mit langen Beinen und Schenkeln mit Fuß- und Schenkelbefiederung, klarer Taillenbildung und einem birnenförmigen Blaswerk. Bei der ihnen eigenen Zeichnung sind Kopf, Latz am Oberkropf, Flügelschilder und Schwanz mit Decke und Keil farbig; alle übrigen Körperteile sind weiß. Es gibt sie in vielen Farbenschlägen, Lackfarben werden angestrebt.

Brünner Kröpfer

stammen aus Böhmen und Mähren. Sie sind die kleinste Kröpferrasse überhaupt. Sie stehen hochaufgerichtet auf langen Beinen und haben einen langen Hals, der einen guten Ansatz für den kugelförmigen Kropf bietet. Die Flügel sind schmal und lang vom Rücken abstehend. Der Schwanz ist zum Boden gerichtet, ohne diesen zu berühren. Der zierliche Kopf wird beim Blasen vom Kropf umgeben. Charakteristisch für diese Rasse ist das Hüpfen beim Treiben und Balzen. Sie werden in vielen Farben und Zeichnungen gezüchtet. Lackfarben werden bevorzugt. Geringe Körpergröße, Haltung und Exaktheit der Beinstellung sind wichtige Bewertungskriterien.

Elsterkröpfer

Diese aus Schlesien stammenden Tauben kommen nur in Elsterzeichnung vor. Sie sind recht lebhaft. Bei der Elsterzeichnung sind Kopf, Flügel, Schenkel und Bauch weiß. Das übrige Gefieder, einschließlich Decke und Keil ist farbig. Die Kopfzeichnung schließt unter dem Auge in scharfer Linie gegen den farbigen Hals ab. Das farbige Schultergefieder bildet von oben her gesehen eine Herzform, die auf die sonst weißen Flügelschilder übergreift. Die farbige Brustzeichnung endet fingerbreit vor den Schenkeln. Sie werden in Schwarz, Blau, Rot, Rotfahl und in Gelb gezüchtet.

Englische Kröpfer

Bereits Mitte des 19. Jahrhunderts kamen diese großen, hochgestellten Kröpfer auf den Kontinent. Sie stehen so hoch aufgerichtet, dass man vom Auge bis zur Spitze der Mittelzehen eine senkrechte gedachte Linie ziehen kann. Der Kropf ist im oberen Bereich kugelförmig und verengt sich nach unten hin. Vom Hinterkopf bis zu den Schultern bildet er einen sanfte Auswölbung. Zwischen Kropf und Schenkeln haben die Tiere eine lange, schlanke Taille. Der Rücken bildet mit dem Schwanz eine gerade, steil abfallende Linie. Die langen Beine sind gerade und eng zusammenstehend. Die Fersengelenke sind ein klein wenig nach hinten gebogen, aber nur soweit, dass sich die inneren Zehen nicht berühren. Sie zeigen sich in weißem Grundgefieder in neun Farbvarianten, wobei ein von Auge zu Auge laufendes weißes halbmondförmiges Band auf dem Kropf als Herz bezeichnet wird.

Englische Zwergkröpfer

Sie sind eine kleine, verfeinerte Ausgabe ihrer großen Brüder und Schwestern mit gleicher Musterbeschreibung. Sie dürfen aber in der Höhe höchstens zwei Drittel so groß sein wie die großen Kröpfer. Diese Zwergkröpfer wirken schmal und feingliedrig. Hohe, exakte Beinstellung und Zartheit aller Körperteile führen zu hoher Benotung.

Französische Kröpfer

Sie kamen um das Jahr 1870 nach Deutschland. Ihr langer schmaler Körper ist sehr hoch aufgerichtet, mit langem Hals, großem Kugelkropf und mit sehr langen, etwas gewinkelten, eng stehenden Beinen. Das Brustbein und die Unterschenkel treten deutlich bogenförmig hervor, so dass sich aus Kugelkropf, Brustbein und Schenkel eine charakteristische Dreibogenlinie ergibt. Das Ende des Kropfes ist scharf abgesetzt, am Übergang zum Rumpf soll eine ausgeprägte Taille vorhanden sein. Auf der Mitte des Kropfes tragen sie einen Halbmond (halbmondförmiges Herz), dessen Spitzen möglichst unter den Augen enden sollen. Außerdem haben sie auch paarige Flügelrosen. Neben einfarbig Weiß werden sie geherzt in weiteren neun verschiedenen Farbenschlägen gezüchtet.

Genter Kröpfer

Dieser Rasse sieht man die Verwandtschaft mit den Holländischen Kröpfern an. Sie sind breit, kräftig, vorn aufgerichtet und mit gewaltigem Blaswerk, der Hinterkörper wird fast waagerecht getragen. Die Beine sind breitgestellt mit langen. breiten Geierfedern und großen tellerförmigen Latschen. Der riesige Kropf reicht bis an Brust und Schultern. Man kennt sie in vielen Farben als Einfarbige, Geherzte, Geganselte auch gescheckt und als Panterschecken.

Hanakröpfer

Diese Tauben kamen in der zweiten Hälfte des 19. Jahrhunderts aus der Hanaebene in Mähren. Pommersche Kröpfer, Englische Kröpfer und Mährische Strasser haben bei ihrer Entstehung Pate gestanden. So sind auch sie hochaufgerichtete Großkröpfer mit langen, geraden Beinen mit starker Fußbefiederung und deutlich ausgebildeten Geierfedern. Der Hals ist lang mit einem birnenförmigen Kropf. Bei der sonst weißer Körperfarbe sind Kopf, kleiner Latz, Flügel, Rücken, Schwanz (außer Weißschwänzen) und Fußbefiederung farbig. Mit diesen Zeichnungen werden sie in vielen Farben gezüchtet.

Hessische Kröpfer

Einstmals in Nordhessen gezüchtet, ist diese Rasse heute überall verbreitet. Es sind kompakte, hochaufgerichtete, lebhafte Kropftauben. Die Hinterpartie beträgt höchstens ein Drittel der Gesamtlänge. Vom Kropfansatz bis zum Schenkelansatz sieht der Rumpf im Profil fast wie ein Rechteck aus. Der Kropf ist nach allen Seiten gut gerundet und in seiner oberen Häfte am stärksten ausgebildet. Der Schwanz fällt schräg ab, berührt aber nicht den Boden. Es gibt sie in vielen Farben in bindig, hohlig, gehämmert, schildig sowie gemöncht, als Rieselköpfe, als Schecken und als Panterschecken.

Holländische Kröpfer

Diese Rasse wird schon im Jahre 1600 von Aldrovandi beschrieben. Es sind sehr massiv gebaute Großkröpfer mit starker Fußbefiederung und großen Geierfedern. Sie haben zur Herauszüchtung mehrerer anderer Kröpferrassen beigetragen. Sie stehen nur mittelhoch aufgerichtet und haben ein ausgesprochen großes Blaswerk. Auf dem Kropf tragen sie einen Halbmond. Es gibt sie in Einfarbig, Geganselt als Panterschecken und als Schimmel.

Oben links: Malteser, gelb.
Oben rechts: Modeneser Gazzi.
Unten links: Bayerischer Kröpfer, blau, weißschlag.
Unten rechts: Schlesischer Kröpfer.

Jiennensekröpfer

Diese Rasse wurde im Jahre 1998 in den Deutschen Rassetauben-Standard neu aufgenommen. Sie sind eine Weiterentwicklung der Jahrhunderte alten spanischen Gorguerokröpfer. Es handelt sich um mittelgroße, temperamentvolle, mittellange Tauben mit Hängekropf. Sie werden bisher nur in Blau mit Binden gezüchtet.

Liller Kröpfer

Dies ist eine kleinere Variante des Französischen Kröpfers aus der Gegend um Lille mit mehr eiförmigem Kropf, der etwas nach hinten vorspringt. Es sind schlanke, elegante und hoch aufgerichtete Tauben. Auffallend sind die vorspringenden Schenkel und eine enge Beinstellung. Beim Blasen verschwindet der Kopf im Blaswerk. Rücken und Schwanz fallen in einer Linie ohne Bodenberührung steil ab. Die Farben und Zeichnungen sind Weiß, Schwarz, Blau, Rot und Gelb, teilweise weißbindig und schwarzbindig sowie Panterschecken.

Marchenerokröpfer

werden sei Jahrhunderten in Marchena in Andalusien gezüchtet. Sie wirken größer als sie tatsächlich sind. Der Körper steht waagerecht und ist gedrungen. Der Kropf wird senkrecht nach unten getragen, wie auch der Schwanz, der am Boden schleift. Beim Gurren sträuben sich die Federn des Unterrückens. Das Gefieder sitzt ausgesprochen locker und lässt auch die Beine kurz erscheinen. Die Tiere kommen in allen drei Grundfarben mit ihren Unterfarben in einfarbig, in bindig und als Schecken vor. Außerdem gibt es eine vielfarbige Variante. Sie wurden erst vor ein paar Jahren in den Deutschen Rassetauben-Standard aufgenommen.

Mährischer Weißkopfkröpfer

Diese Rasse ist in Mähren seit langer Zeit bekannt. Diese Tauben sind mittelgroß, elegant und wirken dennoch kräftig mit aufrechter Haltung. Das Verhältnis von Vorder- zu Hinterpartie beträgt 60 : 40. Alle Tiere haben eine weiße Kopfplatte und eine nach hinten geschlossene, farbige Kappe. Der birnenförmige Kropf ist an der Brust deutlich abgesetzt. Rücken und Schwanz bilden eine abfallende Linie. Sie werden in vielen Farbenschlägen gezüchtet.

Norwichkröpfer

haben ihren Ursprung in der Stadt Norwich in der Grafschaft Norfolk in England und besitzen alle Vorzüge unserer Kropftaubenrassen. Sie sind elegant, schlank, sehr lebhaft, haben einen großen Kropf in Kugelform, blasen oft und ausdauernd und sind dabei auch noch sehr zutraulich. Der Kropf überdeckt den Flügelbug und zieht sich hinten weit in den Nacken. Die Körperhaltung ist so aufrecht, dass ihr Auge direkt über der Mittelzehenspitze liegt. Die Beine sind mittellang, die Schenkel kurz befiedert und treten senkrecht aus dem Körper heraus. Ihre Farben und Zeichnungen sind einfarbig Weiß und geherzt in zehn Farbvarianten.

Pommersche Kröpfer

Sie waren einmal Holländische Kröpfer, die in Mecklenburg-Vorpommern eine eigene Entwicklung durchmachten. Sie haben einen großen, massiven Körper und stehen in hochaufgerichteter Haltung in einem Winkel von 45° bis 60°. Ihre Körperlänge beträgt bis zu 50 cm mit breitem Stand. Die Beine sind stark belatscht und mit kräftigen Geierfedern bedeckt. Der Hals ist lang mit einem großen Kropf, der von einem Halbmond bedeckt wird und ohne Taille in die Brust übergeht. Die langen Flügel berühren fast das Schwanzende. Der Rücken ist oben etwas hohl und fällt danach in einer Linie mit dem Schwanz steil ab.

Rafenokröpfer

sind eine sehr alte spanische Kröpferrasse, die im Jahre 1998 neu in den deutschen Standard aufgenommen wurde. Es sind tiefgestellte, mittelgroße Tauben mit viel Temperament. Sie haben einen ausgeprägten Hängekropf. Gezüchtet werden sie nur in reinem, einfarbigen Schwarz.

Sächsische Kröpfer

stammen aus dem sächsisch-thüringischem Zuchtgebiet. Auch bei ihnen haben Holländische Kröpfer zu Beginn des 19. Jahrhunderts Pate gestanden. Sie sind mittelgroß, schlank, mit aufrechtem Stand. Der Kropf ist birnenförmig, am Hinterhals leicht ausgebogen, an der Unterlinie abgesetzt mit Raum für eine Taille. Rücken und Schwanz bilden eine abfallende Linie. Es gibt sie in den Grundfarben Schwarz und Rot mit vielen Unterfarben in schwarz- und weißbindig, hohlig, gehämmert, aber auch gelercht mit ockerfarbiger Brust und in Reinweiß.

Schlesische Kröpfer

sind heute überall verbreitet. Es sind elegante Kröpfer mit aufgerichteter Haltung und lebhaftem Temperament. Sie besitzen einen birnenförmigen Kropf mit ausgebogenem Hinterhals, auf dem der Kopf beim Blasen aufliegt. Unter dem Kropf ist eine Taille erkennbar. Die Beine sind unbefiedert und mittellang. Der Rücken und der Schwanz bilden eine ganz leicht geschwungene Linie. Es gibt sie in ganz vielen Farben und Zeichnungen mit den Grundfarben Schwarz und Rot. Eine Besonderheit ist die Schalasterzeichnung. Bei ihr sind die Flügelschilder überwiegend weiß, bis auf das vom Rücken aufs Flügelschild übergreifende Herz. Alle anderen Körperteile sind farbig.

Slowakische Kröpfer

Seit dem Jahre 1870 sind sie in der Slowakei als kräftige Weißkopfkröpfer bekannt. Sie haben einen leicht aufgerichteten Stand mit einem langen Hals und einem birnenförmigen Kropf. Rücken und Schwanz bilden eine hohle Linie. Es gibt sie in vielen Variationen der Grundfarben Schwarz und Rot, teilweise schwarz- und weißbindig, außerdem als Panterschecken. Bei allen Tieren sind der Kopf bis einen halben Zentimeter unter dem Auge und vier bis acht Handschwingen weiß.

Starwitzer Flügelsteller-Kröpfer

Diese Kröpfer stammen aus Oberschlesien und haben als temperamentvolle Tauben weite Verbreitung gefunden. Sie sind wie die Stellerkröpfer sehr flugfreudig und eifrig im Flügelklatschen und im Stellen. Außerdem sind sie schnittig gebaut, stehen aufrecht und wirken im Ganzen sehr harmonisch. Die Hinterpartie ist bedeutend kürzer als die Vorderpartie. Auf dem Kopf tragen sie eine Muschelhaube. An einem langen Hals haben sie einen birnenförmigen, etwas nach hinten ausgebogenen Kropf, auf dem beim Blasen der Kopf aufliegt. Rücken mit Schwanz bilden eine leicht konkave Linie. Sie haben die Grundfarben Schwarz und Rot mit vielen Unterfarben und verschiedenen Zeichnungen, wie bindig, hohlig, gehämmert, weißschwingig, geelstert, mit Schimmelzeichnung und in Reinweiß.

Steigerkröpfer

kommen ebenfalls aus Schlesien, Böhmen und Mähren. Sie stehen aufrecht auf mittellangen Beinen mit eng befiederten Unterschenkeln. Etwa zwei Drittel der Länge befindet sich vor den Beinen. Sie haben Perlaugen. An einem langen Hals sitzt der etwas nach hinten ausgebogene birnenförmige Kropf, der sich nach unten klar abgrenzt, so dass über dem Brustbein eine Taille zu erkennen ist. Rücken und Schwanz bilden eine steil abfallende Linie. Sie werden in den Grundfarben Schwarz und Rot mit verschiedenen Unterfarben in bindig, hohlig und gehämmert gezüchtet. Viel Wert wird auf glänzende Lackfarben und grünen Käferglanz gelegt.

Stellerkröpfer

Auch diese wunderhübsche Rasse kommt aus Böhmen. Sie ist mittelgroß, hat einen mittelhohen Stand und wirkt langgestreckt. Das Verhältnis von Vorderpartie zu Hinterpartie beträgt 60 : 40. Ihr Kropf ist birnenförmig und am unteren Ansatz deutlich tailliert. Die Augen sind perlfarbig. Rücken und Schwanz sind leicht hohl und in einer Linie abfallend. Ihr Benehmen erweckt besondere Aufmerksamkeit, denn sie sind temperamentvoll, sehr blas- und flugfreudig. Im Flug klatschen sie oft und laut mit den Flügeln. Außerdem zeigen sie das Stellen. Bei den Stellerkröpfern gibt es Weiße mit vier verschiedenen Schnippenfarben und Farbige mit weißen Schnippen. Außerdem findet man sie in allen Unterfarben der Grundfarben Schwarz und Rot mit vielen verschiedenen Zeichnungsvarianten. Viel Wert wird auch auf metallischem Glanz in unterschiedlichen Tönungen auf dem Kropfgefieder gelegt.

Thüringer Kröpfer

Natürlich gab es auch im Taubenland Thüringen seit langer Zeit eine Kröpferrasse. Es sind mittelgroße, elegante Tauben in aufrechter Haltung. Sie haben einen großen birnenförmigen Kropf, auf dem beim Blasen der Kopf aufliegt. Eine besondere Rasseeigentümlichkeit ist eine am Hinterkopf ansetzende, breit auslaufende Kappe. Die Kappen- und Hinterhalsfedern sind in der Mitte gescheitelt, wodurch der sogenannte Knick entsteht. Gezüchtet werden sie in den Grundfarben Schwarz und Rot mit vielen Unterfarben in bindig, hohlig, schildig, gehämmert sowie in gemöncht, als Panterschecken und in Reinweiß.

Tschechische Eiskröpfer

Seit dem Jahre 1985 sind sie als Rasse im Deutschen Rassetauben-Standard aufgeführt. Es sind mittelgroße Tauben mit aufgerichteter Haltung. Ihr Kropf ist birnenförmig und geht ohne Taille in den Rumpf über. Das Hauptaugenmerk wird auf die Erhaltung und züchterische Verbesserung der Eisfarbe gelegt. Sie darf nicht zu hell und nicht zu bläulich sein. Auch Bronze- und Grünglanz am Kropf sind unerwünscht. Bisher waren sie nur in eisfarbig zugelassen. Seit dem Jahre 1998 sind weitere Zeichnungen hinzugekommen, so dass sie jetzt auch in Eisfarbig, bindig und gehämmert und in Eisfarbig, weißschwingig, bindig und gehämmert gezüchtet werden.

27. Valencianokröpfer

Sie sind die dritte spanische Kröpferrasse, die im Jahr 1998 in Deutschland ihre Anerkennung fand. Sie kamen als spanische Rassen einstmals nach Argentinien und von dort in die Niederlande, wo sie ihre heutige züchterische Vollendung fanden. In der Figur sind sie mittelgroß, tiefgestellt, mit mittellangen, unbefiederten Beinen und einer waagerechten Unterlinie. Sie sind sehr temperamentvoll. Als Farbenschläge gibt es blaubindige und Blauschimmel.

Verkehrtflügelkröpfer

kommen aus Sachsen und Thüringen. Es sind sehr steil stehende, sehr große Kröpfer mit starker Fußbefiederung und mit langem Hals mit breit angesetztem Kropf. Am Übergang zur Brust ist eine Taille erkennbar. Rücken und Schwanz fallen in einer Linie steil ab. Die langen Flügel berühren oder kreuzen sich in den Spitzen. Die Beine sind lang, mit leicht hervortretenden Schenkeln und langen Geierfedern. Die zur Seite gerichteten Latschen sind abgerundet und dicht befiedert. An Farbenschlägen sind nur Schwarz, Blau, Rot und Gelb zugelassen. Farbig sind eine breit angesetzte Schnippe, Hinterkopf, Hals, die Brust bis zwei Zentimeter vor den Schenkeln, Schultern (Rückenherz), Rücken, Schwanz, Decke und Keil. Das farbige Schultergefieder hat, von oben gesehen, die Form eines Herzens und greift auf die sonst weißen Flügel über. Die übrigen Körperteile sind weiß gefärbt.

Voorburger Schildkröpfer

Drei Kröpferrassen und eine weitere schildige Rasse waren die Basis bei der Herauszüchtung dieser noch jungen Rasse. Sie wurde im Jahre 1938 in den Niederlanden anerkannt. Es sind elegante, schlanke, aufrecht stehende, lebhafte Tauben, die sich manchmal in Aktion auf die Zehenspitzen stellen. An einem langen Hals haben sie einen nach hinten etwas ausgebogen großen Kugelkropf. An der Brust ist eine deutliche Taillenbildung klar erkennbar. Bei weißer Hauptfarbe ist nur das Flügelschild mit den Daumenfedern in allen drei Grundfarben Schwarz, Rot und Braun farbig, in Verbindung mit den Zeichnungen bindig, hohlig und gehämmert. Außerdem gibt es gesäumte in fünf Farbenschlägen.

Gruppe V – Farbentauben

Wie der Name schon sagt, liegt das Hauptaugenmerk bei dieser Rassengruppe auf ihrer Farbe und ihrer Zeichnung, die sich in fast unüberschaubarer Vielfalt präsentieren. Dies erklärt, warum diese Gruppe besonders zahlreich ist. Sie wird durch die sich anschließende Untergruppe der Schweizer Farbentauben noch ergänzt. Jede dieser Rassen hat ihre Eigenarten und Eigentümlichkeiten, so dass für jeden Taubenfreund je nach Form, Farbe und Temperament geeignete Tiere dabei sind, die ihm die Möglichkeit geben, seine eigene Taubenzucht mit Freude zu betreiben. In dieser Rassengruppe sind insgesamt 55 Deutsche und 20 Schweizer Farbenrassen aufgeführt.

Fränkisches Samtschild.

Altdeutsche Mohrenköpfe

sind kräftige, tiefstehende Tauben mit starken Latschen, glattköpfig oder mit Haube. Bei weißer Hauptfarbe sind Kopf, Vorderhals, Brust, Schwanz, Decke und Keil farbig. Farbenschläge sind Schwarz, Blau, Rot und Gelb. Glänzende Lackfarben des farbigen Gefieders geben den Tieren ein interessantes Aussehen.

Bernhardiner Schecken

kommen aus Süddeutschland und werden vor allem in Franken gezüchtet. Sie sind kräftig, glattköpfig und glattfüßig. Es gibt sie nur in Elsterzeichnung. Der Kopf bis zu einem Zentimeter unter dem Schnabel sowie Rücken, Flügel und Bauch sind weiß. Hals, Schultern, Brust, Schwanz, Decke und Keil sind farbig in acht verschiedenen Farbenschlägen. Die Intensivfarben haben eine glänzende Lackfarbe. Aufgehellte Farben (Silber) werden möglichst gleichmäßig gewünscht.

Böhmentauben

Schon Anfang des 19. Jahrhunderts kam diese Rasse aus Böhmen in die westlichen Staaten. Böhmentauben sind sehr kräftig, mit waagerechtem Stand, mittelhoher Beinstellung, glattköpfig, glattfüßig und außerdem sehr flugfreudig. Ihre Zeichnung ist bei allen Farbenschlägen gleich. Bei weißer Hauptfarbe sind Kopf, Latz, Flügelschild, Schwanz, Decke und Keil farbig. Der Latz reicht bis zur Halsmitte. Am Hinterkopf reicht die Farbzeichnung nicht weit hinunter. Sie werden in allen drei Grundfarben mit zahlreichen Unterfarben in bindig, hohlig, gehämmert, aber auch weißbindig und weißgeschuppt gezüchtet.

Böhmische Flügelschecken

fallen durch ihre wunderbare Zeichnung überall auf. Es sind kräftige, fast waagerecht stehende, stark belatschte Tauben mit und ohne Rundhaube. Sie sind in Böhmen als farbliche Besonderheit entstanden und werden heute noch ständig züchterisch verbessert. Ihre Hauptfarbe ist weiß mit einem weißen Herzen auf Rücken und Schulter und einem Teil des Flügelschildes. Sie haben eine farbige Stirnschnippe. Gleichmäßig gescheckt sind die Flügel ohne den Teil der Herzzeichnung und die Latschen. Die Hand- und Armschwingen sind so gescheckt, dass jede zweite Feder farbig ist. Es gibt sie in den Farben Schwarz, Blau, Blaufahl, Rot und Gelb.

Dänische Stieglitze

Seit Mitte des 19. Jahrhunderts werden die Stieglitze in Dänemark gezüchtet. Ihre Rassenmerkmale sind die Wangen- und Brustzeichnung und eine Finkenzeichnung auf den Handschwingen. Bei heller Hauptfarbe ist bei der Wangenzeichnung die untere Seite des Kopfes farbig. Die jeweilige Farbe wird von einer Linie begrenzt, die von der Nasenwurzel in einem Halbkreis das Auge mit breitem Abstand von oben umrundet und hinunter zum Oberhals führt. Auf der Brust wird die helle Hauptfarbe in einer Bogenlinie quer über die Brust etwa einen Zentimeter unter dem Bug von der jeweiligen dunkleren Farbe klar abgegrenzt. Von hier erstreckt sich das Farbfeld über Brust und Bauch bis zum Schwanz. Auch die Schwingen sind gefärbt. Auf jeder Federspitze befindet sich ein kleiner heller Fleck, der auch Perle genannt wird. Bei geschlossenem Flügel sind diese Flecken wie Perlen hintereinander aufgereiht (Finkenzeichnung). Diese Stieglitze gibt es in Schwarz, Blau, Blaufahl, Silber, Rot und in Gelb.

Echterdinger Farbentauben

Diese Rasse wurde vor wenigen Jahrzehnten auf den Fildern in Baden-Württemberg neu herausgezüchtet. Über die Ausgangsrassen ist nichts bekannt. Die kräftigen Tauben haben einen leicht gedrungenen Stand, die Beine sind daher relativ kurz. Sie kommen bisher nur geganselt in Schwarz, glattfüßig vor. Auf dem Kopf tragen sie eine Rundhaube, die seitlich in Rosetten ausläuft. Ihre Hauptfarbe ist Weiß. Farbig sind Haube, Hinterhals, Brust, Schulter, Schwanz, Decke und Keil. Weiß sind Kopf, Latz bis in Bughöhe, Flügelschilder ohne Schultergefieder, Rücken, Bauch und Schenkel.

Eistauben

Sie sind eine alte deutsche Rasse, von der man sagt, dass sie ursprünglich aus Sachsen, Schlesien, der Lausitz, aber auch aus Süddeutschland stamme. Sie wurden zunächst glattfüßig, später auch belatscht gezüchtet. Die Exaktheit der Hauptfarbe ist besonders wichtig. Sie soll wie die Farbe des Eises aus klarem Wasser (Eisblau) sein. Schwingen und Schwanzbinde sind dunkel gefärbt. Auch das Untergefieder ist dunkel. Die Flügeldecken können bindig, hohlig, gehämmert oder, weißschuppig sein. Die glattfüßig gehämmerten Tiere wurden früher auch Forellentauben genannt. Alle Eistauben haben viel Federstaub.

Feldfarbentauben, glattfüßig

Sie stammen aus Sachsen und Thüringen und sind kräftige Tiere mit waagerechter Haltung. Ihre Besonderheit ist, dass alle ihre Farben mit weißen Binden oder mit weißschuppigem Flügelschild kombiniert sind. Recht neu sind Isabellfarbige mit weißen Binden. Ansonsten kommen sie in Schwarz, Blau, Hellblau, Rot und Gelb vor. Es gibt sie glattköpfig und mit breiter, freistehender Rundhaube. Schwarze in weißgeschuppt haben auch Finkenzeichnung. Die meisten Farben sind intensiv glänzende Lackfarben.

Fränkische Feldtauben

haben ihre Heimat im Altmühltal. Sie haben eine gestreckte, kräftige Figur und werden nur glattköpfig und glattfüßig gezüchtet. Auffallend ist ihr roter Augenrand. Ihre Farbenschläge sind Schwarz, Rot und Gelb mit und ohne Flügelrose.

Fränkische Herzschecken

Diese fränkische Rasse gibt es nur geganselt, mit herrlichen, intensiven Lackfarben und gleichmäßigen Verdünntfarben. Bei weißer Hauptfarbe sind Hinterhals, Schultern, Brust, Schwanz, Decke und Keil farbig. Weiß sind Kopf mit Latz, die Flügel außer der Schulterzeichnung sowie Bauch und Rücken. Man züchtet sie in Schwarz, Blau, Blaufahl, Rot und Gelb, auch in gehämmert. Unter den Augen haben sie ein Bäckchen.

Fränkische Samtschildtauben

Diese schildige Rasse ist weit verbreitet. Das Hauptaugenmerk konzentriert sich auf die Flügelschilder, doch fallen sie auch durch doppelte, rote Augenränder auf. Im übrigen sind sie glattköpfig und glattfüßig mit mittellangen, dunkelroten Beinen. Es gibt viele Schildfarben in den Grundfarben Schwarz und Rot mit zahlreichen Unterfarben mit schwarzen und weißen Binden, hohlig und gehämmert. Eine Besonderheit sind die Schmalzkiele, die zu besonders glanzreichem Gefieder führen.

Gimpeltauben

Diese Tiere bestechen durch ihre außergewöhnlichen Farben. Sie sollen ursprünglich aus Dalmatien kommen, doch wurden die Kupferschwarzflügeligen in England züch-

Goldgimpel mit weißen Schwingen.

Sächsische Mönchtaube, blau mit weißen Binden.

terisch bearbeitet. Es sind schlanke, elegante Tauben mit lebhaftem Wesen, mit und ohne Spitzkappe. Grundsätzlich unterscheidet man in der Hauptfarbe Kupfergimpel und Goldgimpel. Die Kupferfarbe ist glänzend und erstreckt sich gleichmäßig ohne Grünglanz über den Körper. Bei Schwarzflügeligen sind Flügeldecke, Rücken und obere Schwanzdecke tief schwarz mit käfergrünem Lack. Bei Weißflügeligen ist die Kupferfarbe dunkler. Elfenbeinfarbig sind Flügeldecke, Rücken, Decke und der Schwanz. Bei Blauflügeligen sind Flügelschilder, Rücken, Decke und Schwanz blau. Bei beiden Farbenschlägen gibt es Bindige, Hohlige und Gehämmerte. Bei Goldgimpeln ist die Hauptfarbe goldgelb mit hellem Glanz. Bei ihnen gibt es entsprechend den Kupfergimpeln Schwarz-, Weiß- und Blauflügel, ebenfalls teilweise auch bindig, hohlig und gehämmert.

Mondtauben

sind eine aus dem sächsisch-schlesischen Raum kommende, belatschte Rasse mit Mondzeichnung. Die Hauptfarbe ist elfenbeinfarbig, das Untergefieder ist schwach pigmentiert. Sie werden mit intensiv brauner und gelber, klar abgegrenzter Mondzeichnung und gleichfarbigen Flügelbinden gezüchtet.

Münsterländer Feldtauben

Erst im Jahre 1970 wurden sie im Münsterland aus den Feldtauben, Deutschen Modenesern und aus Brieftauben gezüchtet. Es gibt sie nur in Blau, hohlig, glattköpfig und glattfüßig. Ihre Besonderheit ist, dass sich ein helles Taubenblau über Flügeldecken, Bauch und Rücken gleichmäßig ausbreitet. Schwingen und Schwanz mit schwarzer Binde sind dunkler gefärbt. Der Hals zeigt zusätzlich viel Glanz.

Nürnberger Lerchen

sind elegante, lebhafte Tauben. Kopf, Hals und Brust sind gleichmäßig satt goldgelb gefärbt, zu den Schenkeln hin heller werdend. Flügel, Handschwingen und Unterrücken sind rahmweiß. Sie werden in gelercht und mehllicht mit und ohne Binden gezüchtet. Bei den Gelerchten ist das Flügelschild mit Lerchenzeichnug gleichmäßig bedeckt. Der Schwanz ist blaugrau mit Binde.

Nürnberger Schwalben

sind kräftige Tauben mit rotem Augenrand, Rundhaube, mittellangen Latschen und einheitlicher Zeichnung. Bei weißer Hauptfarbe sind Kopf ohne Haube, Flügelschild ohne Schulter und die Latschen farbig. Gezüchtet werden sie in den Grundfarben Schwarz und Rot mit zahlreichen Unterfarben in bindig, hohlig und gehämmert. Durch die Schmalzkiele sind die Farben satt und glänzend.

Sächsische Brüster

Bei dieser glattköpfigen Rasse sind bei weißer Hauptfarbe nur Kopf, Hals und Brust farbig. Die Beine sind belatscht, mit langen Geierfedern. Der Farbschnitt zwischen Brust und Bauch sitzt sehr tief und verläuft geradlinig. Gezüchtet werden sie in den Farben Schwarz, Blau, Gelb und Braun. Auf einen großen, kräftigen Körper wird besonderer Wert gelegt.

Sächsische Feldfarbentauben

Ihre Hauptmerkmale sind die kräftige, tiefgestellte Figur, volle Gefiederfarbe, starke Latschen, Geierfedern, glattköpfig oder mit Rundhaube und zahlreiche Farben und Zeichnungen. Ihre Intensivfarben sind glänzende Lackfarben. Es gibt sie in den Grundfarben Schwarz und Rot mit ihren Unterfarben in weißbindig, weißgeschuppt und auch in gehämmert. Einige Farbenschläge sind gesäumt oder haben Finkenzeichnung.

Sächsische Flügeltauben

Diese Rasse stammt aus dem sächsisch-schlesischen Raum. Sie sind dicht belatscht und haben eine einheitliche Zeichnung in zahlreichen Farbenschlägen. Ihre Hauptfarbe ist Weiß. Farbig sind Stirnschnippe, Latschen und das Flügelschild ohne Schultergefieder, da die weiße Farbe ein breites Rückenherz bildet. Die Schnippe verläuft nach oben breiter werdend. Sie kommen in vielen Farbenschlägen der Grundfarben Schwarz und Rot vor. Es gibt Bindige in mehreren Bindenfarben, Hohlige und Gehämmerte. Lackfarben werden bevorzugt. Eine Besonderheit ist die Farbenschlagbezeichnung „Reißerflügel“ in rot- und gelbgehämmert. Bei ihnen sind die Hämmerungsflecken größer mit kleiner, heller Spitze.

Sächsische Mönchtauben

Diese glattköpfige sächsische Rasse zeichnet sich aus durch die Mönchszeichnung. Weiß sind Kopf, Handschwingen, Schwanz, Decke, Keil und Latschen. Farbig sind Hals, Brust, Flügelschilder, Rücken, Bauch und Schenkelfedern. Sie werden in Schwarz, Blau, Rot und Gelb weißbindig oder weißgeschuppt gezüchtet.

Sächsische Pfaffentauben

Bei ihnen ist bei farbigem Gefieder nur die Kopfplatte weiß und stets doppelkuppig. Sie haben starke Latschen und dichte Schenkelbefiederung. Ihre Farbenschläge sind Schwarz, Blau, Rot und Gelb, alle mit weißen Binden oder weißgeschuppt, in Blau auch hohlig.

Sächsische Schildtauben

sind stark belatscht, von kräftiger Figur, glattköpfig, mit Rundhaube oder doppelkuppig. Bei weißer Hauptfarbe sind die Flügelschilder mit Daumenfedern farbig. Man züchtet sie in den Grundfarben Schwarz und Rot mit zahlreichen Unterfarben in schwarz- und weißbindig, weißgeschuppt und gehämmert. Auf glänzende Lackfarben wird Wert gelegt.

Sächsische Schnippen

Bei weißer Grundfarbe sind Schnippe, Schwanz, Decke und Keil farbig. Sie sind stark belatscht, glattköpfig oder mit Rundhaube in Schwarz, Blau, Blaufahl, Rot und Gelb. Blaufahle gibt es nur mit Haube. Die Latschen sind lang und dicht mit langen Geierfedern. Sie sind besonders gut ausgebildet und sehr gut abgerundet.

Sächsische Schwalben

sind tiefgestellte, lang belatschte, kräftige Tauben mit Rundhaube. Bei weißer Hauptfarbe sind Kopfplatte, Flügelschilder ohne Schultern und Latschen farbig. Die Kopfplatte wird von der weißen Haube begrenzt. Die weißen Schulterfedern bilden ein großes Rückenherz. Die weißen Geierfedern heben sich von den farbigen Latschen ab. Gezüchtet werden sie in schwarzer und roter Grundfarbe mit zahlreichen Unterfarben und Flügelzeichnungen. Schwarz-Weißgeschuppte zeigen außerdem Finkenzeichnung.

Sächsische Storchtauben

Diese sächsische Rasse besticht durch ihre Storchzeichnung. Sie wird glattköpfig oder mit Rundhaube gezüchtet. Die Beine sind lang belatscht. Ihre Hauptfarbe ist weiß. Farbig sind Schnippe, Latschen, 13 bis 15 Schwingen, deren Deckfedern, Daumenfedern und die darunter liegenden Flügeldeckfedern, die am unteren Flügelrand die Blume bilden. Man kennt diese Tauben in Schwarz, Blau, Blaufahl, Rot und Gelb.

Sächsische Weißschwänze

sind stark belatschte, tiefstehende, glattköpfige Tauben. Weiß sind bei ihnen nur eine Stirnschnippe, die zwölf Schwanzfedern und die Decke sowie eventuell noch weiße Flügelbinden und die Finkenzeichnung. Man züchtet sie in Schwarz, Blau, Blaufahl, Rot, Gelb und in Kupfer mit schwarzen und weißen Binden, hohlig, weißgeschuppt, gehämmert. Schwarz und Kupfer gibt es mit und ohne Finkenzeichnung.

Sächsische Verkehrtflügelfarbentauben

Auch diese glattköpfigen, stark belatschten Tauben aus dem sächsisch-thüringischen Raum haben ihre Besonderheit. Weiß sind bei ihnen der Kopf, das Flügelschild ohne die Schulterfedern, der Bauch, die Schenkel und die Latschen. Farbig sind eine Schnippe, Hals, Brust, Schulter, Rücken, Schwanz, Decke und Keil. Ein gerader Brustschnitt setzt sehr tief an, so dass die Brust voll farbig erscheint. Sie werden in Schwarz, Blau, Rot und Gelb mit glänzenden Lackfarben gezüchtet.

Schlesische Mohrenköpfe

sind kräftige Tauben in etwas geduckter Haltung, glattköpfig, glattfüßig oder behost. Bei weißer Hauptfarbe sind nur der Kopf mit kleinem Latz, Schwanz, Decke und Keil schwarz, blau, rot oder gelb gefärbt. Die Farbübergänge müssen scharf geschnitten sein.

Startauben

sind eine sehr alte Rasse, die seit dem 16. Jahrhundert in Süd- und Mitteldeutschland gezüchtet wird. In der Figur wirkt sie schlank und kräftig mit straff anliegendem Gefieder. Es gibt sie in sehr vielen Farbvariationen mit viel Glanz. Sie haben die vier Hauptfarben Schwarz, Blau, Rot und Gelb. Auf dem unteren Vorderhals befindet sich die melierte bis reinweiße halbmondförmige Starzeichnung, die etwa drei Zentimeter breit, sechs Zentimeter lang und klar abgegrenzt ist. An den Enden läuft sie spitz aus. Man teilt die Startauben nach ihrer Färbung und Zeichnung ein in Star- und Marmorstarhälse, Star- und Marmorstarblassen, Star- und Marmorstarweißschwänze, Star- und Marmorstarmönche, sowie in Silberschuppen, -blassen, -weißschwänze und -mönche. Auf der Flügeldecke tragen sie zwei weiße Binden.

Süddeutsche Blassen

Sie sind eine der ältesten Rassen in Süddeutschland mit Rundhaube, glattfüßig und belatscht mit weißer Kopfplatte. Neben den üblichen Farben aus der Schwarz- und Rotgruppe, taucht bei ihnen die Farbe „Reiflicht“ auf – es ist eine zarte, wie mit Reif überzogene eisblaue Farbe, die sich über den ganzen Körper erstreckt. Als Besonderheit befindet sich zwischen Schnabel und Auge noch ein kleiner Farbfleck, der als Mücke bezeichnet wird.

Süddeutsche Kohllerchen

kommen aus Württemberg. Es sind kräftige, glattfüßige Tauben. Farbe und Zeichnung entsprechen einer verdunkelten Lerchenfarbe. Ihre Hauptfarbe ist dunkelgrau, ihre Flügelschilder sind schwarz, wobei jede Feder am Ende eine kleine hellgraue Spitze besitzt. Die Brust ist ockerfarbig und verläuft in die Hals- und Unterbrustfarbe. Sie sind zutraulich und leicht zu halten. In einem Sonderverein werden sie züchterisch gefördert.

Süddeutsche Latztauben

sind eine weitere württembergische Rasse mit hochangesetzter Rundhaube, glattfüßig oder belatscht. Die Rundhaube läuft seitlich in Rosetten aus. Bei sonst weißer Hauptfarbe sind nur der Kopf und der Vorderhals bis in Bughöhe farbig. Sie werden in den Farben Schwarz, Blau, Gelb und Braun gezüchtet. Die Braunen haben einen auffallend metallischen Halsglanz.

Süddeutsche Mohrenköpfe

Sie sind eine kräftige, württembergische Rasse, glattfüßig, mit breiter, hochsitzender Rundhaube mit Rosetten. Bei weißer Hauptfarbe sind Kopf ohne Haube, Latz bis zur Halsmitte, Schwanz, Decke und Keil farbig. Ihre Farbenschläge sind Schwarz, Blau, Rot und Gelb.

Süddeutsche Mönchtauben, belatscht

Sie kommen aus dem schwäbischen Oberland. Nur der Kopf, die Handschwingen, der Schwanz und die Latschen sind weiß. Haube, Hals, Brust, Schulter, Rücken und Bauch bis zum Schwanzansatz sind farbig. Die Beine sind verhältnismäßig kurz mit mittellanger, dichter Befiederung.

Süddeutsche Mönchtauben, glattfüßig

In ihnen steckt das Blut der Thurgauer Mönchtauben. Auf dem Kopf tragen sie eine zarte, farbige Spitzkappe. Weiß sind bei ihnen Kopf, Handschwingen, Schwanz, Decke, Keil und eventuell Binden und Schuppung. Farbig sind Kappe, Hals, Brust, Bauch, Flügelschilder und Rücken. Gezüchtet werden sie nur in Blau, weißbindig, Blau, weißgeschuppt und in Blau, hohlig.

Süddeutsche Schildtauben

Auch diese Schildigen kommen aus Württemberg. Ihr ganzer Körper ist weiß, bis auf das Flügelschild mit den Daumenfedern. Auf dem Kopf tragen sie eine dichte, hoch sitzende Rundhaube. Gezüchtet werden sie in sehr zahlreichen Farbvariationen in den Grundfarben Schwarz und Rot und ihren Unterfarben, in bindig, hohlig, gehämmert, weißbindig, weißgeschuppt und blau-rosageschuppt.

Süddeutsche Schnippen

Bei dieser württembergischen Rasse sind nur Schnippe, Schwanz, Decke und Keil farbig, der übrige Körper ist weiß gefärbt. Sie tragen eine freistehende, breite Rundhaube und sind glattfüßig. Die Schnippe setzt schmal an und wird nach oben breiter. Man kennt sie in Schwarz, Blau, Blaufahl, Rot und Gelb mit glänzender Lackfarbe bei den Intensivfarben.

Süddeutsche Tigermohren

Sie kommen auch aus dem schwäbischen Oberland und wurden um das Jahr 1700 bereits in der Literatur erwähnt. Es sind kräftige, gedrungen wirkende Tauben, glattköpfig und glattfüßig. Sie sind über den ganzen Körper glänzend schwarz gefärbt. Lediglich der Kopf ist bis zwei Zentimeter unter dem Schnabel weiß gesprenkelt. Die Sprenkelung nimmt mit dem Alter zu. Außerdem haben sie einen gut sichtbaren, farbigen Stirnfleck.

Süddeutsche Weißschwänze

Eine weitere Württemberger Rasse präsentiert sich als weißschwänzig, mit weißer Decke und kleiner Stirnschnippe. Es gibt sie in Schwarz, Blau, Rot, Gelb und Kupfer, teilweise mit schwarzen oder weißen Binden, hohlig und gehämmert. Blau-rosageschuppte sind Weißgeschuppte mit rötlichen Einlagerungen in Binden und Schuppen. Kupferfarbige haben eine glänzend schwarze Körperfarbe mit kastanienbraunen Flügelschildern mit schwarzen Pfeilspitzen.

Thüringer Brüster

Diese alte Thüringer Farbentaube steht fast waagerecht. Sie ist kräftig gebaut, mit mittellangen Beinen, ohne Latschen und besitzt eine hochsitzende, feine Spitzkappe. Farbig sind Kopf mit Kappe, Hals und Brust bis zur Bauchlinie. Der Brustschnitt ist gerade und sitzt sehr tief. Weiß gefärbt sind Schulter, Rücken, Flügelschild, Bauch, Schwanz, Decke und Keil. Das Untergefieder ist hell gefärbt. Wir kennen die Farbenschläge Schwarz, Blau, Gelb und Braun. Alle Farben sind satt und rein. Die Braunen zeigen einen metallischen Halsglanz. Sie sind zutraulich, brutfreudig und leicht zu halten. Sie werden vom Sonderverein »Thüringer Farbentauben« züchterisch betreut.

Thüringer Einfarbige

Sie sind eine berühmte Rasse, denn sie waren einmal die einzige kennfarbige Rasse, bei der Täuber und Täubin durch unterschiedliche Zeichnung als Küken zu erkennen sind. Diese Eigenschaft hat man in den USA auf andere Rassen, wie zum Beispiel die Texaner übertragen. Die Tauben kommen belatscht und glattfüßig vor. Die Täuber sind hell-, gelb- und blaugrundfarbig, die Täubinnen blau, blaugehämmert, gelercht und silberfarbig. Nicht verschiedenfarbig sind die Blauschimmel, die auch als eulig bezeichnet werden. Auf der Brust haben die Tauben einen gelben bis rotbraunen Halbmond (Noster).

Thüringer Flügeltauben

Bei ihnen ist das Hauptaugenmerk auf die Flügelfarbe gerichtet. Bei sonst weißem Gefieder sind Schnippe, Flügelschild ohne Schulterpartie und die Handschwingen farbig. Hierdurch wirkt die Form der Flügelfärbung wie gestreckt. Auf der Schulter ist ein großes, weißes Herz. Es gibt sie in den Grundfarben Schwarz und Rot mit zahlreichen Unterfarben in bindig, hohlig, gehämmert (auch mit Bronze- und Sulfurfarben) und weißgeschuppt mit Finkenzeichnung. Schecken kommen in Schwarz, Blau, Blaufahl, Rot und Gelb vor.

Thüringer Goldkäfertauben

Es gab sie um das Jahr 1930, sie galten aber nach dem Jahre 1945 als ausgestorben. Im Jahre 1976 wurden sie erneut anerkannt. Es sind kräftige, langgestreckte Tauben, die durch ihre Flügelfarbe besondere Aufmerksamkeit erregen. Ihr Kopf ist glatt oder spitzkappig. Das Körpergefieder ist schwarz und glänzt auch an Brust und Bauch in Grün und Purpur. Die Flügelschilder glänzen auffallend in Kastanienbraun.

Thüringer Mäusertauben

Es sind kräftige Tiere mit mittellangen Beinen und breiter Rundhaube, die in Rosetten endet. Weiß sind die Kopfplatte, der Schwanz mit Decke und Keil. Ein bis zwei Schwanzfedern auf jeder Seite können auch farbig sein. Man züchtet sie in vielen Farbenschlägen in den Grundfarben Schwarz und Rot mit vielen Unterfarben, in schwarzbindig, weißbindig, hohlig, gehämmert, auch gelercht, blaubronzegehämmert und blaufahlsulfurgehämmert.

Thüringer Mönchtauben

Sie wirken schlank und elegant, haben eine hohe Stirn mit glattem oder kappigem Kopf. Der Augenrand ist Rot. Weiß sind Kopf, Kappeninnenseite, Schwanz, Handschwingen, Decke und Keil. Das übrige Gefieder ist farbig. Gezeigt werden sie in schwarzer und roter Grundfarbe mit vielen Unterfarben in schwarzbindig, weißbindig, hohlig, gehämmert und in weißgeschuppt.

Thüringer Mondtauben

Wichtig ist bei ihnen eine exakte Halbmondzeichnung auf der Brust. Der Halbmond ist etwa drei Zentimeter breit und doppelt so lang und läuft an den Seiten spitz aus. Das ganze Obergefieder ist elfenbeinfarbig. Das Untergefieder ist nur schwach pigmentiert. Der Halbmond ist entweder intensiv gelb oder braun gefärbt. Die Flügeldecken sind bindig.

Thüringer Schildtauben

Bei weißer Hauptfarbe imponieren diese Tauben durch ihre Schildfarbe. Farbig sind nur die Flügelschilder und die Daumenfedern. Von der Seite gesehen sind die Flügelschilder gleichmäßig abgerundet und eng anliegend. Die Unterflügel sind meistens durchgefärbt. Gezüchtet werden sie in den Grundfarben Schwarz und Rot mit vielen Unterfarben in schwarzbindig, weißbindig, hohlig, gehämmert, bronzegehämmert und in sulfurgehämmert. Auf intensive Lackfarben wird geachtet.

Thüringer Schnippen

haben eine elegante Körperhaltung. Ihre Beine sind mittellang, der Kopf ist glatt und gut gerundet. Bei sonst weißer Gefiederfärbung sind Schnippe, Schwanz, Decke und Keil farbig. Die Schnippe reicht von der Schnabelwarze bis in Höhe der Augenmitte. Es gibt sie in Schwarz, Blau, Blaufahl, Rot und Gelb in glänzenden Farben.

Thüringer Schwalben

sind den Nürnberger Schwalben recht ähnlich. Der Kopf hat eine breite, ansteigende

Stirn und ist entweder glattköpfig oder trägt eine freistehende Rundhaube mit Rosetten. Bei sonst weißem Gefieder sind nur die Kopfplatte, die Schwingen und die Flügelschilder mit Daumenfedern ohne den oberen Teil des Flügels farbig. Die Federn der Schulter bilden von oben gesehen ein breites abgerundetes Herz. Die Federn von Flügelschild und Schwingen wirken wie ein langgestreckter, farbiger Streifen in glänzender Lackfarbe bei den Intensivfarben. Gezeigt werden sie in den Grundfarben Schwarz und Rot mit vielen Unterfarben in schwarzbindig, weißbindig, hohlig, gehämmert, blaubronzegehämmert, blaufahlsulfurgehämmert und in weißgeschuppt.

Thüringer Storchtauben

Diese kräftig aussehende Rasse mit fast waagerechtem Stand wird nur glattköpfig und glattfüßig gezüchtet. Bei sonst weißem Gefieder sind Schnippe, Latschen, 13 bis 15 Schwingen, deren Deckfedern, Daumenfedern und die darunter liegenden Flügeldeckfedern, die am unteren Flügelrand die Blume bilden, farbig. Gezüchtet werden sie in vier Farbenschlägen in Schwarz, Blau, Rot und Gelb. Ihre Farben glänzen in satten Lackfarben. Die Stirnschnippe reicht von den Schnabelwarzen bis in die Mitte der Augenhöhe.

Thüringer Weißköpfe

sind wiederum eine belatschte Rasse mit breiter Rundhaube, die in seitlichen Rosetten endet. Weiß ist das Gefieder an Kopf, Schwanz, Decke, Keil und Latschen. Das übrige Gefieder mit Haube und Geierfedern ist farbig. Bei diesen Tauben gibt es alle drei Grundfarben Schwarz, Rot und Braun mit mehreren Unterfarben in bindig, hohlig, gehämmert und schildig. Die Kupferfarbigen haben eine glänzend schwarze Körperfarbe mit kastanienbraunen Flügelschildern mit schwarzer Spitze an den einzelnen Federn, mit und ohne Finkenzeichnung.

Thüringer Weißlätze

Diese belatscht gezüchteten Tauben mit großer, breiter Rundhaube sind imposante Erscheinungen. Weiß sind Kopf, ein nach unten sich verbreiternder Latz, Schwanz, Decke, Keil und Latschen. Das übrige Gefieder, einschließlich Haube und Geierfedern, ist farbig. Der auffallende Latz reicht hinunter bis in Bughöhe. Die Haube läuft seitlich in Rosetten aus. Gezüchtet wird in den Grundfarben Schwarz und Rot mit Unterfarben in bindig, hohlig und gehämmert. Satte Lackfarben machen die Tauben besonders ansehnlich.

Thüringer Weißschwänze

sind eine weitere typische, glattköpfige, Thüringer Rasse mit weißem Schwanz und weißer Decke, aber mit farbigem Keil und einer mittelgroßen weißen Stirnschnippe. Neben den Farben Schwarz, Blau, Blaufahl, Rot und Gelb, teilweise in schwarz- und weißbindig, hohlig und gehämmert, gibt es sie auch in blaubronzegehämmert, blausulfurgehämmert und in weißgeschuppt. Kupferfarbige sind schwarz mit kastanienbraunen Flügelschildern mit schwarzen Federspitzen.

Verkehrtflügelfarbentauben

Diese Tauben mit einer interessanten Farbzeichnung stammen aus Sachsen und Thüringen; sie sind kräftig, etwas tiefstehend, glattköpfig und stark belatscht. Ihre farbigen Körperteile glänzen in satten Lackfarben. Weiß befiedert sind Kopf, Flügelschild ohne Schulterfedern, Handschwingen, Bauch, Schenkel und Latschen.

Farbig befiedert sind Stirnschnippe, Hals, Brust, Schulter (Herzzeichnung), Rücken, Schwanz, Decke und Keil. Der Bruststschnitt sitzt sehr tief und ist klar abgegrenzt. Man sieht diese Rasse in den Farben Schwarz, Blau, Rot und Gelb.

Württemberger Mohrenköpfe

Sie haben farbige Köpfe mit und ohne weißer Stirnschnippe und voller weißer Rundhaube mit Rosetten. Auf Vorderhals und Brust tragen sie einen großen, farbigen Latz, der bis zum Bug hinunterreicht. Auch der Schwanz mit Decke und Keil ist farbig. Weiß sind Haube, Hinterhals, Schulter, Rücken, Flügelschild, Handschwingen, Bauch und Latschen. Obwohl sie Mohrenköpfe heißen, züchtet man sie in Schwarz, Blau, Rot und Gelb. Diese wunderhübsche Rasse wird von nur wenigen Züchtern gehalten. Daher sieht man sie nicht auf jeder großen Ausstellung. Eine stärkere Verbreitung wäre wünschenswert.

Gruppe Va – Schweizer Farbentauben

In der Schweiz hat es seit Jahrhunderten eine umfangreiche Rassetaubenzucht mit wunderhübschen, interessanten Rassen gegeben, die dort züchterisch eine Eigenentwicklung durchgemacht haben. Es ist daher sehr zu begrüßen, dass sie im Rahmen des Standards als eine Untergruppe mit erfasst wurden und einem breiteren Züchterkreis mit ihren besonderen Eigenschaften präsentiert werden können. Insgesamt wurde der Deutsche Rassetauben-Standard hierdurch um 21 Rassen bereichert.

Thurgauer Mehlfarbige.

Aargauer Weißschwänze

Sie wurden um 1950 im Kanton Aargau aus Spitzhauben- und Weißschwanzrassen neu gezüchtet. Sie sind elegant, temperamentvoll, flugfreudig, belatscht mit Spitzkappe. Weiß sind nur Schwanz und Decke. Das übrige Gefieder ist farbig. An den Beinen tragen sie mittellange Tellerlatschen, die die Zehen gut bedecken. Sie werden in allen drei Grundfarben mit ihren Unterfarben in schwarz- und weißbindig, hohlig, gehämmert und weißgeschuppt gezüchtet.

Berner Gugger

sind schon seit dem 16. Jahrhundert im Berner Land bekannt. Sie sind schnittige, elegante und flugfreudige Tauben mit Spitzkappe und Stirnschnippe. Ihre Hauptfarbe ist Blau, das Flügelschild ist regelmäßig schwarz gehämmert. Es gibt sie als Weißschwänze und als Blauschwänze. Unter dem Schnabel tragen sie einen reinblauen Latz. Auffallend ist ihre Guggerzeichnung, das sind feine weiße Federchen in farbigem Feld am Hals, mit scharfer Abgrenzung des Feldes nach oben und nach unten.

Berner Lerchen

Man kennt sie seit dem 17. Jahrhundert im Kanton Bern. Sie sind temperamentvolle Flugtauben mit spitzer Kappe und mittellangem Schnabel. Das Flügelschild ist gelercht. Die Hauptfedernfarbe ist hellgrau, ohne blauen oder rötlichen Anflug. Die Brustfarbe leuchtet goldgelb.

Berner Rieselköpfe

sind ebenfalls eine alte Berner Rasse aus dem 18. Jahrhundert, schnittig, elegant und temperamentvoll. Am ganzen Körper sind sie tiefschwarz gefärbt bis auf den spitzkappigen Kopf, der von der Vorderseite der Kappe bis zwei Zentimeter unter dem Schnabelansatz weiß gerieselt ist.

Berner Spiegelschwänze

sind einfarbig blaue Tauben mit hochangesetzter Spitzkappe und mit hohligem Flügelschild. Der Rücken ist etwas heller gefärbt. Der Hals ist grünschimmernd. Der Schwanz besitzt ein schwarzes, durchgehendes Querband. Davor befindet sich auf jeder Feder eine helle Stelle, die Spiegel genannt wird. Je ausgeprägter die Spiegelzeichnung zu erkennen ist, desto wertvoller ist das Tier.

Berner Weißschwänze

gehören zu den Jahrhunderte alten Schweizer Taubenrassen mit schnittiger Körperform, temperamentvollem Wesen, immer spitzkappig gezüchtet mit weißem Schwanz, wobei auch die Decke weiß gefärbt ist. Alle anderen Körperteile sind farbig. Es gibt sie in den drei Grundfarben Schwarz, Rot und Braun mit mehreren Unterfarben in bindig, hohlig gehämmert, auch in eisfarbig, weißbindig und hohlig sowie in Reinweiß. Wegen ihrer vielen Farbenschläge und Farbzeichnungen sind sie sehr beliebt, Auch sind sie freudige Flieger.

Einfarbige Schweizertauben

Ihre Form und Stellung ähnelt der der meisten Schweizer Rassen. Mittelgroß, elegant und flugfreudig sind sie eine temperamentvolle Taubenrasse. Sie haben eine steil ansteigende Stirn mit Spitzkappe. Die Federn am Hinterhals bilden bis zur Kappenspitze einen scharfen Kamm. Ihr Schwanz ist verhältnismäßig lang und bildet mit dem Rücken eine abfallende Linie. Sie sind immer glattfüßig. Sehen kann man sie in zahlreichen Farbenschlägen der drei Grundfarben Schwarz, Rot und Braun und deren Unterfarben in bindig, hohlig, gehämmert und weißbindig. Eisfarbige tragen eine schwarze Schwanzbinde.

Luzerner Einfarbige

wurden im 19. Jahrhundert in der Schweiz aus Schweizertauben und Mövchen zu einer neuen Rasse geformt. Abweichend von den schnittigen Schweizer Rassen sind sie mittelgroß, kurz und etwas gedrungen wirkend. Alle Tiere sind spitzkappig und behost. Der Schnabel ist mittellang und bildet mit der Stirn eine sanfte Bogenlinie. Sie werden in vielen Farbvarianten in allen drei Grundfarben Schwarz, Rot und Braun und deren Unterfarben in bindig, hohlig und gehämmert gezüchtet, auch gibt es Gesäumte in mehreren Farben.

Luzerner Elmer

haben den gleichen Ursprung und die gleiche Form, wie die Luzerner Einfarbigen. Ihre Hauptfarbe ist milchweiß. Auf dem Vorderhals tragen sie einen gelben oder einen braunen Halbmond, der zum Brustbein hin ohne scharfe Abgrenzung in die Hauptfarbe übergeht. Binden und Mondfarbe sind farbgleich. Braune zeigen im Halbmond weinrote Einlagerungen.

Luzerner Goldkragen

Sie haben den gleichen Ursprung, wie die anderen Luzerner Rassen. Die Hauptfarbe des Gefieders ist mehlfarbig, die Schwingen und der Schwanz sind etwas dunkler, Rücken und Keil sind durchgefärbt. Die Brustfarbe ist ein glänzendes Tiefgelb, das sich bis zum Hinterhals und zum Brustbein hinzieht und ohne Abgrenzung in die Körperfarbe übergeht.

Luzerner Kupferkragen

Diese Tiere haben den gleichen Ursprung und sind, wie alle Luzerner Tauben, auch spitzkappig und behost. Bei blauer Gefiederfarbe glänzt die Brustfarbe in kupfrigbraunrot, ohne Abgrenzung zum Hinterhals und zum Brustbein. Ihr Flügelschild ist schwarzbindig, hohlig oder gehämmert.

Luzerner Rieselköpfe

sind gleich massig wie alle Luzerner Rassen, mit leicht abfallender Haltung. Ihre Gefiederfarbe ist ein sattes, reines Schwarz. Ihre Besonderheit ist ein Rieselkopf mit feinen weißen Federn. Die Rieselung reicht bis 2 Zentimeter unter den Schnabelansatz, dabei überwiegt die Anzahl der weißen Federn gegenüber den schwarzen.

Luzerner Schildtauben

Sie sind die jüngste der Luzerner Taubenrassen und wurden erst im 20. Jahrhundert bekannt; sie sind ebenfalls spitzkappig und behost. Ihr Körpergefieder ist reinweiß mit dunklen Augen. Sie haben zahlreiche Schildfarben in Schwarz und Rot mit Unterfarben, bindig, hohlig und gehämmert. Farbig sind auch die Daumenfedern. Bei Roten und Gelben sind die Armschwingen farbig.

Luzerner Weißschwänze

Bei ihnen sind nur Schwanz und Decke weiß gefärbt, das übrige Gefieder ist farbig. Das Halsgefieder glänzt metallisch. Es gibt sie einfarbig in Schwarz, Blau, Rot, Gelb und Braun, aber auch in bindig oder weißbindig, in weißgeschuppt mit und ohne Finkenzeichnung und in gehämmert.

Thurgauer Elmer

Die Thurgauer Rassen sind leicht, elegant, flugfreudig und temperamentvoll. Bei den Elmern haben einmal Sächsische Mondtauben Pate gestanden und den Halbmond als Zeichnung in die vorhandenen Tauben hineingebracht. Die Gefiederfarbe ist milchweiß. Auf dem Vorderhals befindet sich ein etwa drei Zentimeter breiter und doppelt so langer Halbmond. Die Flügelschilder sind bindig. Halbmondfarbe und Bindenfarbe sind Gelb oder Braun. Die Braunen haben im Halbmond leichte weinrote Einlagerungen.

Thurgauer Mehlfarbige

Sie stammen aus dem Oberthurgau. Ihre Gefiederfarbe ist mehlfarbig mit Binden oder Hämmerung auf dem Flügelschild. Ihre Brustfarbe glänzt in Goldgelb, ohne scharfe Abgrenzung zum Brustbein und nicht bis in den Hinterhals laufend. Der Schwanz hat eine dunkle Binde. Er ist verhältnismäßig lang und bildet mit dem Rücken eine gerade abfallende Linie.

Thurgauer Mönchtauben

sind Anfang des 20. Jahrhunderts durch Einkreuzung gemönchter Starhälse züchterisch entwickelt worden. Die Thurgauer Eleganz ist auch ihnen eigen. Die weiße Kopfzeichnung beginnt in der Kehle, einen Zentimeter unter dem Schnabelansatz, und verläuft in einer Bogenlinie bis zur Kappenspitze. Weiß sind außerdem Handschwingen, Schwanz, Decke und Keil. Gezüchtet werden sie in allen drei Grundfarben Schwarz, Rot und Braun, bindig, hohlig, gehämmert, weißbindig und weißgeschuppt.

Oben links:Thurgauer Elmer.
Oben rechts:Thurgauer Schildtaube, blau-bindig.
Unten links: Altenburger Trommeltaube, Blauschimmel.
Unten rechts: Dresdener Trommeltaube, gelb.

Thurgauer Schildtauben

Im Wesen und ihrer Körperform sind alle Thurgauer Schildtauben im Körpergefieder reinweiß mit zahlreichen Schildfarben in den beiden Grundfarben Schwarz und Rot und ihren Unterfarben in bindig, hohlig, gehämmert, weißbindig und weißgeschuppt.

Thurgauer Weißschwänze

sind seit Jahrhunderten im Thurgau bekannt. Sie sind die einzige Thurgauer Rasse, bei der auch die Schimmelfarbe (Katzgrau) vorkommt. Reinweiß sind der Schwanz mit Decke und Keil. Das übrige Gefieder ist farbig. Gezüchtet werden sie in den Grundfarben Schwarz, Rot und Braun in bindig, hohlig, gehämmert, weißbindig, weißgeschuppt mit oder ohne Finkenzeichnung und als Blauschimmel.

Wiggertaler Farbenschwänze

Sie wurden in der Mitte des 20. Jahrhunderts durch zahlreiche Kreuzungen mit anschließender Auslese zu einer Rasse geformt. Ihr spitzkappiger Kopf hat eine steil ansteigende Stirn. Die Hinterhalsfedern bis zur Kappenspitze bilden einen scharfen Kamm. Farbig sind Schwanz, Decke und Keil. Das übrige Gefieder ist weiß. Auf dem Rücken und am After sind die Farben scharf abgegrenzt. Gezüchtet werden sie in Schwarz, Blau, Rot und Gelb.

Zürcher Weißschwänze

sind einmal aus Feldtauben züchterisch bis zur heutigen Vollendung gebracht worden. Bei ihnen sind Schwanz und Decke Weiß gefärbt, während der Keil farbig ist. Sie sind schnittig, flugfreudig und temperamentvoll, immer glattköpfig und behost mit nackten Zehen. Alle ihre Farben sind satt und rein. Es gibt sie in den drei Grundfarben und ihren Unterfarben in bindig, hohlig, gehämmert, weißbindig und in weißgeschuppt mit oder ohne Finkenzeichnung.

Gruppe VI – Trommeltauben

In dieser Gruppe werden Trommeltauben mit teilweise sehr unterschiedlichem Aussehen zusammenfassend dargestellt. Ihre gemeinsame Besonderheit ist ihre Trommelstimme, worin sie sich von allen anderen Taubenrassen unterscheiden. Nachstehend sind insgesamt zwölf Rassen aufgeführt, die teils unterschiedlicher Herkunft, teils aber auch von ihrer Entstehung her miteinander verwandt sind.

Altenburger Trommeltauben

Sie werden bereits seit Anfang des 18. Jahrhunderts im sächsisch-thüringischen Raum gehalten. Es sind kräftige Tauben mit fast waagerechter Haltung, mit hoher Stirn, glatten Füßen und mit einer sehr guten Trommelstimme. Es gibt sie in sehr vielen Farbvarianten in den Grundfarben Schwarz und Rot mit ihren Unterfarben, in Rezessiv-Rot

Deutsche Schnabelkuppige Trommeltaube.

und in unterschiedlicher, Weise in bindig, hohlig, gehämmert, gelercht, gemöncht, als Muselköpfe, mit Flügelrose, als Schecken, Schimmel, als Panterschecken und in Reinweiß. Die Intensivfarben glänzen als Lackfarben. Alle Farben sind voll und rein.

Arabische Trommeltauben

Sie sollen von ausgestorbenen wilden Felsen-Trommeltauben aus Saudi-Arabien abstammen. Sie sind nicht allzu groß, haben ein lebhaftes Temperament, aber sind trotzdem sehr zutraulich. Eine eigenartige, lachende Trommelstimme ist ihre Besonderheit, die sonst bei keiner anderen Rasse vorkommt. Gezüchtet wird diese Rasse in den Grundfarben Schwarz und Rot mit Unterfarben in bindig, gehämmert und als Schecken. Außerdem gibt es sie in atlasfarbig.

Bernburger Trommeltauben

Sie wurden aus doppelkuppigen Trommeltauben und aus gemönchten Farbentauben züchterisch geformt. Schon am Ende des 18. Jahrhunderts waren sie in Sachsen-Anhalt bekannt und wurden um das Jahr 1885 nach der Stadt Bernburg benannt. Sie sind große, tiefgestellte, reichbefiederte Trommeltauben mit fast waagerechter Haltung. Der Kopf trägt eine aufrecht stehende, breite Rundhaube mit und ohne Rosetten. Auf der Stirn tragen sie eine allseits geschlossene, federreiche Nelke, die die Warzen bedeckt. Durch ihren starken Unterbau ist die Sichtfreiheit immer gegeben. Die Beine sind kurz und haben dichte, lange zur Seite gerichtete Latschen. Man kennt sie in Schwarz, Blau, Rot und Gelb, bindig und gehämmert.

Bucharische Trommeltauben

Wahrscheinlich kamen sie aus Südosteuropa und wurden in der zweiten Hälfte des 19. Jahrhunderts in Deutschland eingeführt. Diese Rasse ist sehr kräftig, tief gestellt und mit fast waagerechter Haltung, mit dichten zur Seite gerichteten Latschen. Sie haben auf dem Kopf eine lockere Rundhaube, die dem Hinterhals eine mähnenartige Struktur verleiht. Auf der Stirn sitzt eine üppige, kreisrunde Rosette, die den Schnabel bis zur Spitze völlig bedeckt und auf der Stirn von der Rundhaube umgeben wird. Lange Flügel reichen bis zum Schwanzende. Gezüchtet werden sie in Weiß, Schwarz, Blau, Rot und Gelb, bindig, hohlig und gehämmert sowie als Schecken, mit Muselköpfen und als Panterschecken.

Deutsche Doppelkuppige Trommeltauben

Sie wurden einmal aus russischen Trommeltauben in Sachsen und Thüringen züchterisch vervollkommnet. Es sind große, reichbefiederte Tauben mit gediegener Kopfstruktur und starker Belatschung, mit langen Geierfedern. Auf dem Kopf tragen sie eine hochsitzende, breite Rundhaube mit und ohne Rosetten. Auf der Stirn sitzt eine ovale, federreiche, geschlossene Nelke mit starkem Unterbau, der die Sichtfreiheit gewährleistet. Farbenschläge sind bekannt in Weiß und in den beiden Grundfarben Schwarz und Rot mit zahlreichen Unterfarben in bindig, hohlig, gehämmert, weißbindig, weißgeschuppt, als Muselköpfe, mit Flügelrose, als Schecken und als Panterschecken. Kräftige Lackfarben zeichnen sie besonders aus.

Deutsche Gabelschwanz-Trommeltauben

Ihre Besonderheit ist der breitfedrige, gegabelte Schwanz, eine genetische Spielart, die sonst selten anzutreffen ist. Der Schwanz besteht aus 16 besonders langen und breiten Federn, die in der Mitte geteilt sind. Es sind lange, tiefgestellte Tauben mit fast waagerechter Haltung mit kurzen Beinen und langen, dichten Latschen. Man züchtet sie nur in wenigen Farbenschlägen in Weiß, Schwarz, Blau, Hellblau, Blaufahl in bindig, gehämmert und weißbindig. Ihre züchterische Betreuung erfolgt durch den Sonderverein »Trommeltauben«.

Deutsche Schnabelkuppige Trommeltauben

Entstanden sind sie in Sachsen und in Thüringen durch Einkreuzung von Farbentauben in Doppelkuppige Trommeltauben. Sie sind glattköpfig, tragen aber eine federreiche, ovale Nelke auf der Stirn, die rundum geschlossen ist und die Schnabelwarzen bedeckt. Die Nelke hat einen starken Unterbau, so dass die Sicht nicht behindert ist. Der Hals ist länger und schnittiger als bei den Doppelkuppigen. Ihre Intensivfarben glänzen als Lackfarben. Es gibt viele Farb- und Zeichnungsvarianten in Weiß und in den Grundfarben Schwarz und Rot mit zahlreichen Unterfarben in bindig, hohlig, gehämmert, weißbindig, weißgeschuppt, muselköpfig, mit Flügelrose, als Schecken und als Panterschecken.

Dresdener Trommeltauben

sind ausgesprochene Schildtauben mit weißen Flügelschildern. Sie haben eine hochsitzende, breite, in Rosetten auslaufende Haube, eine federreiche, ovale, geschlossene Stirnnelke mit kräftigem Unterbau, einen langen Schwanz und kurze Beine mit dichten, abgerundeten Latschen. Das Körpergefieder in Schwarz, Rot und Gelb ist satt und gleichmäßig und die Flügelfedern sind ab der dritten Armschwinge weiß mit nicht zu langer weißer Rückenfärbung.

Fränkische Trommeltauben

stammen aus Oberfranken und Thüringen. Ihr Kopf hat eine flache Stirn mit breiter, federreicher, aufrecht stehender, auch hinten gut geschlossener Haube ohne Rosetten. Die vorderen Haubenfedern stehen aufrecht, bilden also keine Muschelhaube. Eine ovale, geschlossene Nelke auf der Stirn mit starkem Unterbau bedeckt bei voller Sichtfreiheit die Warzen. Die Beine sind kurz, ohne sichtbare Schenkel und unbefiedert. Sie kommen in vielen Farben und Zeichnungen vor. Man züchtet sie in Weiß und in den Grundfarben Schwarz und Rot mit zahlreichen Unterfarben in bindig, hohlig, gehämmert, weißschildig, gelercht, muselköpfig, mit Flügelrosen, geganselt, gescheckt und als Schimmel.

Harzburger Trommeltauben

sind ein schildiges Zuchtprodukt aus Schnabelkuppigen und Dresdener Trommeltauben. Sie wurden um das Jahr 1970 als eigenständige Rasse anerkannt. Es sind stark belatschte, schnabelkuppige Trommeltauben mit weißem Flügelschild. Der Kopf ist ohne Haube und hat eine gut ausgebildete ovale Schnabelnelke. Sie sind stark belatscht mit dichten langen Federn, die zur Seite gerichtet sind und sich an lange Geierfedern anschließen. Mindestens ab der dritten Armschwinge sind die Flügelschilder mit nicht zu langem Rücken weiß. Die übrigen Körperfedern sind rot oder gelb gefärbt

Schmöllner Trommeltauben

Auch diese Rasse kommt aus Sachsen und Thüringen aus den Gebieten um Schmölln und Altenburg. Es sind lange, kräftige, mittelhoch gestellte Tauben mit fast waagerechter Haltung, Gabelschwanz, glattköpfig, behost und mit einer sehr guten Trommelstimme. Sie sind sehr gefällige, zutrauliche Tauben. Ihr Schwanz hat 14 lange und breite Federfahnen, die in der Mitte geteilt sind. Gezüchtet werden sie in den Grundfarben Schwarz und Rot mit vielen Unterfarben in bindig, hohlig, gehämmert, weißbindig, gelercht, muselköpfig, gescheckt und als Panterschecken.

Vogtländer Weißkopf-Trommeltauben

Ihr weißer Kopf ist im Vogtland züchterisch durch die Einkreuzung gemönchter Farbentauben in schnabelkuppige Trommeltauben enstanden. Weiß sind bei ihnen der Kopf bis einen halben Zentimeter unter den Augen, die Handschwingen und die überbauten, abgerundeten, seitlichen Latschen. Eine ovale, geschlossene Nelke bedeckt die Warzen. Freie Sicht ist durch einen starken Unterbau gewährleistet. Es gibt sie in den beiden Grundfarben Schwarz und Rot mit ihren Unterfarben in bindig, hohlig und gehämmert.

Gruppe VII – Strukturtauben

Diese Taubengruppe erregt unter Taubenzüchtern und anderen Ausstellungsbesuchern immer wieder Bewunderung. Es ist erstaunlich, welche Besonderheiten zunächst durch genetische Veränderungen und anschließend durch unermüdlichen, Jahrhunderte langen Züchterfleiß entstanden sind.

Pfautaube.

Ihre wichtigsten Merkmale sind außergewöhnliche Federstrukturen ganz verschiedener Art und an ganz unterschiedlichen Körperteilen. Im Deutschen Rassetauben-Standard finden wir in dieser Gruppe sieben verschiedene Rassen. Die meisten von ihnen kamen irgendwann in den letzten 400 Jahren aus Indien.

Altholländische Kapuziner

Man nimmt an, dass sie bereits um das Jahr 1500 durch Seefahrer aus Indien in die Niederlande gebracht wurden. Nachweislich werden sie dort seit dem Jahre 1661 gezüchtet. Es sind mittelgroße Tauben mit waagerechter Haltung und großer, kragenartiger Struktur des Halsgefieders. Sie tragen eine dicke, hohe aufrechtstehende Kappe, die ohne Knick in eine volle, seitlich vom Kopf abstehende Nackenbefiederung und von dort in den Halskragen übergeht. Dieser ist auf der Vorderseite des Halses offen. An den unteren Halsseiten bildet das Gefieder eine ovale Rosette. Ihnen eigen ist die alte Form der Mönchszeichnung. Weiß sind Kopf, Handschwingen, Schwanz, Decke, Keil, Aftergefieder, Bauch und Schenkel. Das übrige Gefieder ist farbig. Man kennt sie in den Grundfarben Schwarz und Rot mit verschiedenen Unterfarben, in bindig, als Panterschecken und in einfarbig Weiß.

Chinesentauben

Woher sie ihren Namen haben, ist unbekannt. Jedenfalls stammen sie aus dem nordafrikanisch-spanischen Rassenkreis und nicht aus China. Um die Mitte des 19. Jahrhunderts kamen sie nach Westeuropa. Sie haben eine ausgedehnte, nur dieser Rasse eigene, Struktur ihres Gefieders. Der Hals trägt eine nach hinten ausgebogene Mähne, die durch waagerecht nach hinten stehende Nackenfedern gebildet wird. Auf der Brust

Oben links: Lockentaube, rot.
Oben rechts: Pfautaube, gelb, Spiegelschwanz.
Mitte links: Figurita-Mövchen, rotfahl.
Unten rechts: oriental. Mövchen, Blondinette, rotgesäumt.
Unten links: Altholländischer Tümmler, blaubindig.

befindet sich ein Oberkissen aus aufwärts und seitwärts strebenden Brustfedern, die die Brustbreite optisch bedeutend vergrößern. Darunter sitzt ein Unterkissen aus nach unten und seitwärts gewachsenen lockeren Federn. Beide Federfelder werden durch einen von Bug zu Bug reichenden tiefsitzenden Scheitel voneinander getrennt. Zudem besitzen sie zwei stark entwickelte Federbüschel an den Schenkeln, die auch Höschen genannt werden. Einige Tiere haben zusätzlich gedrehte, nach oben gebogene Federn auf den Schultern, die man Sträußchen nennt. Es gibt sie in vielen Farb- und Zeichnungsvarianten in den Grundfarben Schwarz und Rot mit vielen Unterfarben in bindig, gehämmert und in schildig, sowie als Farbenschwänze, als Vielfarbige, Schimmel und Panterschecken.

Indische Pfautauben

wurden bereits im Jahre 1590 in Indien beschrieben. Über Amerika kamen sie nach Deutschland und wurden hier im Jahre 1976 anerkannt. Es sind kräftig wirkende Tauben mit waagerechter Körperhaltung. Ein voller Schwanz wird aufrecht, vertikal getragen und überragt den Kopf um mindestens vier Zentimeter. Von hinten gesehen bilden seine Federspitzen mindestens Dreiviertel eines Kreises. Auf dem Kopf tragen sie eine Spitzhaube oder eine Rundhaube mit Rosetten. Die Flügel werden unter dem Schwanz getragen, berühren aber nicht den Boden. Ihre Farbenschläge sind die Grundfarben Schwarz und Rot mit Unterfarben in bindig, gehämmert und schildig sowie Spiegelschwänze, Weißschwänze, Farbenschwänze und Vielfarbige.

Lockentauben

Bereits zu Beginn des 18. Jahrhunderts wurden Lockentauben in Westeuropa gezüchtet. Sie sind kräftige, mittelhoch gestellte Farbentauben mit intensiv gelockten Federn des Flügelschildes. Ihre Beine tragen eine dichte Befiederung. Die Weißen gibt es mit und ohne Haube. Das Flügelschild ist groß und breit, angefüllt mit Locken in der jeweiligen Farbe. Gezüchtet werden sie in Schwarz und Weiß, als Schildige in blaubindig, Rot, Gelb, Rotfahl und Gelbfahl, außerdem als Schimmel in Blau, Rot und Gelb.

Perückentauben

Sie wurden um das Jahr 1550 von niederländischen Seefahrern aus Indien mitgebracht und fanden schnell Verbreitung in West- und Mitteleuropa. Es sind mittelgroße Tauben mit aufgerichteter Haltung. Hauptmerkmal ist eine auffallende, umfangreiche Struktur des Kopf- und Halsgefieders, die sich aus Mähne, Hut und Kette zusammensetzt. Am hinteren Teil des Halses steigt eine geschwungene, weit ausladende Mähne auf und geht in den Hut über. Dieser ist dicht geschlossen und gut abgerundet. Die Federn des Hutes sind so lang, dass sie über der Kopfplatte schweben. Die Kette besteht aus langen, dichten Federn, die an den Halsseiten anliegen und in ununterbrochener Bogenlinie bis zur Brust verlaufen. Es gibt die Tauben in Schwarz, Blau, Rot, Gelb, Rotfahl und Gelbfahl, teils in bindig und in hohlig, aber auch in einfarbig Weiß und als Panterschecken.

Pfautauben

Für manchen Laien sind sie der Inbegriff von Rassetauben, vielleicht, weil sie besonders zahm werden und vielfach bei der Arbeit von Artisten mitwirken. Sie sind eine der ältesten Taubenrassen in Europa und wurden bereits im 16. Jahrhundert aus Indien mitgebracht. Ihr Hauptmerkmal ist der große, etwas konkav getragene, kreisrunde Fächerschwanz. Er berührt auf beiden Seiten leicht den Boden, ist sehr dicht, wobei jede Feder jeweils die nächste teilweise überdeckt. Die Brust ist weit herausgestreckt, wodurch der Kopf in Paradestellung auf dem Vorderkissen aufliegt und die Tauben dabei gern die Füße anheben. Schier unüberschaubar ist die Zahl der Farb- und Zeichnungsvarianten. Sie werden in Weiß und in den Grundfarben Schwarz und Rot mit ihren zahlreichen Unterfarben in bindig, hohlig, gehämmert und schildig, als Spiegel-, Weiß- und Farbenschwänzige, als Gescheckte, als Schimmel, als Panterschecken und als Vielfarbige gezüchtet.

Schmalkaldener Mohrenköpfe

sind kräftige Tauben mit fast waagerechter Haltung mit ausgeprägter, perückenartiger Struktur an Kopf und Hals und mit dichter Fußbefiederung. Die Struktur der Federn beginnt mit einer Scheitelung an der unteren Hälfte der Halsseiten. Die von hier ausgehenden langen Strukturfedern, nach vorn, nach oben und nach hinten aufwärts, bilden sowohl die den Vorderhals umschließende Kette als auch die über dem Hinterhals liegende Mähne. Die Mähne geht nahtlos in den Hut über, der sich aufrecht mit dichten Federn über den Kopf legt. Die Kette verläuft in einer Bogenlinie bis zur Brust. Der Augenbereich bleibt frei, so dass Sichtfreiheit immer gegeben ist. Ihre Zeichnung ist einheitlich. Kopf, Vorderhals, Schwanz, Keil und Decke sind farbig, das übrige Gefieder ist stets weiß. Ausgestellt werden sie in den Farben Schwarz, Blau, Rot und Gelb.

Gruppe VIII – Mövchentauben

Alle Tauben dieser Gruppe tragen an ihrem Hals eine lange, stark ausgebildete Halskrause (Jabot), die manchmal auch bei an-

Orientalisches Mövchen.

deren Rassen anzutreffen ist. Mövchenrassen unterscheiden sich in Form, Größe, in den Kopfpunkten und in den Färbungen voneinander. Insgesamt sind 16 Rassen zu dieser Gruppe zusammengefasst.

Aachener Lackschildmövchen

sind eine sehr alte Rasse, die seit Mitte des 18. Jahrhunderts in der unteren Rheingegend gezüchtet wird. Es sind kräftige Tiere mit mittellangem Schnabel. Bei weißem Körpergefieder sind nur die Flügelschilder, einschließlich der Daumenfedern farbig. Ausgestellt werden sie in den Farben Schwarz, Rot und Gelb. Sie haben gut ausgebildete Schmalzkiele. Die Flügelschilder sind intensiv gefärbt und weisen viel glänzenden Lack auf.

Altdeutsche Mövchen

sind wohl die älteste Rasse dieser Gruppe und wohl die erste, die in Deutschland in Anlehnung an die Farben und Zeichnungen der großen Silbermöwen am Meer als Mövchen ihren Namen erhielten. Im Jahre 1956 wurden sie neu anerkannt. Es sind mittelgroße, gedrungen wirkende Tauben mit mittellangem Schnabel. Sie haben einen gut gerundeten Kopf und eine gut ausgebildete Halskrause; beides sind typische Rassemerkmale. Auf dem Kopf tragen sie eine volle Rundhaube mit Rosetten. Sie sind ausgesprochene Schildtauben mit weißem Körpergefieder und farbigen Flügelschildern. Es gibt sie in den Grundfarben Schwarz, Rot und Braun mit verschiedenen Unterfarben in bindig, hohlig, gehämmert, weißbindig, gesäumt, farbenschwänzig und in Weiß.

Altholländische Mövchen

Sie gelten als eine der ältesten Taubenrassen in Europa. Sie wirken mittelgroß, mit breiter Brust und waagerechter Unterlinie. Ihr Kopf trägt eine Spitzkappe. Von oben gesehen bilden Stirn und Schnabel ein Dreieck. Sie sind temperamentvoll, aber dennoch sehr zutraulich. Eine lange, volle Halskrause ist bei ihnen ein wichtiges Merkmal. Bei weißem Körpergefieder ist nur das Flügelschild farbig in Schwarz, Blau, Rot, Gelb, Blaufahl, Rotfahl, Gelbfahl, einige auch mit Binden und gehämmert. Außerdem gibt es Reinweiße.

Anatolische Mövchen

Vermutlich sind sie in der ersten Hälfte des 18. Jahrhunderts nach Deutschland gekommen und als Ursprungsrasse aller europäischen Schildmövchen anzusehen. Sie sind kurz und breit, tiefgestellt mit rundem Kopf, vollen Backen und stets glattköpfig. Die Beine sind kurz und unbefiedert. Es gibt sie in Schwarz, Dun, Blau, Blaufahl in bindig und gehämmert, sowie in Rot, Rotfahl, Gelb, Gelbfahl und in Braunfahl. Nur Flügelschild und Schwanz sind farbig, das übrige Gefieder ist Weiß. Sie sind leicht zu halten und genetisch durchgezüchtet. Für Anfänger sind sie für einen Einstieg gut geeignet.

Antwerpener Smerlen

sind eine alte belgische Rasse, die im Laufe der Zeit mit Hilfe von Turbits, Owls, Show Antwerps und Deutschen Schautauben züchterisch modernisiert wurde. Sie sind sehr kräftige, gedrungene Tauben, mit waagerechter Körperhaltung und mit einem wohl proportionierten, gleichmäßig gewölbten Kopf mit mittellangem Schnabel. Ihre Hauptgefiederfarbe ist weiß. Farbig sind nur das Flügelschild und die Daumenfedern. Sie werden in den Grundfarben Schwarz und Rot mit zahlreichen Unterfarben in bindig, gehämmert und in weißbindig gezüchtet.

Deutsche Farbenschwanzmövchen

Ihr Körper ist kurz und breit, nicht allzu groß, mit unbefiederten Beinen, mit kugelrundem Kopf, vollen Backen in kappig und glattköpfig mit gut ausgebildeter Halskrause. Nur ihr Schwanz ist farbig, das ganze übrige Gefieder ist reinweiß. Ausgestellt werden sie in Schwarz, Dun, Blau, Blaufahl, Rot und in Gelb.

Deutsche Schildmövchen

sind die Stammform aller deutschen Mövchen. Durch Importe aus Afrika und Kleinasien wurden sie Ende des 19. Jahrhunderts modernisiert. Eingekreuzt wurden schildige Anatolische Mövchen, Ägyptische Mövchen (African Owls) und Turbitmövchen alten Typs. So entstanden kurze, breite Typen mit gut entwickelter Halskrause mit unbefiederten Beinen und bedeckten Schenkeln. Farbig ist nur das ovale gleichmäßige gerundete Flügelschild, das übrige Gefieder ist weiß. Bekannt sind die Farben Schwarz, Dun, Blau, Blaufahl, Rot, Rotfahl, Gelb, Gelbfahl in bindig oder gehämmert.

Dominomövchen

kamen um das Jahr 1890 nach Europa. Es sind nahezu zierliche, kurz gedrungene Tauben mit aufgerichteter Stellung mit kurzen unbefiederten Beinen und langer, gut ausgebildeter Halskrause, spitzkappig oder glattköpfig. Bei ihnen sind Kopf, Flügelschild, Decke und Keil farbig, das übrige Körpergefieder ist weiß. Die Kopffärbung erstreckt sich bis in den Nacken, also auch auf die Kappe, und endet vor dem Ansatz der Halskrause. Gezüchtet werden sie in den Farbenschlägen Schwarz, Dun, Blaubindig, Blaufahl, Rot, Rotfahl, Gelb und Gelbfahl.

Einfarbige Mövchen

Sie wurden einmal als Ägyptische Mövchen nach Europa geholt. In England entstanden aus ihnen die African Owls und in Deutschland die Einfarbigen Mövchen. Heute werden sie nach einheitlichem Standard gezüchtet. Sie sind kurz und breit, mit kurzen unbefiederten Beinen und bestentwickelter Halskrause. Ihr Kopf ist kugelrund mit vollen Backen, stets glattköpfig, mit kurzem, stumpfem, breit angesetztem Schnabel. Der Hals mit Kehlwamme wird steil getragen. Es gibt sie in den Grundfarben Schwarz und Rot mit mehreren Unterfarben in bindig und gehämmert sowie als Schecken und als Blauschimmel und in Braunfahl.

Englische Owlmövchen

Diese alte englische Rasse wurde schon von Willughby im Jahre 1678 und von Moore im Jahre 1735 beschrieben. Sie wirkt sehr kräftig und ist dabei kurz und breit mit aufgerichteter Haltung, so dass der Rumpf nach hinten keilförmig abfällt. Der Kopf ist oval bis rund mit breiter Stirn und stark entwickelten Backen. Der Schnabel ist kurz und nach unten gerichtet. Der Hals wird zurückgebogen getragen; Wamme und Halskrause sind gut entwickelt. Man kennt sie in Schwarz, Dun, Blaubindig, Blaufahl, Eisfarbig und als Schecken. Bei den Schecken sind Flügelschilder und Schwanz durchgefärbt und das übrige Gefieder gescheckt.

Figurita-Mövchen

Sie sind eine alte, sehr kleine spanische Rasse mit aufgerichteter Haltung mit mittellangem, nach hinten ausgebogenem Hals und daran senkrecht stehender Halskrause. Der Kopf ist klein, kantig und immer glattköpfig. Der Schnabel bildet mit der Stirn eine gerade Linie. Es gibt sie in den Grundfarben Schwarz und Rot mit Unterfarben in bindig und gehämmert sowie als Blauschimmel. Alle Farben sind satt und rein.

Hamburger Sticken

Sie sind eine alte Hamburger Rasse, zierlich, mit rundem Kopf und Rundhaube mit Rosetten, ausgeprägter Halskrause und mit kurzen, unbefiederten Beinen. Der kurze, dicke Schnabel bildet mit der Stirn einen stumpfen Winkel. Man sieht sie in Schwarz, Lichtblau, bindig und gehämmert, Rot, Rotfahl, Rotfahlgehämmert, Gelb, Gelbfahl und in Gelbfahlgehämmert.

Italienische Mövchen

Sie sind eine uralte italienische Rasse, die dort Reggianino heißt. Es sind kleine, graziöse Tauben mit erhöhtem Stand, sichtbaren Unterschenkeln und unbefiederten Beinen. Ihre Unterlinie ist halkreisförmig; der Schwanz wird angehoben getragen. In Positur stehen diese Tauben auf den Zehenspitzen. Neben Reinweißen gibt es sie in den Grundfarben Schwarz und Rot und mehreren Unterfarben in bindig, hohlig, gehämmert und in gelercht.

Orientalische Mövchen

Von ihnen wissen wir, dass sie im Jahre 1849 aus Kleinasien nach Deutschland kamen. Sie sind kurz und breit, immer spitzkappig und bestrümpft. Bei aufrechter Haltung soll sich das Auge senkrecht über den Füßen befinden. Der Kopf ist groß und rund mit vollen Backen. Auf volle Stirnbreite wird geachtet. Der Schnabel ist kurz und bildet mit der Stirn eine ununterbrochene Linie. Beliebt sind sie wegen ihrer vielen interessanten Farbenschläge. Man unterscheidet sie je nach Färbung in Blondinetten, Satinetten und Vizorfarbige. Sie werden in allen drei Grundfarben und zahlreichen Unterfarben und

Zeichnungen gezüchtet. Blondinetten sind einfarbig mit weißen Binden, geschuppt oder gesäumt. Die Gesäumten sind am ganzen Körper gezeichnet und haben auch gesäumte Handschwingen und Schwanzfedern. Bei den Einfarbigen hat der Schwanz Spiegelzeichnung. Bei den Satinetten ist das ganze Körpergefieder bis auf Flügelschild und Schwanz weiß. Das farbige Flügelschild ist weißbindig, weißgeschuppt oder gesäumt. Bei den Vizorfarbigen ist auch der Kopf farbig gezeichnet.

Turbiteenmövchen

Sie kamen in der zweiten Häfte des 19. Jahrhunderts aus der Türkei nach Europa. Sie haben eine kurze, breite Figur mit großem, rundem Kopf, glatt oder spitzkappig mit gut entwickelter Halskrause, kurzem Schnabel und einer, nur ihnen eigenen Kopfzeichnung mit farbigem Stirnfleck und Backen. Das Hauptgefieder ist weiß, farbig sind Flügelschild und Kopfzeichnung. Flügelschildfarben gibt es in Schwarz, Dun, Blau, Blaufahl, Rot und Gelb in satten, reinen Farben.

Turbitmövchen

Sie werden seit Jahrhunderten in England gezüchtet und stammen wohl von den Anatolischen Mövchen ab. In die modernen Tiere wurden Show Antwerp Tauben eingekreuzt. Sie sind kräftige, gedrungen wirkende, spitzkappige Tauben mit aufrechter Haltung. Schnabel, Stirn und Scheitel bilden eine ununterbrochene Linie. Die Spitzkappe bildet mit den Hinterhalsfedern einen Kamm. Die Beine sind kurz und unbefiedert. Das Körpergefieder ist bis auf die Flügelschilder weiß; diese Tauben sieht man in Schwarz, Dun, Blau, Blaufahl, Rot, Rotfahl, Gelb, Gelbfahl und in Braunfahl in bindig und gehämmert.

Gruppe IX – Tümmlertauben

Wie der Name schon sagt, handelt es sich bei dieser Gruppe um ursprüngliche Flugtauben, wie sie in früheren Jahrzehnten überall bei uns gehalten wurden. Heutzutage werden die meisten dieser Tauben, da sie als lebendes Kulturgut einen hohen züchterischen Wert haben, zum Schutz vor Greifvö-

Indianer Taube.

geln leider durchweg eingesperrt gehalten. Diese Rassetaubengruppe ist sehr umfangreich, da es Flugtauben in allen Formen und Größen mit unterschiedlichem Aussehen und unterschiedlichen Temperamenten gibt. Einige dieser Rassen haben ganz eigentümliche Farbzeichnungen, die es zu erhalten und züchterisch zu verbessern gilt. Im Deutschen Rassetauben-Standard sind 85 Rassen in dieser Gruppe aufgeführt.

Agarantauben

kommen aus dem asiatischen Teil Rußlands. Es sind kleine, stark belatschte Tauben mit einem eigenen, charakteristischen Flugstil, bei dem sie fast senkrecht in den Himmel steigen. Bisher gibt es sie nur in Gelbfahl mit Binden, die auf dem Rücken zusammenlaufen. Täubinnen sind etwas dunkler gefärbt als die Täuber.

Altholländische Tümmler

Sie sind auch eine der alten, im 16. Jahrhundert aus Indien eingeführten, niederländischen Rassen. Sie haben eine mittelgroße, breitbrüstige, tiefgestellte Figur, mit kurzem Körper und waagerechtem Stand. Sie haben starke, dichte Latschen und Geierfedern. Alte Rassen gibt es immer in vielen Farb- und Zeichnungsvarianten. Diese Tümmler züchtet man in Weiß und in den Grundfarben Schwarz und Rot mit zahlreichen Unterfarben, unter anderem einfarbig in bindig, weißschildig, panterschildig, als Weißschwänze, Weißschwingige und als Schimmel.

Altstämmer

Eine alte, vorderasiatische Rasse, die um das Jahr 1730 bereits in Berlin gehalten wurde. Sie sind klein, wirken gedrungen, niedriggestellt, mit großen Augen, kurzem Schnabel und rundem Kopf, mit Zitterhals. Es gibt sie glatt oder auch rundkappig. Die Beine sind kurz behost. Neben Weißen gibt es sie in allen drei Grundfarben Schwarz, Rot und Braun, auch gehämmert und geelstert, als Weißschläge und als Panterschecken.

Amsterdamer Tümmler

wurden erst im Jahre 1993 in den Niederlanden als mittelgroße, fluggewandte Tümmler anerkannt und danach in den Deutschen Standard aufgenommen. Sie sind glattköpfig mit perlfarbigen Augen und mittellangem Schnabel und normallangen, unbefiederten Beinen. Bereits jetzt gibt es sie in Schwarz, Dun, Blau, Dominant-Rot, Dominant-Gelb und Blau-, Rot- und Gelbfahl, teilweise in bindig und gehämmert. Weiß gefärbt sind die Handschwingen, Schwanz, Decke, Keil, ein mittelgroßes Bärtchen in der Kehle und eine Mücke. Kleine, weiße Hosen sind kein Fehler.

Batschkaer Tümmler

sind eine schnittige Flugrasse aus dem Donau-Theißgebiet der ungarisch-jugoslawischen Tiefebene. Sie haben einen langgezogenen Kopf und Schnabel und eine tiefsitzende Haube. Die Beine sind mittellang und unbefiedert. Sie haben die Farben Schwarz,

Blau, Silber, Rot, Gelb und Braun, teilweise in einfarbig, bunthalsig, geelstert, bindig, weißschwingig und hellgestorcht.

Berliner Kurze

sind einmal aus Altstämmern durch Einkreuzung anderer Rassen hervorgegangen. Sie werden seit Mitte des 19. Jahrhunderts in Berlin gezüchtet. Sie sind klein und kurz, mit herausgestreckter Brust und zurückgebogenem Hals mit dichter, abgerundeter Fußbefiederung und langen Geierfedern. Die Farben und Zeichnungen sind zahlreich in den Grundfarben Schwarz und Rot und deren Unterfarben, als einfarbig, bindig, hohlig, geelstert, weißschwingig und eulig (Schimmelfaktor). Außerdem gibt es sie kupferfarbig (Kastanienbraun).

Berliner Lange

Diese Berliner Rasse gibt es seit der Mitte des 19. Jahrhunderts. Es sind zarte, schlanke, hochstehende Tauben. Der Körper steht fast waagerecht, der Hals wird senkrecht getragen. Die Kopf- und Schnabelhaltung ist waagerecht. Die Beine sind bei Weißen und Weißschwingigen bestrümpft, sonst immer unbefiedert, lang, feinknochig und engstehend mit langen Läufen und Unterschenkeln. Gezeigt werden sie in Schwarz, Blau, perlfarbig, Rot, Gelb und isabellfarbig. Viele Tiere sind geelstert, einige von ihnen haben auf der Brust auch einen herzförmigen Fleck. Sie sind sehr gut durchgezüchtet und auf Schauen in erstklassiger Qualität zu sehen.

Berliner Langlatschige Tümmler

sind kräftige, elegante, glattköpfige Tauben mit hohem Stand, waagerechter Haltung und dichter Fußbefiederung mit langen Geierfedern. Ihre Augen sind perlfarbig, der Hals ist lang und schlank. Es gibt sie in allen drei Grundfarben mit vielen zarten Unterfarben und Zeichnungsvarianten in bindig und hohlig, geelstert, weißschwänzig, weißschwingig, schwingigschwänzig und in eulig.

Berliner Schwingigschwänze

sind einmal aus Berliner Weißschwänzen hervorgegangen und ähneln diesen sehr im Typ. Sie sind hochstehende Tauben mit waagerechter Haltung und auffallend starken, fächerförmigen Latschen und langen Geierfedern. Der Kopf ist lang; Schnabel und Stirn bilden eine einheitliche Linie mit flachem Bogen zum Scheitel. Die Augen sind perlfarbig. An Farben gibt es Schwarz, Blau, Perlblau, Eulig, Rot, Gelb und Kupfrig. Nur Schwanz, Decke, Keil, Handschwingen und Latschen sind weiß, das übrige Gefieder ist farbig.

Berliner Weißschwänze

sind eine alte Berliner Rasse, hochstehend mit waagerechtem Stand, stets glattköpfig und mit mittellangem Schnabel. Die Beine sind lang, mit dichten langen Latschen und starken Geierfedern. Alle Farben sind erwünscht, meistens sieht man sie in Schwarz, Blau, Rot, Gelb und in Kupfrig, auch als fahle und als eulige mit feiner Säumung. Schwanz, Decke und Keil sind immer Reinweiß.

Bremer Tümmler

waren ursprünglich einmal in der Bremer Gegend hervorragende Soloflieger. Sie haben einen gestreckten Körper mit tiefer Stellung und waagerechter Unterlinie, einen glatten Kopf und einen mittellangen Schnabel. Die Beine sind kurz und unbefiedert. Es gibt sie als Einfarbige, Weißschläge, Weißschläge mit Bärtchen und Weißschlagweißschwänzige in allen drei Grundfarben mit mehreren Unterfarben.

Breslauer Tümmler

Sie wurden in Schlesien aus Prager Tümmlern züchterisch entwickelt. Es sind kleine, schnittige, kräftige Tauben, glattköpfig oder mit Rundhaube. Der Kopf ist würfelförmig mit perlfarbigen Augen. Die Beine sind mittellang und unbefiedert. Bei ihnen kommen die Grundfarben mit mehreren Unterfarben vor. Es gibt sie in bindig, hellgestorcht, farbgestorcht, eulig, als Schimmel und als Panterschecken auch in kupfrig.

Budapester Hochflieger

wurden zu Beginn des 20. Jahrhunderts in Ungarn züchterisch entwickelt. Sie sind eine schlanke, mittelgroße, temperamentvolle Hochflugrasse mit aufgerichteter Haltung. Der mittellange Hals wird senkrecht getragen. Die mittellangen Beine sind bestrümpft. Gezüchtet werden sie nur in kranzhalsig Blau, das heißt Kopf und Hals bis zur Brustmitte sind dicht und gleichmäßig mit blaugrauen Federn mit metallischem Glanz durchsetzt.

Budapester Kiebitze

kommen aus Ungarn, sie sind mittelgroße Tümmler mit aufrechter Haltung. Der glatte Kopf, mit mittellangem Schnabel, hat einen abgeflachten Scheitel mit abgerundeten Kanten. Die Beine sind unbefiedert. Ihr ganzer Unterkörper von der Flügelbughöhe bis zum Keilansatz ist weiß, das übrige Gefieder stets farbig. Nur zwei Farbenschläge werden gezüchtet, Schwarz und Blau mit Binden in vollen Farben. Farbige Brust und weißer Bauch werden in Bughöhe durch einen scharfen Schnitt voneinander getrennt.

Budapester Kurze

sind sehr kleine, schlanke Tauben mit aufrechter Haltung. Der Kopf ist breit mit einem in der Mitte vertieften Scheitel, hervortretenden Augen mit breitem Rand und mit kurzem Schnabel. Bei Erregung stehen sie auf den Zehenspitzen. Die Beine sind mittellang und unbefiedert. Gezüchtet werden sie neben Weiß in Schwarz, Dun, Blau, Blaufahl, Rot, Rotfahl, Gelb und Gelbfahl, teils bindig und gehämmert, auch weißschwingig, geganselt, gestorcht und als Schimmel.

Bursa-Tümmler

sind kräftige, flugfähige Tümmler mit gestreckter Figur und aufrechter Haltung, die aus der Türkei stammen. Der Kopf ist glatt mit breiter Stirn, die Augen sind perlfarbig, die Beine mittellang und unbefiedert. Bisher sieht man sie nur in glanzreichem Schwarz als Schwingigschwänzige mit weißer Decke und weißem Keil.

Cakalroller

wurden um das Jahr 1985 aus der Türkei nach Mitteleuropa gebracht. Sie sind mittelgroß, haben eine leicht abfallende Haltung mit glattem, gut gerundeten Kopf, perlfarbigen Augen und unbefiederten Beinen. Sie werden nur in Rot als Weißschwänze und Schwingigschwänzige gezüchtet. Auch Decke und Keil sind weiß.

Chinesische Tümmler

sind eine nach Europa geholte, alte chinesische Rasse aus der Gegend um Beijing. Ursprünglich waren sie eine gute Hochflugrasse. Sie haben eine kräftige, normale Taubengestalt mit fast waagerechter Haltung. Auffällig ist die auf der Stirn sitzende Federkuppe, jedoch gibt es auch Glattköpfige. Manchmal kommt Fünfzehigkeit vor. Bekannt sind sie in Schwarz-Weißschildig. Weiß sind nur Flügelschild, Bauch und Schenkel. Das übrige Gefieder ist glänzend schwarz. Doch gibt es sie auch in blau-bindig und in Weiß-Farbschwingig und in weiß mit schwarzen Schwanz.

Dänische Tümmler

Sie sind eine weit verbreitet Rasse, die seit Jahrhunderten in Dänemark gezüchtet wird, kräftig, sehr elegant, aufgerichtet im Stand, mit breiter Brust und einem schlanken, nach oben immer dünner werdenden Hals. Der Kopf ist glatt und bildet von der Schnabelspitze bis zum Hinterkopf eine bogenförmige Linie. Die Beine sind mittellang mit gut ausgebildeten Schenkeln. Bei einigen Farbenschlägen kommen sie auch bestrümpft vor. Es gibt sie in den Farben Schwarz, Blau, Blaufahl, Perlblau, Rot und Gelb in zahlreichen Zeichnungsvarianten und in Braun nur bei den Stippern. Man sieht Dänische Tümmler in bindig, hohlig, schildig und gehämmert; es gibt Weißschwänze, Schwingingschwänzige, geelsterte, Stipper in Grau, Gelb und Braun, Brander in Dunkel und Gelb sowie verschiedenfarbige Kalotten.

Danziger Hochflieger

wurden als Lokalrasse schon am Anfang des 19. Jahrhunderts in Danzig gezüchtet. Heute sind sie in der ganzen Welt verbreitet. Sie sind eine Hochflugrasse, die auch zu diesem Zweck benutzt wird. Sie haben einen langen, waagerecht getragenen Körper, mit mittelhohem Stand. Der Schwanz hat mindestens 14 lange, breite Federn, die gewölbt und breit getragen werden. Der Kopf ist ein wenig nach unten gestellt, der mittellange Schnabel geht ohne Absatz in die Stirnpartie über. Die Beine sind mittellang und unbefiedert. Es gibt viele Farbenschläge in Weiß, Schwarz, Blau, Rot und Gelb mit Unterfarben in bindig, hohlig, gehämmert, hellmaser, dunkelmaser, geelstert, aber auch als Schecken, Schimmel und Panterschecken.

Debreciner Roller

stammen aus Debrecen in Ungarn. Sie sind glattköpfig, federreich, mittelgroß mit breiter Brust und kurzem Rücken mit Hängeflügeln und angehoben getragenem Schwanz. Der Schnabel ist mittellang, die Augen perlfarbig, die Beine sind stark bestrümpft. Es gibt sie in Weiß, Schwarz, Blau, Dominant-Rot, Rezessiv-Rot, Vielfarbig, als Silbersprenkel und als Schwarzsprenkel.

Deutsche Langschnäblige Tümmler

sind seit Ende das 19. Jahrhunderts von Berlin bis Braunschweig und Celle als gute Flugtümmler bekannt. Es sind sehr schnittige, hochstehende, aufgerichtete Tauben mit langen Beinen und langen Unterschenkeln, die in den Fersen etwas eingedrückt sind. Sie wurden vor einigen Jahrzehnten einmal aus mehreren Flugtümmlerpopulationen zu einer Rasse zusammengefasst, so dass noch kleine figürliche Unterschiede vorhanden sind. Der Kopf ist langgezogen und schmal, mit farbigen Augen. Auch der Schnabel ist lang und wird waagerecht getragen. Es gibt sie in Schwarz, Blau, Blaufahl, Rot, Gelb, Gelbfahl und Braunfahl, teilweise mit Binden, gehämmert, geelstert, mit Bärtchen (früher „Bärtchentümmler"), als Schimmel, gestorcht, weißschwänzig und schwingigschwänzig.

Deutsche Nönnchen

gehören zu den ältesten deutschen Taubenrassen. Sie sind nicht sehr groß, aber kräftig, lebhaft und fluggewandt. Sie haben kurze, unbefiederte Beine. Der Kopf ist gerundet, glatt oder hat eine hoch angesetzte Rundhaube mit Rosetten. Gezüchtet werden sie in den Farben Schwarz, Blau, Blaufahl, Silber, Rot, Aschfahl und Gelb. Farbig sind Kopf, Latz, Schwanz, Decke, Keil und Handschwingen. Alle übrigen Körperfedern sind weiß.

Domestic Show Flight

Man könnte die Bezeichnung mit „Einheimische Ausstellungs-Flugtauben" übersetzen. Sie kamen aus den USA und wurden bei uns im Jahre 1998 neu zugelassen. Es sind mittelgroße, gedrungen wirkende, tiefstehende Tauben mit aufgerichteter Haltung, großem runden Kopf mit Perlaugen und mittellangem, waagerechtem Schnabel. Die Beine sind sehr kurz und unbefiedert. Es gibt sie in Schwarz, Dun, Blau, Blaufahl, Rot, Gelb und Braun, zum Teil in bindig und als Schecken. Alle Farben sind rein, die Intensivfarben mit glänzendem Lack. Die Gescheckten haben weiße Handschwingen.

Kupfergimpel, Schwarzflügel

Eisker Doppelkuppige Positurtümmler

stammen aus der Stadt Eisk im Kaukasus. Erst im 20. Jahrhundert wurden sie aus Breitschwanz- und Usbekischen Tümmlern herausgezüchtet. Es sind tiefgestellte, gedrungen wirkende Tümmler mit abwärts zeigenden Flügeln, die unter dem hochgestellten Schwanz getragen werden. Der Kopf trägt eine Rundhaube mit Rosetten und eine ovale, geschlossene Stirnnelke. Die Beine sind kurz und tragen mittellange Rundlatschen. Es gibt sie in Weiß, Schwarz, Rot, Gelb und Vielfarbig, auch als Muselköpfe und als Panterschecken.

Elbinger Weißköpfe

Schon zu Beginn des 19. Jahrhundert wurden sie in Elbing in Ostpreußen gezüchtet. Es sind lebhafte, zierliche Tauben mit kurzem Schnabel. Ihr markantes Merkmal ist ein weißer Würfelkopf, bei dem der Scheitel in einer Vertiefung liegt. Zum Hals hin ist die weiße Farbe scharf abgegrenzt. Die kurzen Beine sind unbefiedert. Es gibt sie in den Farbenschlägen Schwarz, Dun, Blau, Blaufahl, Rot, Rotfahl, Gelb, Gelbfahl, Blau auch in gehämmert. Weiß gefärbt sind der Kopf, die Handschwingen, die Decke und der Schwanz. Bauch und Schenkel sind farbig oder weiß, das übrige Gefieder ist farbig.

Elsterpurzler

Sie sind eine der ältesten deutschen Taubenrassen und waren einmal in ganz Deutschland als Flugkünstler weit verbreitet. Ihre Vorfahren beherrschten das Purzeln und das Stellen. In den meisten Stämmen sind diese Kunstfluganlagen noch gut erhalten. Sie sind lebhafte, flüchtige Tauben, mit kräftigem, nicht zu schmalem Körper, der in fast waagerechter Haltung steht. Der Kopf ist glatt mit reinen Perlaugen und hat einen mittellangen Schnabel. Die Beine sind mittellang ohne Befiederung. Alle Tiere haben die Elsterzeichnug. Man unterscheidet sie in Hellschnäblige und in Pechschnäblige in den Grundfarben Schwarz und Rot mit einigen Unterfarben auch in gehämmert.

Englische Short Faced Tümmler
(Englische Kurzschnäblige Tümmler)

sind sehr kleine, niedrig stehende, kurze Tauben mit aufgerichteter Haltung. Der Kopf wird zurückgenommen getragen. Er befindet sich auf einer Linie mit den Beinen. In Aktion stehen die Tauben auf den Zehenspitzen. Die Brust ist breit und vorgewölbt, die Beine sind kurz, ohne sichtbare Schenkel. Farben und Zeichnungen sind vielgestaltig. Es gibt Einfarbige und Weißköpfe in Schwarz, Dun, Rot und Gelb, Tiere mit weißem Bärtchen sowie die vielfarbigen Almonds mit den Unterfarben Kite, Golddun und De Roy. Tiere in Schwarz, Rot und Gelb tragen eine Flügelrose und haben ein weißes Schulterdreieck mit weißer Brücke.

Englische Long Faced Tümmler

kamen um das Jahr 1900 aus England auf den Kontinent. Sie sind mittelgroß mit kurzem, breiten Körper mit aufrechter Haltung, so dass die Augen auf einer Linie senkrecht über den Beinen stehen. Der Kopf ist von der Seite gesehen kugelrund und geht in den Hals über. Der Schnabel ist kurz und dick, gerade eingesteckt. Die Beine sind kurz, breitgestellt, unbefiedert oder belatscht. Gezüchtet werden sie in vielen Variationen in den drei Grundfarben Schwarz, Rot und Braun und zahlreichen Unterfarben in bindig, hohlig, gehämmert und schildig. An weiteren Zeichnungen gibt es Flügelrosen, Dunkeltiger, Panterschecken, Gescheckte, Weißschilder, Weißköpfe, Belatschte und Tiere mit Bärtchen.

Englische Nonnen

wurden in England züchterisch zur heutigen Vollkommenheit entwickelt. Ihre Urform kam bereits im 16. Jahrhundert nach Großbritannien. Sie haben eine aufgerichtete Gestalt, sind breitbrüstig, mit einem nach hinten abfallenden, keilförmigen Körper mit niedrigen Beinen. Der hochstirnige Kopf trägt eine hoch angesetzte, dicke Rundhaube, deren Vorderseite gefüllt ist. Es gibt die Farben Schwarz, Blau, Rot, Gelb und Braun mit intensiver Leuchtkraft. Kopf, Latz, Handschwingen, Schwanz, Decke, Keil und Aftergefieder sind farbig, das übrige Gefieder ist Weiß. Der Latz ist lang, sauber begrenzt und unten abgerundet.

Englische Schautippler

Sie sind die Verwandten unserer auf Leistung gezüchteten Flugtippler. Zur züchterischen Verbesserung wurden andere Tümmler in sie eingekreuzt. Sie sind mittelgroß, gedrungen wirkend, mit aufgerichteter Haltung und tiefem Stand. Sie haben ein ruhiges, zutrauliches Wesen. Ihre Hauptfarben sind Schwarz und Kupfer. Es gibt sie in Einfarbig, mit Flügelrose, als Panterschecken und mit Bärtchen.

Erlauer Tümmler

kommen aus Erlau in Ungarn und werden dort mindestens seit dem Jahre 1780 gezüchtet. Um die Mitte des 19. Jahrhunderts wurden sie durch Einkreuzungen verfeinert. Es sind kleine, schlanke, nicht zu hoch gestellte Tümmler mit trapezförmigem Kopf, mittellangem Schnabel, glattköpfig und glattfüßig. Sie werden nur farbig gezüchtet in Blaubindig, Dunkel und in Dunkelrostig. Kopf und Hals haben einen ausgeprägten violetten und grünen Glanz.

Felegyhazaer Tümmler

sind überall dank ihres Wesens und Aussehens sehr beliebt. Sie stammen aus der ungarischen Tiefebene. Sie sind mittelgroß, mit waagerechter Haltung, lebhaft und zutraulich mit wunderhübscher Farbzeichnung. Der Kopf trägt eine dichte Rundhaube mit Rosetten. Die Beine sind kurz und unbefiedert. Man züchtet sie in einfarbig Weiß, Schwarz, Blaubindig, Rot und Gelb und geganselt in Schwarz, Blau, Rot und Gelb. Alle Farbschnitte sind sauber begrenzt. Bei den Geganselten befindet sich über den Warzen eine breit angesetzte farbige Schnippe.

Griwun-Tümmler

Sie sind seit Beginn des 19. Jahrhunderts in Russland als Flugtauben bekannt. Es sind mittelgroße Tauben mit kräftiger Figur und leicht aufgerichteter Haltung. Der Kopf ist glatt und rund mit mittelgroßem Schnabel, die Beine sind stets unbefiedert. Bei weißer Hauptfarbe des ganzen Körpergefieders haben sie am unteren Hinterhals einen farbigen Fleck als Dreieck, runden Kreis, ovalen Kreis oder als Rhombus. Dieser Fleck ist Schwarz, Blau, Rot oder Gelb gefärbt.

Gumbinner Weißköpfe

sind eine alte ostpreußische Rasse, die in der Gumbinner Gegend als Flug- und Purzelrasse gezüchtet wurde. Es sind mittelgroße, gedrungene Flugtauben mit mittellangem Schnabel und mit Rundhaube. Sie sind lebhaft und zutraulich. Kopf, Schwanz, Handschwingen und Strümpfe sind weiß, das übrige Gefieder einschließlich der Haube ist farbig. Die Farbenschläge sind Schwarz, Dun, Blaufahl, Rot, Rotfahl, Gelb, Gelbfahl und Blau in bindig und gehämmert.

Hamburger Schimmel

sind zierliche Tauben mit graziöser Haltung, mit rundem Kopf ohne Kappe, mit kurzem Schnabel, befiederten Beinen und gut ausgebildeten Geierfedern. Sie sind lebhaft, aber auch sehr zutraulich. Obwohl sie „Schimmel“ heißen, sind sie Panterschecken. Panterscheckig sind Kopf, Hals, Herz, Flügelschild und Bauch. Auch Schenkel- und Fußbefiederung können gescheckt sein. Einfarbig sind Handschwingen und Schwanz und ein schmaler Streifen der Brust oberhalb des Brustbeines. Gezüchtet werden sie in den Farben Schwarz, Blau, Rot und Gelb.

Hamburger Tümmler

gehören zur Familie der Hamburger Rassen. Sie wirken zierlich und gedrungen, mit breitem, gut gerundetem Kopf, mit und ohne Rundkappe, mit gesenktem, ziemlich kurzem Schnabel. Der Hals ist etwas nach hinten gebogen. Die Beine sind kurz und unbefiedert. Unterschiedlich bei den verschiedenen Zeichnungsvarianten gibt es sie in den Farben Weiß, Schwarz, Blau, Blaufahl, Rot, Gelb, Gelbfahl als Einfarbige, Elstern, Farbenschwänze, Weißschwänze und Weißschwingigschwänze. Weißschwänze kommen auch in blaugehämmert vor. Alle Farben sind rein und intensiv glänzend.

Hannoversche Tümmler

werden seit dem 17. Jahrhundert im hannoverschen Land als Flugtauben gezüchtet. In vielen Jahrzehnten wurden sie in Form und Farbe züchterisch verfeinert. Es sind kräftige, gestreckt wirkende Tauben mit tiefer Beinstellung und gut ausgebildeter Hinterpartie. Der Schnabel ist mittellang und bildet mit der Stirn eine keilförmige, nach unten gesenkte Linie. Die Augen sind farbig rot, perlfarbig oder haben als Stahlaugen einen bläulichen Ton. Der Augenrand ist breit, bei Weißaugen weiß, bei Rotaugen rot und bei Stahlaugen blaugrau. Die Beine sind kurz und unbefiedert. Gezüchtet werden sie in allen drei Grundfarben Schwarz, Blau und Braun als Weißschläge und als Weißschwingigschwänze, bei allen drei Farben auch in Fahl und bindig. Einfarbig Weiße haben Stahlaugen. Weißschläge gibt es auch als Schecken und als Schimmel.

Jassyer Tümmler

sind nach der Stadt Jassy in Nordost-Rumänien benannt. Sie sind mittelgroß, kräftig mit mittellangem Schnabel. Ihre Besonderheit ist eine, Warzen und Stirn bedeckende, kreisrunde Schnabelnelke, mit kräftigem Unterbau, der Sichtfreiheit gewährleistet. Sie werden auch doppelkuppig mit Rundhaube und Rosetten gezüchtet. Die Beine sind kurz und unbefiedert. Gezeigt werden sie in einfarbig Weiß, Schwarz, Rot, Gelb und Braun. Alle Farben sind glänzend, rein und klar.

Kalotten

Bei den Kalotten (Kopfplatte) ist die obere Kopfhälfte farbig. Sie wurden im 20. Jahrhundert durch Einkreuzung von Reinaugen in die alten Hamburger Kalotten verfeinert. So entstand eine zierliche, lebhafte, aber zutrauliche Rasse mit gedrungener Figur, gewölbtem Kopf, kurzem Schnabel, glattköpfig oder mit Rundkappe. Ihre Hauptfarbe an allen Körperfedern ist Weiß. Farbig sind die Kalotte und der Schwanz, in Schwarz, Blau, Blaufahl, Rot, Gelb und in Isabell. Die farbige Kopfplatte reicht bis an die stets weiße Kappe und schließt nach unten am unteren Augenrand und am Schnabelwinkel ab.

Kasaner Tümmler

sind eine alte russische Flugrasse aus Kasan an der Wolga. Sie wurde durch Einkreuzung von Pfautauben und Mövchen zum heutigen Erscheinungsbild verfeinert. Es sind nur knapp mittelgroße Tauben mit mittellangem Schnabel und rundem Kopf. Sie sind zitterhalsig. Auffallend ist ein kurzer, sehr breiter, hoch getragener Schwanz, meistens mit mehr als 12 Federn. Die Flügel werden, nach unten abfallend, unter ihm getragen. Die Beine sind kurz und bestrümpft. Der Rücken ist breit, aber kurz und hohl. Sie werden in Weiß, Schwarz, Blau, Dominan-Rot, Rezessiv-Rot, Dominant-Gelb und Rezessiv-Gelb gezüchtet und auch in einfarbig, weißschwingig, geelstert und als Schecken. Alle Farben zeigen sich gleichmäßig und satt glänzend.

Kasseler Tümmler

sind seit Ende des 19. Jahrhunderts als gewandte Flugtümmler in Hessen bekannt. Nach dem Jahre 1920 wurden sie durch Einkreuzung langschnäbliger Tümmler und Französischer Bagdetten züchterisch modernisert. Es sind sehr elegante, hochgestellte Tauben mit waagerechter Körperhaltung. Sie haben einen langen, breit angesetzen Schnabel, der mit der Stirn eine ununterbrochene Bogenlinie bis in den gerundet abfallenden Hinterkopf bildet. Die Augen sind perlfarbig, sie werden glattköpfig oder mit Rundhaube mit Rosetten gezüchtet. Der Rücken verläuft in geschwungener Linie in den waagerecht getragenen Schwanz. Läufe und Schenkel sind lang und feingliedrig. Einfarbig gibt es sie in Weiß und Isabellfarbig. Als Weißschläge werden sie in Schwarz, Blau (bindig und hohlig), Blaufahl, Rot, Gelb, Isabell, Braun und Braunfahl gezüchtet. Ferner gibt es Bindige in Rot und Gelb.

Kiewer Tümmler

sind seit dem Jahre 1870 in der Ukraine bekannt und wurden um das Jahr 1970 bei uns eingeführt. Sie sind mittelgroß und wirken durch eine breite, vorgewölbte Brust und kurze, mittellang befiederte Beine etwas gedrungen. Die Farbzeichnung am ganzen Körper ist in ihrer Kombination auffallend und eine Bereicherung unserer Farbentaubenzucht. Sie haben einen schmalen, länglichen Oberkopf mit hochsitzender Spitzkappe. Kopf, Kappe, Hals, Oberbrust, Decke und vordere Fußbefiederung sind weiß. Das übrige Gefieder und eine längliche Stirnschnippe sind farbig.

Kölner Tümmler

gibt es in einer unübersehbaren Farben- und Formenvielfalt. Sie kamen einmal aus den Niederlanden und wurden seit dem Ende des 19. Jahrhunderts in der Kölner Gegend als gute Flugtauben gehalten. Für Ausstellungszwecke wurden sie nach dem Jahre 1920 züchterisch veredelt. Es sind mittelgroße Tauben mit voller Brust und harmonisch in allen Körperteilen. Der Schnabel mit Mittelgröße steht mit leicht stumpfem Winkel zur Stirn, diese ist breit und etwas gewölbt, der Scheitel ist leicht gerundet. Die Beine sind kurz, unbefiedert oder dicht belatscht, mit üppigen Geierfedern. Der Schwanz bildet mit dem Rücken eine abfallende Linie. Gezüchtet werden sie in Weiß und in den beiden Grundfarben Schwarz und Rot mit zahlreichen Unterfarben und mit unterschiedlicher Verteilung der Zeichnungen in bindig, hohlig, gehämmert und als Schimmel. An weiteren Zeichnungen sieht man Einfarbige, Flügelrosen mit Schulterherz, Weißschläge, Weißschwänze und Weißschlag-Weißschwänze, Elstern und Kalotten. Alle Farben sind rein und glänzend.

Komorner Tümmler

stammen aus Ungarn aus der Stadt Komorn an der Donau. Donauschiffer sollen sie in der Mitte des 19. Jahrhunderts mit nach Deutschand genommen haben. Es sind tiefgestellte Tauben mit gedrungener Figur. Eine sehr breite Haube aus aufrecht stehenden Federn umrahmt den gut gerundeten Kopf mit kleinem Schnabel und endet seitlich in Rosetten. Die Beine sind ziemlich kurz, breitgestellt und stets unbefiedert. Sie werden in den beiden Grundfarben Schwarz und Rot mit mehreren Unterfarben gezüchtet in einfarbig, geelstert, weißschwingig, als Schecken, als Panterschecken, sowie als Vielfarbige. Blaue sind teilweise auch bindig und gehämmert. Geelsterte haben ein weißes Bärtchen. Alle Farben sind rein und intensiv in ihrem Glanz. Bei Elsterzeichnung sind Haube, Hals, Herz (von den Schultern auf die Flügeldecke übergreifend), Brust, Vorderbauch, Schwanz und Keil farbig. Alle übrigen Federpartien, nämlich Kopf, Kehlfleck (Bärtchen), unteres Flügelschild, Handschwingen und Unterbauch sind weiß.

Königsberger Farbenköpfe

sind seit Mitte des 18. Jahrhunderts, also zu Zeiten Friedrich des Großen, in Ostpreußen, vornehmlich in Königsberg beheimatet. Durch starke Befiederung wirken sie mittelgroß. Sie haben kurzschnäblige, runde Köpfe mit breiter, hoher Stirn. Entweder sind ihre Köpfe glatt und ihre Beine unbefiedert oder sie tragen auf dem Kopf eine in Rosetten auslaufende Rundhaube und haben Fußlatschen. Sie wirken, bei sonst weißem Körpergefieder, durch ihren farbigen Kopf mit Latz bis zum Oberhals und einem farbigen Schwanz. Man züchtet sie in Schwarz, Blau, Rot und Gelb, mit satten, reinen, glänzenden Farben.

Königsberger Reinaugen

waren einmal in Ost- und Westpreußen zu Hause und werden heute überall gezüchtet. Sie sind kleine, niedrig gestellte, kurzschnäblige Tauben mit reinen perlfarbigen Augen. Ihr Kopf ist rund und dick mit hoher Stirn ohne Vorkopf, in glatt oder rundkappig. Der Schnabel ist sehr kurz, der Hals schlank und nach vorn gebogen. Die kurzen Beine sind unbefiedert oder bestrümpft. Es gibt sie nur in Reinweiß mit perlmuttartigem Federglanz am Hals. Kopfpunkte und Figur sind die wichtigsten Merkmale.

Köröser Tümmler

kommen ursprünglich aus dem Orient und wurden am Fluß Körös in der ungarischen Tiefebene gezüchtet, von wo sie nach Mitteleuropa kamen. Sie fallen durch ihre ungewöhnliche, stark ausgeprägte Amselhaltung auf. Sie haben eine sehr tief gestellte, gedrungene Haltung, mit sehr kurzen Beinen, die wenig Bodenfreiheit bieten, mit breitem, stark nach oben angezogenem Schwanz und nach unten zeigenden Flügeln, die fast den Boden berühren. Sie werden reinweiß sowie in den Farben Schwarz, Dun, Blau, Blaufahl, Silber, Rot und Gelb, teilweise bindig, gehämmert oder schildig gezüchtet. Man kennt sie in den weiteren Zeichnungen Einfarbig, als Schecken, Bunte, Geganselte und als Panterschecken. Die Bunten unterscheiden sich von den Schecken dadurch, dass sie an bestimmten Körperteilen reinweiß gefärbt sind. Die Geganselten gibt es mit rein weißem Kopf oder mit Schnippe über dem Schnabelansatz oder mit Farbfleck auf der Mitte des Scheitels.

Märkische Elstern

waren seit Anfang des 19. Jahrhunderts im nördlichen Brandenburg und an der Oder bekannt. Verwandt sind sie mit den Altstämmern. Sie werden nur mit Elsterzeichnung gezüchtet. Sie sind mittelgroß, aber etwas gedrungen wirkend, mit aufrechter Haltung, hervortretender Brust, mit anliegender Rundhaube mit Rosetten. Die Beine sind mittellang, belatscht, mit gut ausgebildeten Geierfedern. Man kennt sie in den Farben

Niederländischer Hochflieger, Schornsteinfeger

Schwarz, Dun, Blau, Silberfarbig, Perlblau, Rot, Gelb und Isabell. Alle Lackfarben sind rein und glänzend. Die Blauen haben einen käfergrünen Glanz. Die Silberfarbigen sind gleichmäßig silbergrau. Auf dem Vorderhals haben einige Tauben einen weißen Fleck unterschiedlicher Größe, der ebenfalls „Herz" genannt wird. Alle Farbschnitte sind scharf abgegrenzt.

Memeler Hochflieger

kamen erst um das Jahr 1920 aus dem ostpreußischen Memelland zu uns. Sie waren einmal hervorragende Flugtauben mit kräftiger Figur, tief stehend, mit waagerechter Haltung. Ihr Kopf ist länglich mit abgeplattetem Scheitel. Der mittellange Schnabel bildet mit der Stirn eine ununterbrochene Linie. Die Beine sind kurz und unbefiedert. Sie werden gezüchtet als Einfarbige, Bunte (Gescheckte), Bunthalsige, Gemaserte, Weißschläge, Weißgespitzte, Weißschwänze und Weißschlag-Weißschwänze zum Teil bindig, hohlig und schildig mit schimmeligen Flügeldecken, in den Farben Weiß, Schwarz, Blau, Rot, Gelb und Braun, auch als Fahle. Bunthalsige sind Weiße mit kragenartig geschlossenem und farbigen Hals.

Mookeetauben

sind eine der ältesten Rassen überhaupt. Ursprünglich stammen sie aus Indien und wurden im Jahre 1676 von Willughby in England beschrieben. Sie sind mittelgroß mit aufgerichteter, breiter Brust und schmal auslaufendem Hinterkörper. Ihr Zitterhals ist S-förmig gebogen und trägt am oberen Ende eine starke Mähne. In Spannung stehen die Tiere auf den Zehenspitzen. Der Kopf ist lang gestreckt und schmal mit Spitzkappe. Die Beine sind kurz und unbefiedert. Die Tauben sind lebhaft und zutraulich. Gezüchtet werden sie in den Farben Weiß, Schwarz, Blau (bindig und gehämmert), Silber, Rot, Rotfahl, Gelb, Gelbfahl, Isabell, Braun und Braunfahl. Alle Farben sind rein und gleichmäßig verteilt, die Intensivfarben glänzend. Als eine der ältesten Rassen haben sie an Beliebtheit nichts eingebüßt.

Niederländische Hochflieger

Seit Jahrhunderten werden sie in den Niederlanden als Flugtauben gezüchtet. Einen Standard gibt es in den Niederlanden seit dem Jahre 1925. In Deutschland wurden sie im Jahre 1971 anerkannt. Es sind mittelgroße, nicht allzu lange, kräftig aussehende Tümmler mit breiter, gut gerundeter Brust und waagerechter Haltung. Der glatte Kopf hat eine gleichmäßig gebogene Oberlinie, einen nicht zu starken Schnabel und reine Perlaugen. Die Beine sind mittellang und unbefiedert. Gezüchtet werden sie in Schwarz, Rot und Gelb, auch mit Flügelrose und weißem Schulterdreieck als Rosettentiger, mit gleichmäßig gescheckktem Flügelschild (Panterscheckenschild), in Weißschildig, als Weißschwänze, Weißschwingige und als Weißschwingigschwänzige. Außerdem werden „Schornsteinfeger“ gezüchtet; diese sind kastanienbraun, mit viel Glanz an Hals und an Brust, mit schwarz auslaufenden Schwingen und einer schwarzen Binde im Schwanz.

Nordkaukasische Positurtümmler

sind mittelgroße, gedrungen wirkende, sehr tief stehende Tauben mit hervortretender, gerundeter Brust. Ein voller Hals verjüngt sich nach oben und zittert in Aktion. Die Beine sind kurz, breit gestellt und dicht belatscht, mit stark ausgebildeten Geierfedern. Der Schwanz ist breiter als die Brust und besteht aus mindestens 14 Federn. In Positurstellung wird der Schwanz stark angezogen und ist dann nach oben gerichtet. Die Flügel werden unter dem Schwanz getragen. Es gibt diese Tiere nur in einem Farbenschlag. Alle Tiere sind weiß mit schwarzem Schwanz. Auch Decke und Keil sind farbig. Einige Tiere tragen eine Schnippe auf der Stirn.

Orientalischer Roller, vielfarbig.

Orientalische Roller

Schon um das Jahr 1870 wurden sie nach Mitteleuropa eingeführt. Sie zählen zu den Kunstflugtauben mit zahllosen Flugfiguren. Doch auch auf Ausstellungen haben sie sich hervorragend bewährt. Sie haben eine aufrechte Haltung, eine breite Brust, und einen mittelhohen Stand. Der Kopf ist glatt, von ovaler Form mit mittellangem Schnabel und mit Perlaugen. Ein breiter Hals verjüngt sich zum Kopf hin. Der Rücken ist hohl. Der Schwanz hat 14 bis 18 dicht aneinander liegende Federn, die schräg nach oben gerichtet sind. Die Flügel liegen lose am Bug an und werden unter dem Schwanz getragen ohne dabei den Boden zu berühren. Es gibt sie in den Grundfarben Schwarz und Rot mit mehreren Unterfarben, in bindig, hohlig, gehämmert und schildig, sowie in Rezessiv-Rot, als Weißschläge und als Vielfarbige.

Ostpreußische Werfer

stammen ursprünglich aus Ost- und Westpreußen. Es sind kräftige, gedrungen wirkende Tauben mit aufrechter Haltung. Sie haben einen ovalen Kopf mit breiter Stirn, eine volle Rundhaube mit Rosetten und perlfarbige Augen. Der nicht zu große, keilförmige Schnabel ist nach unten gerichtet. Der Schwanz bildet mit dem Rücken eine abfallende Linie. Die Beine sind mittellang, mit dichten Latschen besetzt, dazu gut ausgebildete Geierfedern. Ausgestellt werden sie in Weiß, Schwarz, Blau (bindig und gehämmert), Blaufahl, Rot, Rotfahl, Gelb und Gelbfahl. Die Lackfarben Schwarz, Rot und Gelb sind intensiv und glänzend. Bei Blauen und bei Fahlen sind die Latschen- und die Rückenfarbe etwas aufgehellt.

Persische Roller

kamen einmal aus dem Mittleren Osten und wurden im Jahre 1954 in Deutschland anerkannt. Es sind gestreckt wirkende, aber dennoch tief gestellte Tauben mit leicht angehobener, breiter Brust. Der glatte Kopf hat eine hohe Stirn, reine Perlaugen, einen mittellangen Schnabel und einen vollen Nacken. Die Beine sind kurz und befiedert, wobei die Zehen bedeckt sind. Der Schwanz besteht aus mindestens 14 breiten und langen Federn. Er wird, in der Mitte leicht gewölbt, waagerecht bis angehoben getragen. Die Flügel sind lang und breit und zeigen unter dem Schwanz schräg nach unten, ohne den Boden zu berühren. Es gibt die Tauben in den Farben Weiß, Schwarz, Dun, Blau, Blaufahl, Rot, Rotfahl, Gelb, Gelbfahl, teilweise bindig und gehämmert, auch als Panterschecken, als Silbersprenkel und als Vielfarbige.

Polnische Langschnäblige Tümmler

sind seit Anfang des 19. Jahrhunderts in Polen bekannt. Um das Jahr 1860 kamen sie nach Deutschland. Es sind hoch gestellte, sehr schlanke Tauben mit aufrechter Haltung, langen unbefiederten Läufen und lang gestreckten, kurzbefiederten Schenkeln. Ihr Kopf ist lang gezogen und schmal, mit rein perlfarbigen Augen, langem, kräftig angesetzten Schnabel, der fast waagerecht getragen wird, so dass der ganze Kopf harmonisch zum gesamten Körper passt. Der Schwanz bildet mit dem Rücken eine gerade, abfallende Linie. Es gibt sie in nur zwei zarten Färbungen, nämlich in Eisfarbig und in Perlfarbig, aber mit mehreren Zeichnungsvarianten, in bindig und gehämmert als Einfarbige, Geelsterte oder Weißschwingige.

Pommersche Schaukappen

sind bisher eine von zwei mit Schaukappen anerkannte Rassen, obwohl dieses Merkmal züchterisch verhältnismäßig einfach auf andere Tauben übertragen werden kann. Sie stammen, wie der Name schon sagt, aus Pommern, wo sie nachweislich seit der ersten Hälfte des 19. Jahrhunderts nur in Weiß gezüchtet wurden. Nach dem Jahre 1970 hat man andere Farben durch geschickte Einkreuzungen in diese Rasse gebracht. Es sind mittelgroße Tiere mit Flugtaubencharakter, fast waagerechtem Stand und mittellangen, unbefiederten Beinen. Ihr Kopf ist schmal mit ganz leicht gerundeter Stirn, die durch die Augenschirme etwas breiter wirkt. Auf dem Kopf tragen sie eine hoch angesetzte Muschelhaube, die in hoch sitzenden Rosetten endet. Den Übergang von der Haube zum Hinterhals bildet eine kleine Mähne. Die Augenschirme stehen über den Augen und sind mindestens fünf Millimeter breit. Sie überdecken die ganze Länge des Auges und behindern die Sicht in allen Richtungen nicht. Gezüchtet werden sie heute in Weiß, Schwarz, Schwarz – weißschwingig, Aschfahl, Rotfahl mit Binden, Blau mit Binden und in Platin. Die Platinfarbigen haben geschlechtsbedingt eine unterschiedliche Färbung. Die Täuber sind hellgrau, die Täubinnen dunkelgrau mit sich dunkel absetzenden Schwingen und Schwanz.

Portugiesische Tümmler

Seit dem Jahre 1996 sind sie im Deutschen Standard eingetragen. Sie stammen aus Portugal. Es sind sehr kleine, kurze Tauben mit aufrechter Haltung und gut gerundeter Brust. Der Kopf ist klein, über dem Schnabel steigt die Stirn steil an bis zum abgeflachten Scheitel mit abgerundeten Kanten zum Hinterkopf. Sie haben perlfarbige Augen. Der Schnabel ist mittellang und steht in waagerechter Haltung. Die Beine sind mittellang und glatt, Flügel und Schwanz sind kurz. Sie sind in vielen Farbenschlägen verbreitet. Neben Reinweißen gibt es sie in allen drei Grundfarben mit mehreren Unterfarben in bindig, hohlig und gehämmert, dazu mehrere interessante Bronze- und Sulfurfarben. Außerdem werden sie als Gescheckte, Schimmel, Gestorchte, Drei- und Vielfarbige gezüchtet.

Posener Farbenköpfe

Schon im Jahre 1775 wurden sie nachweislich in Westpreußen gezüchtet. Es sind elegante, temperamentvolle Tauben, mit aufrechter Haltung. Ein runder Kopf mit breiter Stirn trägt eine hoch angesetzte Muschelhaube. Die Augen sind perlfarbig, der Schnabel ist kurz und nach unten gerichtet. Die mittellangen Beine sind kräftig und unbefiedert. Es gibt sie in den Farben Schwarz, Blau, Blaufahl, Rot und Gelb. Farbig sind der Kopf bis zur Muschelhaube, deren Innenseite, die Backen, ein Latz, der Schwanz mit Decke und Keil. Das übrige Gefieder ist Weiß.

Prager Tümmler

Etwa seit dem Jahre 1800 wird diese Rasse in Prag, Breslau, Stettin und in Berlin gezüchtet. Sie sind klein und kurz und haben einen niedrigen Stand mit hervorstehender, breiter Brust. Der Kopf mit perlfarbigen Augen ist würfelförmig mit vorstehendem Stirnknochen. Die Kopfplatte ist etwas eingedrückt, so dass der Hinterhauptknochen deutlich hervortritt. Die hohe Stirn fällt senkrecht zum Schnabel ab. Der Schnabel ist kurz und nach unten gerichtet. Die kurzen Beine sind unbefiedert. Diese Tauben zeichnen sich durch eine reichhaltige Farb- und Zeichnungsvielfalt aus. Man kennt sie in den Grundfarben Schwarz und Rot mit zahlreichen Unterfarben und Zeichnungen, teilweise in bindig, weißbindig, hohlig, gehämmert und geganselt. Außerdem kommen sie vor als Weißgespitzte, Weißbrüster, Schimmel, hellgestorcht, farbgestorcht und als Panterschecken.

Regensburger Tümmler

sind eine noch junge Rasse, die im Jahre 1967 anerkannt wurde. Man hat sie aus Altstämmern und osteuropäischen Rollern herausgezüchtet. Es sind Tauben mit typischer Amselhaltung. Sie haben einen vorn aufgerichteten Körper mit breiter, gerundeter Brust, einen hohlen Rücken und einen nach oben gerichteten, breiten Schwanz mit mindestens 14 Federn, wobei auch Zwillingsfedern vorkommen können. Die Flügel liegen lose am Körper und sind nach unten gerichtet, ohne den Boden zu berühren. Die mittellangen Beine sind bestrümpft. Diese Rasse wird nur in einfarbig Gelb gezüchtet.

Rostocker Tümmler

sind eine alte Rasse aus Mecklenburg, die hauptsächlich in Rostock gezüchtet wurde. Sie waren ursprünglich mit dänischen und Hamburger Flugrassen verwandt. Im Jahre 1959 wurden sie neu anerkannt. Es sind mittelgroße Tümmler mit breiter, etwas hervortretender Brust. Der Kopf hat eine leicht gewölbte Stirn und eine breite Haube mit Rosetten, die Augen sind perlfarbig, der Schnabel ist mittellang. Rücken und Schwanz bilden eine gerade abfallende Linie, die Beine sind unbefiedert. An Farbenschlägen gibt es nur Weißschlag-Weißschwänze in Schwarz, Rot und Gelb.

Rostower Positurtümmler

kommen aus der Stadt Rostow und dem Wolga-Don-Gebiet. Sie sind knapp mittelgroß, tief stehend, gedrungen wirkend, in typischer Amselhaltung stehend. Vorn sind sie aufgerichtet mit hervortretender Brust. Der Hals ist breit angesetzt, nach hinten gebogen, sich nach oben verjüngend, in Positur stark zitternd. Der Kopf ist rund mit hoher Stirn, bei Weißbrüstern mit Rundhaube mit und ohne Rosetten. Der Rücken ist sehr kurz und hohl, der Schwanz ist breiter als die Brust und hat mindestens 14 Federn. In Positur wird er stark angezogen. Die Beine sind kurz, mit mittellangen Latschen und mit Geierfedern. Es gibt sie in Weiß, Schwarz, Schwarz-Weißbrüstig, als Schwarzschecken und als schwarze Panterschecken, sowie in Blaubindig, Blaufahl, in Rot und in Gelb.

Rschewer Sternschwanztümmler

stammen aus der Stadt Rschew, aus Nordwestrussland, wo sie schon seit Anfang des 19. Jahrhunderts bekannt sind. Rasseeigentümlich ist eine sich vor dem farbigen Ende des Schwanzes befindende scharf begrenzte, weiße Schwanzbinde. Es sind mittelgroße, schlanke, glattfüßige Tümmler mit niedriger Stellung und etwas vorgewölbter Brust. Der Kopf hat eine hohe Stirn und einen flachen Scheitel, wodurch der Kopf ein würfelförmiges Aussehen mit abgerundeten Kanten bekommt. Es gibt sie in glattköpfig oder mit Rundhaube, mit dunklen Augen und nach unten gerichtetem Schnabel. Der Schwanz ist lang und wird frei stehend, leicht angehoben getragen. Er besteht aus 12 bis 16 Federn. Man sieht diese Rasse in hellerem und in dunklerem Rot sowie in Gelb. Das dunklere Rot wird bevorzugt.

Rumänische Geelsterte Bärtchentümmler

wurden um das Jahr 1960 in Temeschburg aus rumänischen und russischen Tümmlern gezüchtet und im Jahre 1973 in Deutschland anerkannt. Es sind Tauben in mittlerer Größe mit spezieller Elsterzeichnung mit glattem, gut gerundetem Kopf, perlfarbigen Augen, mittellangem Schnabel und mittellangen, bestrumpften Beinen. Der Schwanz hat 13 bis 16 Federn, die leicht gewölbt getragen werden. Es gibt aber nur die beiden Farbenschläge Schwarz und Rot. In der Zeichnung sind die Flügelschilder ohne die Schulterfedern, das Bärtchen und die Fußbefiederung, weiß. Ein kleiner Fleck am Bauchgefieder ist gestattet. Das übrige Gefieder ist farbig.

Rumänische Nackthalstümmler

sind die einzige Rasse mit nacktem Hals. Eine Parallele gibt es bei den Nackthalshühnern. Da sie den Bukarester Cuingtümmlern ohne Nackthals gleichen, sind sie wohl aus diesen hervorgegangen. Es sind mittelgroße, tief gestellte Tauben mit ein wenig hervortretender Brust mit langem, waagerecht getragenem Schwanz und langen Handschwingen, die unter dem Schwanz getragen werden. Der Kopf ist glatt, hat perlfarbige Augen und einen leicht nach unten gerichteten Schnabel. Der Hals ist etwas nach hinten gebogen, die Halsmitte unbefiedert. Kurze Stoppeln, die periodisch wachsen, eintrocknen und dann wieder ausfallen sind unerwünscht, aber noch unvermeidbar. Die kurzen Beine sind unbefiedert. Es gibt sie in den dominanten Farben Rot, Rotfahl und Gelb, die möglichst intensiv sein sollen; auch Finkenzeichnung ist erwünscht.

Rumänische Weißschwanztümmler

gibt es seit Ende des 19. Jahrhunderts in Südrumänien. Im Jahre 1975 wurden sie in Deutschland anerkannt. Sie haben Normalgröße, sind kräftig und haben einen niedrigen Stand. Der Kopf mit steiler Stirn ist glatt und fast würfelförmig, mit gerundeten Kanten und perlfarbigen Augen, sowie mit nach unten gerichtetem Schnabel. Der Schwanz besteht aus 12 bis 16 Federn und bildet mit dem Rücken eine gerade, abfallende Linie. Die kurzen Beine sind unbefiedert. Es gibt sie als Weißschwänze in Schwarz, blaubinding, Rot und Gelb. Weiß sind der Schwanz mit Decke und Keil, das übrige Gefieder ist farbig.

Schautippler

kamen einmal als Flugtippler aus England. Auch in Deutschland gibt es eine begeisterte Flugtipplergemeinschaft, die mit ihren Tieren Dauerflugwettbewerbe durchführt. Für Ausstellungszwecke sind die Flugtippler zu uneinheitlich. So hat man sie durch ständige Auslese züchterisch verbessert und Anfang des 20. Jahrhunderts Dänische Brander eingekreuzt. Die Schautippler sind mittelgroß mit breiter Brust, gedrungen, mit straffem Gefieder und stolzer Haltung. Der Kopf ist glatt und gut gerundet, mit perlfarbigen Augen und mittellangem Schnabel. Die Beine sind kurz, nicht eng stehend und unbefiedert. Die Flügel sind kräftig und geschlossen. Man kennt sie nur in Kupfer mit einigen Zeichnungsvarianten. Bei allen Tieren sind die farbigen Federn satt schokoladenbraun, mit schwarzgesäumten Schwingen und schwarzer Schwanzbinde mit sehr viel Glanz. Bei dunklen Panterschecken ist das gesamte Flügelschild weiß durchsetzt. Bei hellen Panterschecken sind Handschwingen und Schwanz farbig, das übrige Gefieder gleichmäßig im Verhältnis von etwa 1 : 2 mit Weiß durchsetzt. Bei Tieren mit Bärtchen sind Handschwingen (teilweise auch Armschwingen), Schwanz und Bärtchen farbig, das übrige Gefieder ist Weiß.

Schirastümmler

sind eine orientalische Rasse aus dem Ort Schiraz in Südpersien. Sie sind mittelgroß, von kräftiger Statur, mit breiter Brust, leicht abfallender Haltung und mit kurzen, bestrümpften Beinen. Der Kopf hat eine abgerundete hohe Stirn und dunkle Augen. Gezüchtet werden sie in Schwarz, Blau mit Binden, Rot, Gelb und Braun. Weiß sind Kopf, Hals, Oberbrust und die vordere Fußbefiederung. Eine Besonderheit ist ihre Kopfzeichnung. Bei weißer Hauptfarbe hat der Kopf einen mittelgroßen Oberkopffleck und farbige Bäckchen unter den Augen, die sich ein wenig bis vor die Augen ausdehnen können. Bei Schwarzen, Blauen und Braunen ist das Fehlen eines Kopffleckes gestattet; auch ist bei ihnen ein farbiger Rücken kein Fehler. Der Brustschnitt etwa in der Mitte der Brust ist klar und gleichmäßig. Weitere züchterische Bearbeitung wird zu klareren Abgrenzungen führen. Das Gefieder ist samtartig und ohne Glanz.

Schöneberger Streifige

wurden Anfang des 20. Jahrhunderts aus Berliner Kurzen und Brieftauben in Berlin-Schöneberg zu einer neuen Rasse geformt. Sie sind kurz, gedrungen, mit vorstehender Brust und waagerechter Haltung. Der Kopf mit hoher, breiter Stirn ist gut gerundet und glatt, mit perlfarbigen Augen. Der nicht zu lange Schnabel wird nach unten getragen. Der Hals steht fast senkrecht. Die mittellangen Beine sind unbefiedert. Gezüchtet werden sie in Weiß mit roten Binden (Rotstreifig) und mit gelben Binden (Gelbstreifig). Die Hauptfederfarbe bei den Rotstreifigen ist bläulichweiß und bei den Gelbstreifigen rahmweiß.

Siebenbürger Doppelkuppige Tümmler

Nachweislich werden sie seit Ende des 18. Jahrhunderts in Siebenbürgen gezüchtet. Es sind mittelgroße, waagerecht stehende, kräftige Tauben. Der Kopf mit perlfarbigen Augen trägt eine Rundhaube mit und ohne Rosetten und eine kreisrunde Schnabelnelke. Die Haltung des Schnabels ist etwas nach unten gerichtet. Die mittellangen Beine sind unbefiedert. Gezüchtet werden sie Einfarbig in Weiß, Schwarz, Dun, Rot und Gelb und als Schecken. Alle Farben glänzen gleichmäßig satt und rein.

Stargarder Zitterhälse

wurden in Pommern wahrscheinlich aus langschnäbligen Tümmlern und Altstämmern züchterisch zu einer Rasse entwickelt. Es sind lange, elegante Tauben mit waagerechter Haltung, mit langen, dünnen nach hinten durchgebogenen Hälsen, die selbst am Rumpf nur wenig stärker werden. In Aktion zeigen sie ein gleichzeitiges Schlagen und Zittern des Halses, bei dem er recht oft und weit nach hinten durchgedrückt wird. Der waagerechte Stand wird dabei nicht verändert. Der Kopf ist flach gezogen, klein und glatt, mit perlfarbigen Augen und mittellangem Schnabel. Der Flügelbug steht vor und schließt mit der vorderen Brustlinie ab. Die Beine sind mittelhoch mit erkennbaren Schenkeln, unbefiedert oder mittellang belatscht mit Geierfedern. Gezüchtet werden sie in Weiß, Schwarz, Blau, Blaufahl, Rot, Rotfahl, Gelb, Gelbfahl, teilweise in bindig oder gehämmert; außerdem als Weißschläge, als Schimmel und als Panterschecken.

Stettiner Tümmler

wurden züchterisch aus Prager Tümmlern weiterentwickelt. Sie sind kurz und elegant in allen Teilen, mit aufrechter Haltung und schräg abfallender Rücken- und Schwanzlinie, haben einen glatten, würfelförmigen Kopf, mit hoher, breiter Stirn und abgerundeten Kanten. Die Beine sind kurz und unbefiedert. Man kennt sie in den Grundfarben Schwarz und Rot mit mehreren Unterfarben in farbbindig und weißbindig, in den Zeichnungen eulig, gestorcht, scheckig, als Weißbäuche, als Schimmel und als Panterschecken.

Stralsunder Hochflieger

waren einst hervorragende Flieger in ihrer pommerschen Heimatstadt, von wo aus sie weite Verbreitung fanden. Es sind schlanke, hochgestellte, lebhafte Tümmler mit gerader Haltung, wenig hervortretender Brust und einem, langen, dünnen senkrecht getragenen Hals. Der Kopf mit perlfarbigen Augen ist lang, schmal und eckig. Die Stirn bildet mit dem Schnabel eine gerade Linie. Die

Scheitellinie verläuft völlig gerade und waagrecht. Scheitel und Hinterkopf bilden einen rechten Winkel. Der Schnabel ist lang, dünn und wird waagerecht getragen. Die Beine sind lang, unbefiedert und mit gut aus dem Gefieder hervortretenden Unterschenkeln, nur wenig gewinkelt. Die Bewertung kann sich auf die Körperformen konzentrieren, da diese Tauben nur in Reinweiß gezüchtet werden.

Szegediner Tümmler

kamen einst aus der Stadt Szeged in der ungarischen Tiefebene. Sie sind klein, gedrungen, mit tiefgestellter Haltung, mit kurzen, unbefiederten Beinen. Der Kopf ist klein und rund mit hoher Stirn, perlfarbigen Augen, einem mittellangen Schnabel und mit Rundhaube und Rosetten. Die Flügel stehen am Bug etwas ab. Der Schwanz ist schmal und geschlossen, er bildet mit dem Rücken eine abfallende Linie. Es gibt sie in Weiß und in den Farben Schwarz, Dun, Blau, Rot und Gelb, auch als Fahle, teilweise mit den Zeichnungen bindig, gehämmert, scheckig, bunthalsig, geelstert und als Vielfarbige. Die Bunthalsigen haben bei weißer Hauptfarbe einen farbigen Kopf und gesprenkeltes Hals-, Brust,- Schulter und Flügelbuggefieder. Geelsterte zeigen auf weißem Kopf eine farbige Stirnschnippe.

Taganroger Tümmler

aus der Stadt Taganrog am Asowschen Meer wurden im Jahre 1976 in Deutschland anerkannt. Es sind kleine, in Amselhaltung tief stehende Tauben, mit breiter gerundeter Brust, kurzem Rücken und breitem, hochangezogenen Schwanz. Die Flügel werden unter dem Schwanz getragen und berühren den Boden. Der glatte Kopf hat eine hohe Stirn, dunkle Augen und einen mittellangen Schnabel. Der große, breite, nur leicht gewölbte Schwanz mit 14 bis 20 Federn wird im Affekt sehr hoch getragen, er ist breiter als die Brust. Diese Rasse ist ein Beispiel für eine Population, die nur in schildig gezüchtet wird. Bei reinweißer Hauptfarbe sind nur die Flügelschilder farbig in Schwarz, Dun, Blau, Blau mit Binden, Rot und Gelb. Auf volle, reine, glänzende Farben wird Wert gelegt.

Temeschburger Schecken

Diese zu Beginn des 20. Jahrhunderts ursprünglich als Roller gezüchteten Tauben kommen aus Temeschburg in Rumänien. Es sind mittelgroße Flugtauben mit aufrechtem Stand, hervortretender Brust, mit kurzen, unbefiederten Füßen und einer nur dieser Rasse eigenen Scheckzeichnung. Der Kopf mit hoher Stirn und hoch angesetzter Haube ohne Rosetten hat einen mittellangen Schnabel und perlfarbige Augen. Der Rücken bildet mit dem Schwanz eine gerade abfallende Linie. Gezüchtet werden sie in den Farben Schwarz, Dun, Blau, Rot und Gelb. Kopf und Kehle sind reinweiß; Hals, Rückenherz und Brust sind weiß mit wenigen farbigen Spritzern. Die Brust ist mal heller, mal dunkler gescheckt. Bauch und Schenkel sind farbig bis wenig gescheckt. Von den Flügelschildern ist nur der vordere

Teil gescheckt. Hand- und Armschwingen, deren Deckfedern und der Schwanz mit Decke und Keil sind farbig. Alle Farben erscheinen satt und rein.

Tulaer Sternschwanztümmler

stammen aus Tula, einer Stadt südlich von Moskau. Dort sind sie seit Anfang des 19. Jahrhunderts bekannt. Es sind mittelgroße, schlanke Tauben mit niedriger Stellung mit kurzen, unbefiederten Beinen. Rasseeigen ist der fast waagerecht getragene, etwas ausgebreitete Schwanz mit 12 bis 16 Federn und einer vor dem farbigen Ende breiten, weißen Bandzeichnung. Der Kopf hat eine hohe, steile Stirn und einen flachen Scheitel, so dass er würfelförmig aussieht, mit abgerundeten Kanten. Die Augen sind perlfarbig; der Schnabel ist etwas nach unten gerichtet. Es gibt sie in Rot und in Gelb. Das Rot ist dunkel und intensiv, die Schwingen laufen hell aus und können farbig gesäumt sein. Die weiße Schwanzbinde verläuft vor dem farbigen Ende über alle Federn und ist scharf abgegrenzt.

Usbekische Tümmler

sind eine mittelasiatische, knapp mittelgroße Rasse, mit tiefem Stand und hervortretender, breiter Brust. Der Kopf ist breit und rund. Es gibt Tiere mit schmaler Schaufelhaube, mit Rundhaube mit und ohne Rosetten und mit Spitzkappen mit Nackenkamm. Auf der Stirn tragen sie eine quergescheitelte Halbnelke, eine Rundnelke oder eine Stehnelke. Einige Tiere haben gescheiteltes Stirn- und Oberkopfgefieder, andere tragen Schaukappen oder haben abstehende Federn im Schnabelwinkel (Schnurrbart). Alle diese Besonderheiten sind erwünscht. Der Schnabel ist ziemlich kurz und wird gesenkt getragen. Die Beine sind kurz und tragen eine abgerundete, lange und dichte Belatschung, die sich nahtlos an die langen Geierfedern anschließt. Es gibt sie einfarbig in Weiß, Schwarz, Dun, Blau, bindig und gehämmert, Blaufahl, Rotfahl und Gelbfahl, aber auch als Muselköpfe, gescheckt, als Panterschecken, als Vielfarbige und Rothalsige (Gulbadami). Diese Rothalsigen haben einen roten Hals und eine rote Brust, manchmal mit etwas Weiß durchsetzt, ihr übriges Gefieder ist weiß.

Wiener Gansel

gehören zu den klassischen Wiener Rassen. Sie sind kleine Flugtauben mit breiter, hervortretender Brust und mit waagerechter Haltung. Der Kopf ist klein, breit, kurz und hoch, würfelartig geformt. Stirn und Hinterkopf sind kantig. Manchmal hat die Kopfplatte eine leichte Vertiefung. Sie haben große, hervortretende, dunkle Augen und zwei- bis dreireihige, lebhaft rote, bis zur Schädeldecke reichende Augenränder, die auch bis zum Schnabelwinkel reichen. Der Schnabel ist kurz, dick und wirkt klobig. Die Beine sind kurz, kräftig und unbefiedert. Sie werden nur in geganselt gezüchtet. Weiß gefärbt sind dabei Kopf, Latz, Bauch, Rücken und Flügel mit Ausnahme des Schultergefieders. Farbig sind Hinterhals, untere Halsseiten, Brust, Schultern (Herz), Schwanz und Decke. Weiße Federn im Keil sind kein Fehler. Die Wiener Gansel kommen vor in den Farben Schwarz, Blau, Blaugehämmert, Blaufahl, Rot und Gelb.

Wiener Kurze

haben einen kleinen, gedrungen wirkenden Körper mit breit gewölbter, hervortretender Brust und kurzen, kräftigen, unbefiederten Beinen. Der Kopf ist klein, breit, kurz und hoch, würfelähnlich geformt. Stirn und Hinterhaupt sind kantig und auf gleicher Höhe; die Kopfplatte ist flach. Die Augen sind, groß, hervortretend, milchweiß mit blauem Stich. Der Augenrand ist zwei- und dreireihig, lebhaft rot gefärbt, flach anliegend und reicht bis zur Schädeldecke. Nach vorn schließt er sich an den Schnabelwinkel an. Rücken und Schwanz fallen in einer Linie leicht ab. Es gibt sie einfarbig und es gibt sie weißschwingig in Schwarz, Dun, Blau mit Binden, Rot und Gelb, außerdem auch einfarbig in Weiß und weißschwingig in Sprenkel (Harlekin), diese haben auf blaugrauer Grundfarbe eine schwarze Sprenkelung. Alle Farben sind voll, rein und glänzend.

Wiener Tümmler

weichen im Typ von den anderen Wienern ab. Seit dem 17. Jahrhundert werden sie als Flugtauben in Wien gehalten. Sie sind schlank, elegant, hoch aufgerichtet, hoch gestellt, mit schmaler, nicht hervortretender Brust. Der Kopf ist länglich und schmal, mit schräg nach oben laufender Stirn, die mit dem Schnabel einen stumpfen Winkel bildet. Der Oberkopf ist flach und fällt im rechten Winkel zum Hinterhaupt ab. Die Augen sind groß, perlfarbig mit blauem Stich und liegen nahe der Schädeldecke. Der Schnabel ist gut mittellang, dünn und waagerecht eingesteckt. Der lange, dünne Hals wird senkrecht getragen. Rücken und Schwanz sind schmal; sie bilden gemeinsam eine abfallende Linie. Die mittellangen Beine sind entweder unbefiedert oder bei Hellgestorchten bestrumpft oder kurz belatscht mit Geierfedern. Die Unterschenkel sind geschlossen befiedert. Gezüchtet werden sie in den Farben Schwarz, Blau, Rot, Gelb in einfarbig und mit vielen Zeichnungsvarianten, wie bindig, gehämmert, dunkel-, hell- und farbengestorcht, gedachelt, als Kiebitze und mit Flügelrosen. Alle Farben sind satt und rein.

Wiener Weißschilder

sind knapp mittelgroße Tauben. Sie wirken gedrungen, bei aufrechtem Stand und mit kurzen, unbefiederten Beinen. Der Kopf ist rund, glatt mit perlfarbigen Augen mit lichtblauem Stich. Die Stirn steigt schräg an und verläuft in einer Bogenlinie bis zum Nacken. Der Schnabel ist knapp mittellang und breit angesetzt. Der Schwanz ist mittellang, wird schräg nach unten getragen und bildet mit dem Rücken eine abfallende Linie. Die Flügelschilder liegen fest an und sind gut abgerundet und stets reinweiß. Das übrige Körpergefieder ist farbig in Schwarz, Rot und Gelb, wobei ein nicht zu langer, weißer Rücken toleriert wird.

Wolga-Positurtümmler

Diese russische Rasse ist aus mehreren Tümmlerrassen züchterisch entwickelt worden. Sie stehen tief, vorn aufgerichtet, mit voller abgerundeter Brust, mit kurzen unbelatschten Beinen, in Amselstellung. Der Kopf mit ansteigender Stirn hat dunkle oder perlfarbige Augen, ist glatt oder hat eine Rundhaube mit oder ohne Rosetten und geht vom Stirnansatz in einer Bogenlinie in den Nacken über. Der Hals verjüngt sich nach oben, ist leicht gebogen und zittert in Aktion. Der Schwanz ist breit, leicht gewölbt, hat mindestens 14 Federn und wird in Positurstellung angezogen. Die Flügel werden mit waagerechter Unterlinie unter dem Schwanz getragen. Farbig sind bei ihnen Hals, Brust, Schultern, Rücken, Schwanz, Decke, Keil und der Kopf mit Ausnahme eines Bärtchens, weißer Wangen und eines schmalen, weißen Streifens um die Augen oder auch nur eines Bärtchens. Weiß sind Flügel ohne Schultergefieder, Bauch, Schenkel, Fußbefiederung und eine vor dem farbigen Schwanzende durchgehende, weiße Binde. Gezüchtet werden sie in den Farben Schwarz, Blau, Rot und Gelb.

Rheinischer Ringschläger.

Gruppe X – Spielflugtauben

In dieser Gruppe sind spezielle Taubenrassen zusammengefasst worden, die ihre Flugkünste gut beherrschen und auch ausüben, andererseits aber auch auf Ausstellungen unter Standardbedingungen bewertet werden. Folgende vier Rassen gehören zu dieser Gruppe:

Anatolische Ringschläger

sind kräftige Tauben, mit mittelhohem Stand, unbefiederten Beinen und waagerechter Haltung. Ihr Kopf ist länglich mit ansteigender Stirn und einer Rundhaube, die in Rosetten ausläuft. Je nach Farbenschlag haben sie dunkle oder perlfarbige Augen.

Ringschlagen.

Der Schnabel ist mittellang und dünn. Schwanz und Rücken bilden eine leicht abfallende Linie. Gezüchtet werden sie einfarbig in Weiß, Schwarz und Braun-Bronze. Die braun-bronze-farbigen haben auf brauner Grundfarbe eine schwarz überzogene Bronzefärbung. Alle Farben sind intensiv und rein. Die Tiere haben ein sehr lebhaftes Temperament und machen viele Balzflüge, bei denen sie eifrig mit den Flügeln klatschen. Die Handschwingen werden dadurch stark abgenutzt. Außerdem umkreisen die Täuber ihre Täubinnen immer wieder in engen Flugringen. Diese Flugeigenschaften sind bei dieser Rasse vorrangige Zuchtziele.

Belgische Speelderke, rotfahl-gehämmerter Scheck.

Belgische Ringschläger

sind eine sehr alte belgische Rasse mit Schwerpunkt in der Stadt Aalst und in Brabant. Deshalb werden rote und gelbe auch gern als „Aalster Ringschläger“ und die anderen Farbenschläge als „Brabanter Ringschläger“ bezeichnet. Auch bei ihnen wird die Fähigkeit der Täuber, ihre Täubinnen in engen Kreisen mit klatschenden Flügeln zu umfliegen, als oberstes Zuchtziel herausgestellt. Sie sind große, kräftige Tauben mit aufrechter Haltung, breiter, muskulöser Brust und breitem Rücken. Der Kopf mit orangefarbigen bis roten Augen hat eine hohe Stirn und eine Spitzkappe, die zum Hinterhals in einem Kamm ausläuft. Die Beine sind glatt oder ganz wenig befiedert, die Flügel kräftig mit breiten Schwingen, die bei Täubern vom Klatschen abgenutzt aussehen. Sie haben eine hübsche Farbzeichnung. Auf der Mitte des Vorderhalses tragen sie ein bis zu fünf Zentimeter breites halbmondförmiges weißes Band, das in Spitzen hinter den Augen ausläuft. Weiß sind außerdem Handschwingen, Decke, Bauch und Schenkel. Farbig sind Kopf, Hinterhals, Brust, Schulter, Flügeldecken und Rücken. Man züchtet sie in Schwarz, Blau mit Binden oder gehämmert, in Rot und Gelb und in Blau-, Rot- und Gelbfahl mit Binden. Die roten und gelben Farben vererben sich dominant, mit heller gefärbten Schwingen und Schwänzen.

Mit ihnen gemeinsam müssen die **Belgischen Speelderken** genannt werden. Sie werden im Standard nicht erwähnt. Doch sind sie, etwas kleiner als diese, mit den Belgischen Ringschlägern verwandt. Die Täuber können zwar nicht mit den Flügeln klatschen, doch werden die Täubinnen in der Balz von ihnen in engen Kreisen umflogen. Ein kleiner Kreis von Züchtern beschäftigt sich mit dieser Rasse.

Groninger Slenken

Ihre Existenz kann in den nördlichen Niederlanden bis ins 16. Jahrhundert zurückverfolgt werden. Sie sind sehr lebhaft und haben einen bei keiner anderen Rasse vorkommenden Flugstil. Man unterscheidet die Flugbilder „Springen“, „Schwimmen“ und „Segeln“, die in weiten Kreisen bei wellenförmigem Flug vorgeführt werden. Dabei werden die Flügel sowohl über als auch unter dem Körper zusammengeschlagen, so dass sie bei eifrigen Fliegern stark zerschlissen sind. Es sind mittelgroße, hoch aufgerichtete Tauben mit breiter, nach vorn aufgerichteter Brust und langem, nach hinten gebogenem S-förmigen Hals, so dass der Kopf sich, in Aktion weit zurückgebogen, über dem Rücken befindet. Der Kopf ist lang, schmal mit hoher Stirn, der Rücken breit und etwas hohl. Die Flügel werden lose am Körper neben den Schwanzrändern getragen. Der Schwanz fällt ziemlich steil ab, berührt aber nicht den Boden. Man kennt sie in Weiß und in den dominanten Farbenschlägen Rot, Gelb, Rotfahl, Gelbfahl, Rotstreifig und Gelbstreifig. Die Fahlen sind immer bindig. Die Streifigen sind überwiegend weiß mit einem halmondförmigen, farbigen Brustband, farbigen Flügelbinden und einzelnen farbigen Körperfedern. Die Farben sind stets voll und rein.

Groninger Slenke, rotfahl.

Rheinische Ringschläger

kommen ehemals aus den Niederlanden und wurden im Jahre 1599 von Aldrovandi erstmalig beschrieben. Etwa seit dem Jahre 1850 sind sie am Niederrhein zu Hause und werden seit dem Jahre 1921 von einem Sonderverein betreut. Es sind mittelgroße, etwas gedrungen wirkende Tauben mit vorgewölbter, breiter Brust. Der Kopf hat eine hohe Stirn, dunkle Augen und eine breit angesetzte Spitzkappe mit Kammbildung am Hinterhals. Der Schnabel ist mittellang und zart. Gezüchtet werden sie nur in Mönchzeichnung. Dabei sind der Kopf und die Handschwingen weiß. Das übrige Gefieder, einschließlich der Innenseite der Kappe, ist farbig. Es gibt sie in Schwarz, Blau mit Binden oder mit Hämmerung, in Dominant-Rot und -Gelb und deren Fahle, auch in Rotfahlgehämmert. Außerdem kennt man Blauschimmel. In der Balz fliegen die Täuber mit deutlichem Flügelklatschen in engen Kreisen um die Täubin. Das Ringschlagen ist eines der Hauptzuchtziele. Vom Sonderverein werden entsprechende Ringschlägerwettbewerbe durchgeführt.

Damit wurden alle im Deutschen Rassetauben-Standard eingetragenen Taubenrassen angeführt und ihre wichtigsten Eigenschaften dargestellt. Darüberhinaus gibt es weitere zahlreiche Taubenrassen, die man wie folgt unterteilen kann:

a) Neuzüchtungen, die noch nicht anerkannt sind;
b) Neu importierte Tauben, die noch nicht anerkannt sind;
c) Kunstflug-, Bodenpurzler- und Dauerflugrassen, die nur auf die Förderung ihrer speziellen Eigenschaften gezüchtet werden;
d) Wettflugtauben (Brieftauben).

Anerkennung von Neuzüchtungen

Hat ein Züchter oder eine Züchtergruppe eine neue Rasse züchterisch soweit gefestigt, dass die Population stets Nachkommen liefert, die dem Zuchtziel im weitesten Sinne entsprechen, dann können diese Tiere mit neuem, fachbezogenem Namen beim Bundeszucht- und Anerkennungsausschuss gemeldet werden. Eine neue Rasse muss sich stets von allen anderen vorhandenen Rassen unterscheiden. Nicht jeder neue Farbenschlag kann als neue Rasse anerkannt werden. Danach müssen mehrere Tiere aus dem jeweils jüngsten Zuchtjahr mehrere Jahre lang auf bestimmten großen Schauen gezeigt und bewertet werden. Dort werden sie unter der Ausstellungsgruppe „Neuzüchtungen" eingeordnet. Erst nach erfolgreicher Beurteilung entscheidet der Bundeszucht- und Anerkennungsausschuss über eine Anerkennung.

Importierte neue Rassen

Im Zeitalter des Tourismus ist es fast selbstverständlich, dass Taubenzüchter sich in anderen Ländern nach dort einheimischen Rassen umsehen.
So sind in den letzten Jahrzehnten zahlreiche ausländische Rassen nach Mitteleuropa

Ägyptischer Segler, blaugelb, (Gazaganti).

importiert worden. Bezüglich einer Anerkennung wird mit ihnen genauso verfahren, wie mit den Neuzüchtungen. Erst einmal müssen sie beweisen, dass sie genetisch eine Rasse sind und sich in ihren typischen Eigenschaften gut vererben. Anschließend müssen die jüngsten Zuchtprodukte, wie bei den Neuzüchtungen, auf bestimmte, große Ausstellungen geschickt werden und sich der Bewertung stellen. Danach wird über eine Anerkennung entschieden.

Flugtauben

Kunstflug-, Bodenpurzler- und Dauerflugtauben

Ein Kapitel über diese Tauben könnte ein ganzes Buch füllen, doch gibt es hierfür ausführliche Spezialliteratur. Gemeint sind Taubenrassen, deren Zuchtziele ausschließlich auf ihre Flugeigenschaften ausgerichtet sind. Aktive Züchter einer jeweiligen Rasse haben sich zu einem Sonderverein zusammengeschlossen. Es gibt eine ganze Reihe solcher Vereine, die eine oder mehrere Rassen gleichzeitig betreuen. Sie führen Leistungswettbewerbe durch und lassen für die Tauben ihrer Mitglieder einheitliche Fußringe herstellen. Einige dieser Flugtaubenvereine sind völlig selbstständig, andere sind den offiziellen Organisationen angeschlossen. Hierüber wird im Kapitel „Organisationen" berichtet.

Da die Flugtaubenzüchter nicht in einem einheitlichen Dachverband zusammengefasst sind und ihre Rassen nicht in gleicher Gründlichkeit in einem Standard beschrieben sind, ist es schwierig eine exakte Rassenbeschreibung zu vermitteln. Außerdem werden immer wieder neue Kunstflugrassen aus anderen Ländern hinzugeholt. Gleichzeitig wird bei den alten europäischen Flugrassen an Jungtieren getestet, wieviel von ihrem alten Flugvermögen noch vorhanden ist. Die Zukunft wird zeigen, in welche Richtung sich der einstmals blühende Flugtaubensport entwickeln wird. Nachfolgend werden die zur Zeit in Westeuropa bekanntesten Flugrassen kurz angesprochen.

Roller-, Purzler- und Sturzflugtauben

Rollertauben sind solche, die sich im Fluge nacheinander mehrfach nach hinten überschlagen, möglichst ohne an Höhe zu verlieren. Purzler sind Überschläger, die bei ständigem Überschlagen an Höhe verlieren, die sie anschließend durch einen himmelwärts gerichteten Flug wieder zurückgewinnen. Die Purzler sind in der Zuchtgeschichte als Vorgänger der Roller anzusehen. Sturzflieger steigen in den Himmel auf, um danach im Sturzflug bis zu ihrem Schlag herunterzuschießen.

Zu den guten Rollern und Purzlern gehören Birmingham Roller, Galatzer Roller, Orientalische Roller, Siebenbürger Doppelkuppige Tümmler, Asiatische Klatschtümmler, Smyrna Roller, Türkische Taklambat Roller, Elsterpurzler, Arabische Quet Purzler, Cabalhota Purzler und Keloina Purzler. Auch die Temeschburger Schecken werden von einem Rollerclub mit betreut. Bei den Galatzer Rollern ist das Sich-nach-rückwärts-Überschlagen noch zusätzlich mit einem Mühle-drehen oder Schrauben-drehen kombiniert.

Brieftaube, braunfahl, bindig.

Die Sturzflieger sind vor allem in der Türkei, in Griechenland und in Syrien beheimatet. Zu ihnen zählen die Syrischen Wammentauben, die Ozydika-, Wuta- und Kelebek-Sturzflugtauben. Sie steigen hoch hinauf, um sich dann im Sturzflug wieder zum Schlag zu begeben.

Durch alle diese Rassen hat der Flugtaubensport in den letzten Jahrzehnten ganz neue Impulse bekommen. Während normalerweise Flugwettbewerbe vom heimatlichen Schlag aus veranstaltet werden und ein Wettkampfrichter während der gesamtem Wettflugzeit bei dem jeweiligen Schlag zugegen sein muss, um Flughöhe und Häufigkeit der Überschläge zu registrieren, wurde seit dem Jahre 1990, der in Amerika schon bekannte Kunstflug vom transportablen Flugkasten aus eingeführt. Diese Methode macht es möglich, dass die Kunstflugtaubenhalter, die ihre jungen Tauben an transportable Flugkästen gewöhnen, mit diesem Flugkästen an einem gemeinsamen Ort nacheinander die Flugkünste ihrer Tauben vorführen. Dabei kehren die Tauben jeweils nach dem Freiflug in ihren Flugkasten zurück. Als Zeichen zur Landung werden „Dropper“ eingesetzt (siehe S. 126).

Linke Seite: Brieftaube, rot und grün schimmerndes Halsgefieder

Rolle des Birmingham-Rollers

Indische Bodenpurzler

Eine besondere Rasse sind die Indischen Bodenpurzler. Sie sind nicht mehr flugfähig und leicht in kleinen Schlägen zu halten. Sie gelten als eifrige Brüter. Stellt man sie auf eine ebene Fläche, so überschlagen sie sich nach hinten mit einer vollen Drehung. Unter ihnen gibt es Einzel-, Doppel- und Dauerpurzler. Die Dauerpurzler können 10 bis 15 Überschläge und mehr in einem Zuge durchführen. Sie wurden um das Jahr 1970 nach Deutschland importiert. Heute werden von einem Bodenpurzlerclub entsprechende Wettbewerbe durchgeführt. Die besten Bodenpurzler werden in der Zucht eingesetzt.

Hochflieger

Als Hochflieger gelten solche Rassen, die hoch in den Himmel aufsteigen und dort stundenlang ihre Bahnen ziehen. Am bekanntesten sind die Wiener- und die Budapester Hochflieger. Unter unseren Rassetauben gibt es eine ganze Reihe von Rassen, die einmal speziell als Hochflugrassen gezüchtet wurden. Gute Hochflugeigenschaften besitzen die Danziger-, Braunschweiger- und Stralsunder Hochflieger und die Hannoverschen und Memeler Tümmler. Natürlich muss man alle Hochflieger als Jungtauben an ausgedehnte Freiflüge gewöhnen, nur dann werden sie auch ihre erblichen Eigenschaften entsprechend zur Geltung bringen. Zu einem intensiven Flugvermögen gehört auch entsprechendes Training. Spezielle Hochflugrassen, die in den vergangenen Jahrzehnten aus Serbien und Rumänien nach Mitteleuropa kamen, sind unter anderem Serbische-, Topoljaner- und die Cuing-Hochflieger. Sie alle bringen beachtliche Flugleistungen in großen Höhen. Eine Besonderheit sind die Nikolajewer Hochflieger. Sie fliegen ohne zu kreisen, steil nach oben. Neben einem normalen Hochflug zei-

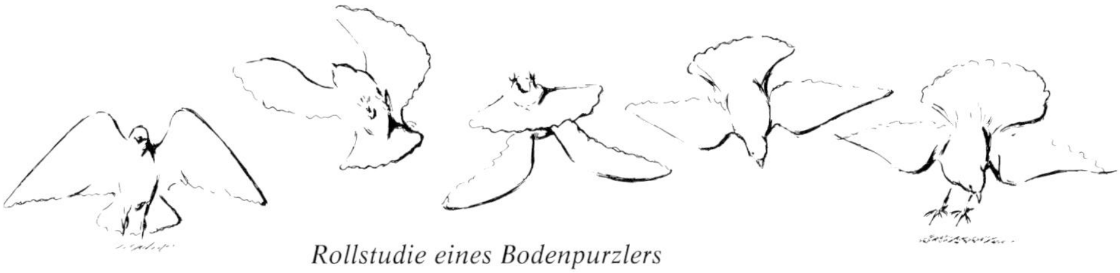

Rollstudie eines Bodenpurzlers

gen sie sich auch als ausgezeichnete Segler und sie rütteln – wohl als einzige Taubenrasse – wie ein Falke auf der Stelle. Weitere Rassen sind die Moskauer Griwun-Hochflieger (siehe Standard), und die mit ihnen verwandten Odessa-Griwun-Hochflieger, die ihre Flügel unter dem Schwanz tragen. Weiterhin sind die Persischen Hochflieger und die Kasaner Tümmler in ihrer ursprünglichen Abstammung, als solche bekannt und beliebt. Im Wettbewerb wird bei den Hochfliegern die Flughöhe und die Flug dauer bewertet. Die besten Fluggruppen werden prämiert und verstärkt in der Zucht eingesetzt. Flugzeiten von 5 bis 6 Stunden sind mehrfach ermittelt worden.

Dauerflieger

Bei den Dauerfliegern gibt es nur eine einzige spezielle Rasse, die ohne Rücksicht auf Aussehen und Farbe nur auf Dauerflugleistung gezüchtet wird. Es sind dies die Flugtippler. Es sind mittelgroße, glattköpfige, schnittige Tauben, mit meist unregelmässiger Scheckfärbung. In dieser modernen Form stammen sie aus Großbritannien. Sie werden in Deutschland von der Deutschen Flugtippler Union betreut. Im Sommer finden gleichzeitig internationale Dauerflugwettbewerbe an verschiedenen Terminen mit Alttauben und mit Jungtauben statt, so dass aus ganz Westeuropa Flugergebnisse einer Tagesveranstaltung miteinander verglichen werden können. Der Weltrekord liegt bisher bei 20 Stunden und 51 Minuten ununterbrochenen Fluges.

Brieftauben (Wettflugtauben)

Botenflüge und Wettflüge haben eine lange Tradition. In ganz Europa werden wohl jedes Jahr etwa zehn Millionen junge Brieftauben aufgezogen. Schwerpunkte liegen in Belgien und in den Niederlanden. Die Brieftaubenzuchtvereine allein in Deutschland haben ungefär 70 000 Mitglieder. Brieftauben sind mittelgroß, elegant, sehr kräftig gebaut, im Flugtaubentyp, mit aufrechter Haltung und fast waagerechtem Stand. Sie sind glattköpfig und haben kurze, kräftige Beine. Ihr Gefieder ist straff, eng anliegend, mit breiten Fahnen in Schwingen und Schwanz. Rücken und Schwanz bilden eine gerade Linie. Die Schwingen erreichen nicht ganz das Schwanzende.

Sie werden nur nach Leistung gezüchtet. Körpergröße und Farbe ordnet sich diesem Merkmal unter. Es sind aber noch sehr viele unterschiedliche genetische Anlagen in ihnen vorhanden. Es gibt sie in einfarbig in Weiß, Schwarz, Rezessiv-Rot und Dominant-Rot mit aschfahlen Schwingen und Schwänzen, auch in gehämmert und in ihrer Aufhellungsfarbe Fahl in bindig und selten in hohlig. Ziemlich selten tauchen auch einmal braune auf, einfarbig oder als Schecken. Doch die blauen Farben in bindig und gehämmert, einschließlich der Gescheckten, dominieren eindeutig. Ganz selten einmal sieht man Tiere mit Spitzkappen oder mit einer Halskrause und noch seltener mit Ansätzen zu Federfüßen. Als weitere Zeichnungen sieht man hin und wieder Schimmel in mehreren Farben, Panterschecken und selten einmal Lerchen, Indigofarbene und Andalusier.

In allen Städten Westeuropas werden im Sommer mit den Brieftauben nach entsprechendem Training etwa 12 bis 14 Wettflüge mit Entfernungen von 150 km bis 700 km durchgeführt. Jungtiere des Geburtsjahrganges machen außerdem noch eine Reihe Trainingsflüge und drei bis fünf Wettflüge.

Wenn eine Wettflugtaube mit ihrem Elektronikring am Fuß am Einflug in den Bereich eines Sensors kommt, wird die Ankunftzeit in einem Terminal automatisch registriert. Nach dem Flug wird der Terminal an einen Computer angeschlossen, der unter Berücksichtigung der Entfernung der Einzelschläge die Reihenfolge der Rückkehr der einzelnen Tauben in einer Preisliste errechnet und ausdruckt. Die besten Wettflugtauben sind bei fast jedem Wettflug in der Preisliste zu finden. Die erste Taube eines jeden Wettfluges erhält 100 Punkte, die letzte Preistaube den Bruchteil eines Punktes, der von der Anzahl der teilnehmenden Tauben abhängt. So ist es möglich, Wettflugleistungen vergleichbar zu machen und die besten Tauben eines Wettflugjahres auf jeder Organisationsebene bis zum nationalen Verband zu ermitteln. Die Wettfluggeschwindigkeiten haben sich in den letzten Jahrzehnten durch starke Zuchtauslese und durch bessere Haltungs- und Beförderungsbedingungen erhöht. Heute sind Wettfluggeschwindigkeiten von 100 km/h, selbst über Entfernungen von 500 km keine Seltenheit mehr, wenn die Witterungsverhältnisse günstig sind. Selbst bei Flügen über Entfernungen von 700 km und mehr sind schon Geschwindigkeiten von 80 km/h erreicht worden.

Einheitlich wird in Deutschland das erste Drittel der eintreffenden Tauben in der Reihenfolge der erreichten Fluggeschwindigkeiten, unter Berücksichtigung der verschiedenen Entfernungen zum Auslassort (Heimatstandorte), in der Preisliste aufgeführt. Die Zeitspanne zwischen der zuerst eintreffenden Siegertaube und der letzten in der Preisliste aufgeführten Preistaube dauert selbst bei solchen Langstreckenflügen häufig weniger als eine Stunde. Oft sind schon zwei Stunden nach Eintreffen der ersten Taube fast alle Tauben vom Wettflug zurückgekehrt.

Transportkorb.

Ausstellungen

Frühling und Sommer sind für jeden Taubenzüchter ausgefüllt mit der Aufzucht möglichst vieler, geeigneter Jungtiere. Mit ihnen kann er im Winterhalbjahr die Ausstellungen beschicken und mit anderen Züchtern in Konkurrenz treten.

Ortsvereine führen für ihre eigenen Mitglieder jedes Jahr eine Ortsschau durch. Kleintierschauen finden meistens mit mehreren Tierarten, zumindest mit Hühnern, Wassergeflügel und mit Tauben statt. Die Konkurrenz ist oft nicht allzu groß, da manche Mitglieder bemüht sind, Rassen zu züchten, die andere Züchter noch nicht besitzen. Ortsschauen werden mit viel Engagement vorbereitet und durchgeführt. Bewertungen nach Noten und Beurteilungen nach Punkten bieten die Möglichkeit, zu erkennen, welche Merkmale in der Zucht noch verbessert werden müssen. Ehrenpreise für die besten Tiere und die Ermittlung von Vereinsmeistern und von Meistern für eine Rasse sind der Lohn für ein erfolgreiches Zuchtjahr.

Umfangreicher sind die Kreisschauen, auf denen die Konkurrenz aus verschiedenen Orten aufeinandertrifft. Meistens führen die Ortsvereine von Jahr zu Jahr reihum eine Kreisschau durch. Große Schauen sind die Landesschau eines jeden Landesverbandes und die Nationale Geflügelschau, die jährlich von einem anderen Landesverband durchgeführt wird. Ein weiterer Höhepunkt ist die große Bundesschau des Ver-

bandes Deutscher Rassetaubenzüchter e.V. (VDT), auf der nur Rassetauben der angeschlossenen Mitgliedsvereine ausgestellt werden. In den letzten Jahrzehnten hat auch die Europaschau für Rassegeflügel erheblich an Bedeutung gewonnen. Diese wird jedes Jahr in einem anderen Land durchgeführt. Eine sehr große Ausstellung zu Beginn der Ausstellungssaison ist zudem schon seit vielen Jahrzehnten die Junggeflügelschau in Hannover, die jeweils im Frühherbst mit etlichen Tausend Exemplaren stattfindet. Außerdem gibt es weitere, offene, große Schauen in größeren Städten, die von jedem organisierten Züchter beschickt werden können. Für Züchter, die in einem Sonderverein für ihre Taubenrasse Mitglied sind, werden zusätzlich Sonderschauen für alle Farbenschläge dieser Rasse veranstaltet. Oft sind diese einer anderen Geflügelausstellung angegliedert.

Ausstellungen geben einen hervorragenden Überblick über den Zuchtstand der gesamten Rasse und der einzelnen Farbenschläge. Auch lassen sie erkennen, wo man selbst mit der eigenen Zucht steht. Daraus können Rückschlüsse für Maßnahmen zur Verbesserung der Qualität der eigenen Tauben gezogen werden.

Für die Auswahl der Tauben, die zu einer Ausstellung geschickt werden sollen, ist es zunächst einmal erforderlich, dass man ihre Vor- unf Nachteile selbst sehr genau kennt. Nur die besten Exemplare haben Aussicht, in der Konkurrenz mit anderen Tauben, gut bewertet und prämiert zu werden. Daher müssen sie gesund, sauber und mit gepflegtem Gefieder vorgestellt werden.

Tierbeschreibung und Bewertung durch den Züchter

Die Erfolge vieler Rassetaubenzüchter in der eigenen Zucht durch hervorragende Prämierungen auf den Ausstellungen liegen nicht allein darin, dass sie sich beste Tiere als Basis für den Aufbau eines eigenen Bestandes angeschafft haben, sondern auch darin, dass sie jedes Tier einzeln sehr genau beobachten und alle seine erwünschten und verbesserungsfähigen Merkmale erfassen, um daraus Rückschlüsse für bestmögliche Paarungen zu ziehen. Die erste Maßnahme bei diesem Vorhaben ist eine wertungsfreie Beschreibung aller Körpermerkmale des Tieres einschließlich Farbe und Zeichnung. Für eine solche sogenannte Exterieurbeschreibung kann man sich für jede Rasse ein geeignetes Schema anfertigen, wie es nachstehend als Beispiel gezeigt wird:

Exterieurbeschreibung

Das Exterieur ist das äußere Erscheinungsbild einer Taube. In der Exterieurbeschreibung sollen alle Körpermerkmale anhand einer Übersicht so genau wie möglich erfasst und übersichtlich dargestellt werden, ohne sie zu bewerten. So lässt sich mit Sicherheit erkennen, wo bei Einzeltieren oder bei ganzen Familien besonders gute oder weniger gute Eigenschaften vorhanden sind. Das Schema für die Exterieurbeschreibung muss für die einzelnen Rassen unterschiedlich gestaltet werden, da die Ausbildung der einzelnen Merkmale von Rasse zu Rasse wechselt. Trotzdem erfaßt dieses Schema alle wesentlichen und züchterisch beeinflussbaren Merkmale sehr genau. In nachstehendem Beispiel (Tabelle 27) entspricht die Mittellinie stets dem Rassendurchschnitt. Eigenschaften, die besser sind als der Durchschnitt, erhalten Kreuze auf der Plusseite, unterdurchschnittliche Eigenschaften bekommen Kreuze auf der Minusseite.

Tabelle 27

Beispiel für die Exterieurbeschreibung einer Rassetaube

		Lineare Exterieurbeschreibung, Abweichung vom Vergleichmittel 0 = Durchschnittliche Veranlagung									
		-4	**-3**	**-2**	**-1**	**0**	**+1**	**+2**	**+3**	**+4**	
Merkmal	Extrem										Extrem
Gesamteindruck	mangelhaft			x	x						sehr gut
Größe	sehr klein					x					sehr groß
Körpermasse	leicht						x	x			schwer
Stand	zu hoch		x	x	x						zu tief
Unterlinie	ansteigend						x	x	x		waagerecht
	gerade										halbkreisförmig
Rücken	zu kurz					x					lang
Rückenlinie	ansteigend						x	x	x		abfallend
Brust	eingefallen						x	x	x		hervortretend
	schmal						x	x	x		breit
Kopf	untypisch			x	x						typisch
Bogenlinie	unregelmäßig						x				sehr typisch
Schnabel	lang						x	x	x		kurz
	dünn						x	x			kräftig
	schlecht eingesteckt		x	x	x						gut eingesteckt
Augenringe	breit			x	x						schmal
Kappe	unfein				x						sehr gut
Haube	unregelmäßig										sehr fein
Rosetten	unschön										sehr gut
Hals	zu schlank						x	x			gut ausgebildet
Halsstellung	unfein					x					sehr gut
Schwanz	breit, offen						x	x	x		schmal
Schwanzhaltung	nicht gut						x	x	x		sehr gut
Gefieder	lose					x					straff
Flügellage	locker						x	x			straff, sehr gut
Flügellänge	kurz						x	x	x	x	lang
Beine	schwach						x	x	x		kräftig
	lang						x	x			kurz
Schenkel	lang						x	x	x		kurz
Gefiederarbe	ungleichmäßig				x						gleichmäßig
Schwanzfarbe	zu hell		x	x	x						gleichmäßig dunkel
Zeichnung	unfein						x	x	x		sehr gut, klar abgeschnitten

Ausstellungshalle mit großer Taubenschau.

Ob man nun dieses Schema in Länge und Breite noch ausbaut oder auf wenige Elemente reduziert, bleibt jedem Züchter selbst überlassen. Wer jedoch seine Tauben in jeder Generation in dieser Weise beschreibt, kann auch die Eigenschaften der Vorfahren noch zu Rate ziehen, wenn es darum geht, Eigenschaften züchterisch positiv oder negativ zu beeinflussen.

Vorbereitungen zur Ausstellung

Erste Voraussetzung für die Teilnahme an einer Ausstellung ist die Auswahl der Tauben. Dann folgt die rechtzeitige, schriftliche Anmeldung bei der Ausstellungsleitung auf einem speziellen Formular mit Auflistung der Ringnummern.

In jedem Falle müssen sich die Rassetauben in einem optimalen Zustand befinden. Es ist selbstverständlich, dass die Tauben nicht an jedem Wochenende auf eine andere Schau geschickt werden können, denn üblicherweise müssen die Rassetauben vom Donnerstagabend bis zum Sonntagabend auf einer Ausstellung verbleiben. Dazu kommt die Zeit für den An- und Abtransport. Abgesehen davon, dass der Transport und die eigene Anwesenheit des Züchters organisiert werden müssen, bedeutet die Ausstellungszeit für die Tiere einen gewissen Stress.

Alle für eine Ausstellung vorgesehenen Tauben müssen ihre Herbstmauser beendet haben und sich in ihrem schönsten Federkleid präsentieren. Das ist bei den frühen Ausstellungsterminen nicht immer ganz leicht zu erreichen. Vor allem die schweren Rassen schaffen dies nicht, wenn die Anpaarung erst im März erfolgt. Deshalb hat es sich längst eingebürgert, solche Tauben bereits Anfang Dezember anzupaaren und die Jungtiere zu Beginn des Jahres aufzuziehen. Selbst die zweite Zucht ist dann schon weiter entwickelt als die Jungtiere aus Märzanpaarungen.

Die ausgesuchten Tauben müssen weitestgehend dem Standard entsprechen. Damit das Gefieder einwandfrei ist, sollten die Tauben stets vorher schon so gehalten werden, dass sie es nicht unnötig zerstoßen. Außerdem trägt ein wöchentliches Bad erheblich zur Federpflege und zur Vernichtung von Federparasiten bei. Die Rassetauben müssen außerdem in einem guten Futterzustand sein. Zu fette Tauben werden ebensowenig gern gesehen wie zu magere Tiere. Eine athletische, kräftige Ausbildung aller Muskeln ist ideal. Aufgrund der Ausbreitung mancher Krankheiten gibt es Impfvorschriften. Für alle Tauben, die an öffentlichen Veranstaltungen teilnehmen, muss bei der Anmeldung zur Ausstellung eine offizielle, zeitlich gültige Impfbescheinigung

Flugtaubenschlag

über die Impfung gegen Paramyxo-Viren vorgelegt werden. Eine gleichzeitige Impfung gegen Pocken als Kombinationsimpfung ist empfehlenswert. Im Übrigen sollte es selbstverständlich sein, dass Tauben, die man zur Schau schickt, weder mit Würmern, noch mit Kokzidien befallen sein sollten. Beides beeinträchtigt ihr Wohlbefinden und macht sie anfälliger gegen andere Infektionskrankheiten.

Eingewöhnung im Käfig

Eine weitere, wichtige Vorbereitung bei bestimmten Rassen ist, dass sie an den Ausstellungskäfig gewöhnt werden müssen. Je nach Temperament und Haltungsweise sind Tauben in einem fremden Käfig unterschiedlich aufgeregt. Sitzen leichte Flugtauben auf der Ausstellung nur ängstlich flügelschlagend an der Käfigwand, kann man eine gute Benotung nicht erwarten. Setzt man sie rechtzeitig immer wieder einmal für einige Zeit in einen solchen Käfig, gewöhnen sie sich an ihn und präsentieren sich beim Richten in bestmöglicher Weise. Eine noch größere Bedeutung hat die Gewöhnung an den Käfig bei den Kropftauben, da bei ihnen nicht nur Figur und Korrektheit der einzelnen Körperteile, sondern auch das Blasen des Kropfes beurteilt wird. Sind sie mit dem Käfig vertraut und werden darin immer wieder zum Blasen animiert, dann pflegen sie dies auch beim Richten zu tun und haben bessere Chancen, Höchstnoten zu erhalten. Erfahrene Züchter dressieren ihre Kropftauben entsprechend.

Waschen und Putzen

Alle Tauben, die zur Ausstellung gebracht werden, müssen sauber sein. Entweder lässt man sie sich selbst in lauwarmer, bleichmittelfreier, dünner Seifenlauge baden, oder man nimmt sich jedes Tier einzeln vor, ohne das Federgefüge dabei unnötig zu strapazieren. Das gilt ebenso für die Reinigung der Füße. Zum Trocknen kommen die Tauben in einen luftigen, beheizten Raum. Anschließend lässt man ihnen genügend Zeit, damit sie sich ihre Federn wieder zurechtlegen und putzen können. Sind die Tauben sauber und trocken, so werden Schnabel, Augenränder, Läufe und Zehen ganz vorsichtig mit farblosem Oel oder mit farbloser Vaselin-Salbe eingefettet.

Befinden sich in einem Federfeld einzelne andersfarbige Federn, so dürfen diese entfernt werden. Das gilt aber nicht für ganze Federflecke. Ist durch die Entfernung von mehreren Federn im Federkleid eine erkennbare Lücke entstanden oder wurden Federn zur Bildung einer exakteren Abgrenzung sogar beschnitten, darf vom Preisrichter nur die Note o. B. (ohne Bewertung) vergeben werden. Gestattet ist dagegen das Putzen von Hauben, Haubenfutter, Schnabelnelken und anderen Zeichnungsmerkmalen, wenn dieses nicht sichtbar zu erkennen ist. Hier sei jedoch zur Vorsicht gemahnt, denn manche Haube ist dabei so zugerichtet worden, dass das betreffende Tier anschließend nicht mehr ausstellungsfähig war. Je mehr eine Rasse durchgezüchtet ist, desto geringer ist die Wahrscheinlichkeit, dass man durch Putzen nachhelfen muss.

Verboten ist jede physikalische, chemische oder medizinische Einwirkung auf befiederte oder unbefiederte Körperpartien. Verboten ist ebenfalls das Ausstellen von Tauben mit anderen als den unbeschädigten Originalringen des BDRG in der für jede Rasse vorgeschriebenen Größe. Allerdings wird bei Tauben mit kleineren als den vorgeschriebenen Ringen eine Bewertung nicht ausgeschlossen.

Die Ringgrößen sind für jede Rasse im Standard festgelegt worden und können der Ringgrößenliste entnommen werden. Es gibt insgesamt sechs Größen, deren Bezeichnung der lichten Ringweite in Millimetern entspricht.

Tabelle 28

Größe 12	früher Größe OO
Größe 11	früher Größe O
Größe 10	früher Größe 1
Größe 9	früher Größe II
Größe 8	früher Größe III
Größe 7	früher Größe IV

Um schon rein äußerlich den Jahrgang eines Fußringes erkennen zu können, werden die Ringe im sechsjährigem Rhythmus jedes Jahr in einer anderen Farbe ausgegeben. Folgende Farben sind vorgesehen:

Tabelle 29

Jahr	**Farbe**
1999	Gelb
2000	Rot
2001	Grün
2002	Weiß
2003	Alufarben
2004	Blau

Für das Richten der Tauben auf den Ausstellungen muss die Ausstellungsleitung Preisrichter verpflichten, die aber vom Verband Deutscher Rassegeflügel-Preisrichter im BDRG e. V. für die zu richtenden Rassen zugelassen sind. Kein Preisrichter darf auf einer Schau mehr als 80 Tiere richten.

Bewertung

Für die Preisrichter ist es immer schwierig, alle Tauben richtig zu beurteilen, da manche Kriterien nur subjektiv erfasst werden können. Sie sind in Nuancen von der Konkurrenzlage, der Auffassung des Preisrichters und von der Tagesform jedes Tieres abhängig. Für jedes Tier wird eine Kritik protokolliert und es wird eine Bewertungsnote vergeben. Ein Viertel der Tiere erhält einen Ehrenpreis. Alle Angaben werden vom Preisrichter durch seine Unterschrift bestätigt. Ein Ausstellungskatalog vermittelt einen Überblick über den Umfang der Schau, die erzielten Ergebnisse können eingetragen werden.

Im Jahr 1998 wurde beschlossen, die Bewertungsnoten durch eine Bewertung nach Punkten zu ergänzen, um damit eine differenziertere Beurteilung zu ermöglichen und die Einführung eines einheitlichen europäischen Bewertungssystems vorzubereiten.

Folgende Bewertungsnoten werden vergeben:

v „vorzüglich", 97 Punkte
Diese Beurteilung wird vergeben, wenn das

Tier einen überragenden Gesamteindruck macht und das Bestmögliche des züchterisch Erreichbaren verkörpert. Diese Note darf nur mit schriftlicher Bestätigung des zuständigen Preisrichterobmannes (zwei Unterschriften) vergeben werden.

hv „hervorragend", 96 Punkte
ist angebracht, wenn die Taube ansonsten den Forderungen für ein v entspricht, aber in ihrem Erscheinungsbild einen kleinen Wunsch offenlässt. Diese Note muss aber auch vergeben werden, wenn bei einer Ausstellung nur ein Preisrichter anwesend ist und der Obmann fehlt.

sg „sehr gut", 95 bis 93 Punkte
In diesen Bereich fallen viele, sehr gefällige Tiere, bei denen aber kleine Wünsche offenbleiben. Da es selbst bei gleicher Note deutliche Qualitätsunterschiede zwischen den einzelnen Tauben gibt, wird es durch eine Punktvergabe nunmehr möglich, innerhalb dieser Gruppe drei Abstufungen vorzunehmen. Den Preisrichtern erleichtert dies in vielen Fällen die Beurteilung, für die Züchter und Besucher verbessert sich die Übersichtlichkeit insgesamt.

g „gut", 92 und 91 Punkte
Diese Note wird vergeben, wenn die Taube kleine Mängel, jedoch keine groben Fehler in den Rassemerkmalen aufweist. In der Spalte „Fehler/Mängel" der Bewertunsgkarte muss ein entsprechender Vermerk eingetragen werden.

b „befriedigend", 90 Punkte
Wenn eine Taube trotz grober Mängel noch für die Zucht brauchbar erscheint, erhält sie diese Note. Dabei kann es durchaus sein, dass die festgestellten Fehler nicht erblicher Natur sind, wie zum Beispiel unordentliches Gefieder, eine Delle im Brustbeinkamm, ein etwas hängender Flügel oder eine verkrümmte Zehe nach einer Verletzung.

u „ungenügend", 0 Punkte
erhalten Tauben, bei denen die typischen Rassemerkmale nicht zu erkennen sind. Manchmal handelt es sich um Kreuzungsprodukte, von denen man meint, dass sie die Rasse schon vertreten könnten, die aber auf einer Ausstellung noch nichts zu suchen haben. Sie erhalten jedoch vom Preisrichter eine Kritik.

o.B. „ohne Bewertung", 0 Punkte
Mit einer schriftlichen Kritik versehen werden auch die hier eingestuften Tauben. Sie können von hervorragender Qualität sein, zumal wenn technische Mängel (zum Beispiel falsche Beringung) eine Bewertung ausschließen. Werden nachfolgende weitere Mängel festgestellt, müssen solche Tauben ebenfalls in diese Gruppe eingestuft werden:

1. Tauben mit keinem zugelassenen Ring oder keinem zugelassenen Bundesjugendring auf geschlossenen Bundesjugendschauen.
2. Tauben mit ungenügender Entwicklung, ungepflegtem Aussehen, Kennzeichnungen und mit starken Beschädigungen am Körper und am Gefieder, sowie kranke Tauben und solche mit starkem Ungezieferbefall.

Bewertungskarte für Rassegeflügel

Katalog-Nr.

Vorzüge

Wünsche

Fehler / Mängel

Ausschließende Mängel in Kondition und/oder Pflege ☐

Ring-Nr.	Bewertungs-Note	Punkte	Preis

Stempel oder Unterschrift Preisrichter

97 Punkte = v	96 Punkte = hv
95–93 Punkte = sg	92–91 Punkte = g
90 Punkte = b	0 Punkte = u. u. o. B.

Pfautauben

3. Tauben, bei denen Federn zur exakteren Abgrenzung der Farbfelder erkennbar beschnitten wurden, zum Beispiel das Haubenfutter, die Kopfzeichnung oder die Latzzeichnung.
4. Tauben neugezüchteter Rassen oder neugezüchteter Farbenschläge, für die eine Anerkennung beantragt ist und die vom Bundeszuchtausschuss für die betreffende Schau zwar zugelassen, aber noch nicht anerkannt wurden.

u.M. „unnatürliche Merkmale", 0 Punkte
Tauben mit unnatürlichen Merkmalen, die auch vom Preisrichterobmann bestätigt werden müssen, erhalten diese Bewertung. Dabei handelt es sich meistens um Missbildungen des Skelettes oder der Federn.

n.a. „nicht anerkannt", 0 Punkte
Diese Benotung erhalten Tauben, wenn ihre Rasse oder ihr Farbenschlag noch nicht vom Bundeszuchtauschuss anerkannt wurde und sie in der allgemeinen Klasse ausgestellt werden oder wenn Neuzüchtungen als Rasse oder als Farbenschlag auf nicht dafür zugelassenen Schauen gezeigt werden (Bewertungskarte siehe Seite 227).

Diese bundeseinheitlichen Bewertungskarten werden von der BDRG-Geschäftsstelle ausgegeben und müssen dort von jedem Ausstellungsleiter rechtzeitig bestellt werden.

Organisationen und ihre Aktivitäten

Rassetauben

Alle Rassegeflügelzüchter sind organisatorisch im Bund Deutscher Rassegeflügelzüchter e.V. (BDRG) zusammengefasst. An seiner Spitze steht ein Gesamtvorstand mit einem Präsidenten. Wichtig für die praktische Arbeit der Mitglieder sind außerdem die verschiedenen Ausschüsse und Abteilungen, wie der Bundeszucht- und Anerkennungsausschuss, der Zuchtbuchausschuss für Leistungsfragen, der Ausschuss für Öffentlichkeitsarbeit, der Bundesjugendleiter und der Verband Deutscher Rassegeflügelpreisrichter (VDRP). Außerdem gibt es einen Beirat für Tier- und Artenschutz.
Der Bundesverband setzt sich aus 19 Landesverbänden zusammen, die in allen Bundesländern vertreten sind. Jeder Landesverband hat eine unterschiedlich große Zahl an Kreisverbänden, in dem die Ortsvereine zusammengefasst sind. Nur im Landesverband Bayern stehen zwischen den Kreisverbänden und dem Landesverband noch sieben Bezirksverbände, so dass dort mehrere Kreisverbände einem Bezirksverband bilden. Die Zahl der örtlichen Geflügelzuchtvereine beträgt weit über Eintausend.

Im BDRG sind mehr als 200 000 Taubenzüchter als Mitglieder erfasst. Dem BDRG angeschlossen sind außerdem der Verband Deutscher Rassetaubenzüchter e.V., gegründet 1948 (VDT) und der Verband der Ziergeflügelzüchter. Der VDT betreut alle Sondervereine, die sich speziell mit der Zucht einer oder einiger weniger Taubenrassen befassen. Außerdem sind dem VDT weitere 96 örtliche Taubenzuchtvereine angeschlossen.

Tabelle 30

Taubengruppe	Anzahl Sondervereine
Formentauben	20
Warzentauben	6
Huhntauben	5
Kropftauben	22
Farbentauben	12
Trommeltauben	5
Mövchentauben	7
Strukturtauben	7
Tümmlertauben	40
Spielflugtauben	1
Summe	105

Kunst-, Hoch- und Dauerflugtauben

Diese speziellen Flugvereine sind teils dem VDT angeschlossen, teils sind sie völlig eigenständige Vereinigungen. Sie lückenlos zu erfassen ist daher schwierig. Zu ihnen gehören u. a. (in Klammern jeweils das Gründungsjahr):
Verein für Hochflugrassen (VFHR) (1980)
Deutscher Hochflug-Club (1970)

Lausitzer Elsterpurzler-Club (1993)
SV Nikolajewer Hochflieger (1975)
TZV Wiener Tümmler-Hochflieger
Deutscher Bodenpurzler-Club (DBC)
Deutsche Flugtippler-Union (DFU)
Flugtaubenverein Niedersachsen e. V.
Ringschläger-Club (1921)
SV der Wiener- und Budapester Tümmler
Verein für Hochflug- und Rollertaubensport e. V.
Deutscher Flugroller-Club (DFG)

Einige dieser Klubs haben Regionalvereine. Dies zeigt, dass der Flugtaubensport in der zweiten Hälfte des 20. Jahrhunderts ganz erheblichen Aufschwung genommen hat.

Wettflugtauben

Alle Wettflugtauben (Brieftauben) werden vom Verband Deutscher Brieftaubenzüchter e. V. in Essen betreut. Der Verband befasst sich unter anderem mit der Verbandsorganisation, dem Wettflugwesen, der fachlichen Beratung, der Krankheitsvorbeugung, den Ausstellungsbestimmungen und der Durchführung von Veranstaltungen. In ihm sind mehr als 70 000 Brieftaubenzüchter aus Deutschland vereinigt. An der Spitze steht ein Präsident mit einem Präsidium und einem Beirat. Die Verwaltung erfolgt in einer Geschäftsstelle in Essen. Der Verband gibt wöchentlich die Zeitschrift „Die Brieftaube" heraus. Sie hat etwa 50 000 Bezieher. Eine Taubenklinik mit Fachtierärzten ist dem Verband angeschlossen und steht den Taubenhaltern aller Rassen jederzeit zur Verfügung. Der Preisrichter-Vereinigung des Verbandes gehören alle zugelassenen Preisrichter an. Sie sind in geografisch gegliederte Gruppen eingeteilt. In den Wintermonaten nehmen sie auf zahlreichen Ausstellungen auf allen Organisationsebenen, die Bewertung der ausgestellten Wettflugtauben vor.

Auf Ortsebene existieren in Deutschland über 9000 Vereine. Zur Durchführung von Wettflügen sind die Vereine zu Reisevereinigungen zusammengeschlossen. Die Wettflüge werden nach genauen, verbandseinheitlichen Richtlinien durchgeführt. Einzelne oder mehrere Reisevereinigungen unterhalten eine Transportgemeinschaft, die im Besitz von Kabinenexpressen ist, welche die Tauben in kürzester Zeit vom Heimatort zum Auflassort bringen. Ein Kabinenexpress kann bis zu 6000 Tauben in klimatisierten Kabinen aufnehmen. Ein Flugleiter bestimmt, nach Überprüfung der Wetterverhältnisse auf der Flugstrecke, den Zeitpunkt des Auflasses, der für alle Tauben eines Wettfluges gleichzeitig erfolgt. Mehrere Reisevereinigungen bilden einen Kreisverband. Mehrere Kreisverbände sind zu einem Bezirk zusammengeschlossen. Eine Umstrukturierung zu etwa gleichstarken Regionalverbänden anstelle von Kreis- und Bezirksverbänden ist in der Diskussion.

Literaturverzeichnis

Historische Literatur

(siehe Tabelle 31 auf nächster Seite)

Aktuelle Literatur

Die hier angeführte Literatur aus neuerer Zeit kann der Erweiterung und Ergänzung der in diesem Buch gemachten Ausführugen dienen. Weitere Literaturangaben können den Verzeichnissen dieser Bücher entnommen werden.

Deutscher Rassetauben Standard. Verlag Oertel & Spörer, Reutlingen 1998.

Grundel, W.: Brieftauben. Verlag Eugen Ulmer, Stuttgart 1993.

Kaupschäfer, H. H.: Flugtaubensport. Verlag Oertel & Spörer, Reutlingen 1991.

Lahaye, J., Cordiez, E., Meyer, A.: Die belgische Reisetaube. Akros-Verlag, Hamburg 1954.

Levi, W. M.: The Pigeon. Verlag Levi Publishing Co., Sumter, South Carolina, USA 1977.

Lüthgen, W.: Taubenkrankheiten. Verlag Oertel & Spörer, Reutlingen 1994.

Mackrott, H.: Rassetauben. Verlag Eugen Ulmer, Stuttgart 1992.

Mackrott, H.: Tauben halten. Verlag Eugen Ulmer, Stuttgart 1997.

Müller, E., Stach, G., De Koster, R.: Haltung und Zucht der Rassetauben. Verlag Oertel & Spörer, Reutlingen 1996.

Raethel, H.S.: Wildtauben. Verlag Eugen Ulmer, Stuttgart 1980.

Scholtyssek, S., Doll, P.: Nutz- und Ziergeflügel. Verlag Eugen Ulmer, Stuttgart 1978.

Schrag, L.: Gesunde Tauben. Verlag L. Schober, Hengersberg 1973.

Sell, A.: Handbuch der Tauben, Band I, Zucht und Vererbung bei Tauben. Schober Verlag, Hengersberg 1994.

Sell, A.: Tauben, Züchten mit System. Verlag Oertel & Spörer, Reutlingen 1995.

Vogel, K.: Die Taube, Haltung, Biologie, Fütterung. Deutscher Landwirtschaftsverlag, Berlin 1984.

Tabelle 31

Autor	Titel	Ort	Jahr	Ausstattung
Das älteste Taubenbuch in Europa C. Gesner	„Vogelbuch“	Zürich	1555	30 Seiten Holzschnitte
überarbeitet durch G. Horst	dito	Frankfurt/M.	1665	
U. Aldrovandi	Ornithologia		1610	
F. Willughby	Ornithologia		1678	
J. Moore	Columbarium	London	1735	
J. L. Frisch	Vorstellung der Vögel Deutschlands	Berlin	1763	
J. Moore	Treatise on Domestic Pigeons			
Ältestes deutsches Taubenbuch: Ulmer Taubenbuch	Nützliches und vollständiges Taubenbuch	Ulm	1790	
L. G. Leopold	Der Taubenfreund		1819	
C. L. Brehm	Naturgeschichte und Zucht der Tauben	Renthendorf	1857	
G. Neumeister	Das Ganze der Taubenzucht		1837	
	zweite Auflage		1869	mit naturgetreuen, kolorierten Abbildungen
von G. Prütz	überarbeitete 3. Auflage		1876	
G. Prütz	Illustriertes Mustertaubenbuch		1886	mit dekorativen Abbildungen
W. B. Tegetmeier	Pigeon	England	1869	
R. Fulton	The Illustrated Book of Pigeon	England	1876	
J. M. Eaton	Pigeon	England		
J. C. Lyell	Pigeon	England		

Bildquellen

Manfred Danegger, Owingen: Titelbild
Susanne Danegger, Owingen: Seite 20
Juniors/Haas, Ruhpolding: Seite 133
de Koster, R., Augsburg: Seite 28, 100, 103, 108, 109, 112, 219
Bildagentur Geduldig, Vaihingen/Enz: Seite 7, 36, 189
Regina Kuhn, Stuttgart: Seite 2, 11, 37, 63, 103 (3x), 129
Siegfried Lokau, Bochum-Wattenscheid: Seite 32, 33 links und rechts, 62, 105
Heinrich Mackrott, Molfsee: Seite 79 unten rechts, 215
KlausPaysan, Stuttgart: Seite 122
Klaus-Joachim Poweleit, Schönmörchen: Seite 25 oben und unten
Rudi Proll, Dossenheim: Seite 79 Mitte links, Seite 86 oben rechts, Mitte rechts, 141 oben links und rechts, unten rechts, 151 unten rechts und links, 159 rechts, 171 oben rechts, 177 Mitte links und unten links, 196
Reinhard Tierfoto, Heiligkreuzsteinach: Seite 40, 214, 228
Werner Rüter, Petershagen: Seite 79 Mitte rechts
Karl Stauber, Orpund: Umschlagrückseite, Seite, 41, 86 Mitte links, 106, 115, 151 oben links und rechts,171 unten links und rechts, 210
Sabine Stuewer, Darmstadt: Seite 14
Josef Wolters, Bottrop: Seite 58, 79 oben links und rechts, unten links, Seite 86 oben links, unten links und rechts, 87, 127, 141 unten links, 159 links, 171 oben links, 177 oben links und rechts, unten rechts, 197, 208, 211, 222, 223

Die Zeichnungen fertigte Siegfried Lokau, Bochum-Wattenscheid, nach Vorlagen des Autors.

Register

Mehr zum Thema Tauben.

Dieses Buch gibt eine umfassende Einführung in alle Wissensgebiete der Taubenhaltung und Taubenzucht. In den Kapiteln über Taubenschläge und wie man sie baut, wie man die Tauben gesund erhält, wie man mit ihnen züchtet, was man tun muß, um Fehler in der Zucht und in der Haltung zu vermeiden, werden diese Fragen kompetent und ausführlich erläutert. Die gesunde Ernährung der Tauben, die Förderung ihrer Flugeigenschaften für Kunst-, Hoch-, Dauer- und Wettflüge, sowie die erfolgreiche Präsentation auf Ausstellungen, werden in diesem Buch fachmännisch erläutert.

Tauben halten. *Heinrich Mackrott. 1997. 175 Seiten, 47 Farbfotos, 17 Zeichnungen. ISBN 3-8001-7375-1.*

Die Haltung von Brieftauben und der Brieftaubensport sind ein Hobby von besonderem Reiz. Die Liebe zum Tier, Geschick und eine „Glückliche Hand" zeichnen den Brieftaubenzüchter aus. Erfolge auf Dauer stellen sich jedoch nur dann ein, wenn er über das notwendige Fachwissen verfügt. Dieses Buch bietet dem Anfänger wie dem erfahrenen Züchter das nötige „Gewußt wie". Es behandelt alle wesentlichen Fragen der Haltung, Fütterung und Pflege sowie die Zucht und Aufzucht und befaßt sich eingehend mit dem Training, der Vorbereitung und Organisation von Reisen und Preisflügen.

Brieftauben. *Werner Grundel. 4. Auflage 1993. 151 Seiten, 13 Farb-, 30 sw-Fotos und Zeichnungen. ISBN 3-8001-7236-4.*

Wenn Sie mehr wissen wollen...

Ziel dieses Buches ist es, dem Vogelhalter fundierte Grundlagenkenntnisse zu vermitteln, um die Vogelernährung zu verbessern. In diesem Bemühen kann selbstverständlich nicht auf die jeweils spezifischen Bedarfsansprüche der verschiedenen Vogelarten eingegangen werden. Jedoch soll der Vogelpfleger in die Lage versetzt werden, besser als zuvor biologische Gesetzmäßigkeiten und Zusammenhänge zu verstehen, um daraus praktische Maßnahmen für die tägliche Fütterung des Vogels ableiten zu können. All dies wird in diesem Buch kompetent und verständlich erläutert.

Die Ernährung des Vogels. Grundlagen und Praxis. Wolfgang Aeckerlein. 2. Aufl. 1993. 132 Seiten, 17 Abbildungen, 2 Tabellen. ISBN 3-8001-7277-1.

Was muß man tun, wenn der Wellensittich, der Papagei oder die Zebrafinken krank sind? Die Autorin vermittelt allen Ziervogelhaltern das nötige Basiswissen zur Erkennung und Einschätzung der häufigsten Vogelkrankheiten. Wichtige Grundlagen für eine artgerechte und gesunde Vogelhaltung werden in den Kapiteln Körperbau und Körperfunktionen, Fütterung und Haltung beschrieben. Die wichtigsten Krankheiten werden besprochen und in Farbfotos gezeigt, um das Erkennen der Symptome zu erleichtern. Ein Kapitel über Erste Hilfe gibt Tipps für die richtige Behandlung von Vögeln in Notfallsituationen.

Ziervogelkrankheiten. Doris Quinten, Hellmut Woernle (Hrsg.). 1998. 127 S., 65 Farbf., 17 Zeichn. ISBN 3-8001-7379-4.